中华优秀传统文化大家谈·第二辑

温海明　赵　薇　主编

儒学转型与中国哲学精神

宋志明　著

山东城市出版传媒集团·济南出版社

图书在版编目（CIP）数据

儒学转型与中国哲学精神/宋志明著. —济南：
济南出版社,2022.9
（中华优秀传统文化大家谈/温海明,赵薇主编. 第二辑）
ISBN 978 - 7 - 5488 - 4908 - 7

Ⅰ.①儒…　Ⅱ.①宋…　Ⅲ.①儒学 - 研究
Ⅳ.①B222.05

中国版本图书馆 CIP 数据核字（2022）第 038305 号

儒学转型与中国哲学精神
RUXUE ZHUANXING YU ZHONGGUO ZHEXUE JINGSHEN

出 版 人　田俊林
责任编辑　袁　满
封面设计　启书文化

出版发行　济南出版社
地　　址　山东省济南市二环南路 1 号（250002）
编辑热线　0531 - 82890802
发行热线　0531 - 86922073　67817923
　　　　　　　　86131701　86131704
印　　刷　山东临沂新华印刷物流集团有限责任公司
版　　次　2022 年 9 月第 1 版
印　　次　2022 年 9 月第 1 次印刷
成品尺寸　170mm×240mm　16 开
印　　张　17.5
字　　数　265 千字
定　　价　79.00 元

（济南版图书,如有印装错误,请与出版社联系调换。联系电话:0531 - 86131736）

出版前言

"文化是一个国家、一个民族的灵魂。文化兴国运兴，文化强民族强。"党的十九大报告强调，中国特色社会主义文化源自中华民族五千多年文明历史所孕育的中华优秀传统文化，要加强对中华优秀传统文化的研究阐释与普及教育。中共中央办公厅、国务院办公厅印发的《关于实施中华优秀传统文化传承发展工程的意见》，明确要求加强中华文化研究阐释工作，深入研究阐释中华文化的历史渊源、发展脉络、基本走向，着力构建有中国底蕴、中国特色的思想体系、学术体系和话语体系。深入研究和阐发中华优秀传统文化，彰显中华文化魅力，坚定文化自信，成为摆在每一个从事文化研究和出版传播者面前的重要课题。

当前，对中华优秀传统文化的研究阐释正形成一股全国热潮，涌现出一大批有影响力的专家学者。他们从不同视角深研中国传统文化，汲取精华，关照现实，展望未来，取得丰硕研究成果。系统地挖掘整理他们的研究成果，集中展示他们的学术观点，有助于推动中华优秀传统文化研究的纵深发展。

为此，我们精心策划了"中华优秀传统文化大家谈"项目，搭建中华优秀传统文化研究平台，集中介绍国内名家学者关于中华优秀传统文化研究的核心思想、观点，较为系统、全面地反映当前中国传统文化研究尤其是儒学研究的整体状况和发展趋势，以期推动学术交流，服务学术创新，同时使广大读者能够了解、感受、领略中华优秀传统文化的深邃内涵和精神魅力。名为"大家谈",意在汇聚名家、大家,选取的作品均为当代中华传统文化研究的名家名作;同时也有"众人谈"之意,意在百家争鸣,繁荣学术研究。

却顾所来径,苍苍横翠微。项目从策划到出版,皆赖专家学者们的学术热情与鼎力支持。对此,我们深为感佩,并衷心感谢!同时也希望更多学界大家加入我们的行列,使更多高水平、高质量的研究成果能够与广大读者见面。

《中华优秀传统文化大家谈》项目组

2019 年 12 月

目录

上篇　中国哲学要论

003 / 中国古代哲学形态之变迁

016 / 中国古代哲学问题及其变迁

039 / "中国哲学合法性"解疑

048 / 中国哲学的价值取向

057 / 哲学体用观之我见

059 / 中国传统知行观综论

072 / 中国古代辩证法综论

084 / 中国文化正义精神论

108 / 百年中国哲学史研究回顾

114 / 中国哲学史学科建设的回顾与前瞻

125 / 中国哲学史学科的奠基石

137 / 中国哲学史学科发展的引擎

目录

下篇　儒学转型与当代价值

155 / 国学、儒学与哲学

165 / 儒学的现代转型

179 / 现代语境与新儒学的萌发

190 / 海外新儒学与伦理全球化

200 / 先秦儒家人道学的展开

213 / 儒学的核心:仁

224 / "仁义礼智"古今谈

227 / 礼乐仁刍议

235 / 八德是修身之本

238 / 儒学价值观的和平导向

240 / 中国哲学精神与经营之道

251 / 从儒学领悟经营之道

264 / 儒学与市场经济兼容

上篇 —— 中国哲学要论

中国古代哲学形态之变迁

中国古代哲学的起点比较模糊，大约是在公元前 5 世纪老子和孔子共同生活的时代；终点是确定的，终结于 1840 年鸦片战争。其间中国古代哲学基本上保持着独立发展的态势，尚未受到西方哲学全面而根本的影响。东汉时期，印度佛教传入中国固然产生了较大的影响，但其并未从根本上改变中国固有哲学的思维方式。而后佛教渐渐融入中国固有哲学，实现了中国化，成为中国古代哲学的组成部分。具有悠久历史的中国哲学，并没有因佛教的传入而佛教化。16 世纪，利玛窦等西方传教士来到中国，尽管他们对西方学术思想有所介绍，但影响力十分有限，不能改变中国哲学独立发展的态势。中国古代哲学作为完整的哲学断代史，大体上可以概括为先秦诸子学、汉代经学、魏晋玄学、中国化佛学、宋明理学、清初朴学等几种形态的更迭。

一、 先秦诸子学

哲学的产生有两个条件：第一个条件是人的认识能力和自我意识有所提高，开始把人看成主动的存在，看成认识世界的主体，而不再把自己看成被动的存在，看成神的依附者；第二个条件是社会上出现了专门从事精神创造的知识阶层，他们不必从事生产劳动，衣食无忧，有充裕的时间去思考哲学问题。哲学产生的这两个条件在春秋末年已经具备，于是中国哲学开始起步，形成中国哲学史上第一个黄金时代。

中国哲学起步，是从突破传统的天命观开始的。按照天命观这种原始形态的宗教观念，人是被动的存在，人的命运由天神掌控，特别是在人类的童年时期，这种情形不可避免。那时人的本事太小，总觉得自己被某种神秘的力量所控制。不过，中国人的天命观念，同别的民族所崇拜的至上神相比，有一些不同之处。在许多民族的原始宗教观念中，至上神与人类似，有胳膊有腿，有头有脸。他不但创造了世界和人，而且还管人死后的事情，一切都在他的掌控之中。但中国古人心目中的"天"不是这样。天不是造物主，天与人同在。天有神性而无神形，没有宗教形象，也不管人死后的事情。因此，要突破这样的天命观念，相对来说容易一些。由于是以天命观为突破对象，天人之辨便合乎逻辑地成为中国哲学的基本问题。

先秦学派众多，号称"百家争鸣"，可以用"诸子学"概括这一时期的理论形态。其实，先秦的主要学派大体上就是司马谈所概括的六家，即阴阳、儒、墨、名、法、道。其中，后五家属于中国哲学的范围。在五家之中，法家专攻政治哲学，名家专攻逻辑哲学，皆为专家类型；只有道家、儒家、墨家这三家属于一般意义上的哲学流派，其哲学思考皆围绕天人之辨展开。

道家选择了天道学进路。老子在中国哲学史上最大的理论贡献，是提出了"道"这样一个中国哲学的核心观念，推倒了传统天命观念的权威。他率先树立起理性的威信，开启了哲学时代。

老子的思考方式，可以概括成天道学的进路。"天道"是一个哲学理念，它推倒了天神的权威，意味着世界和人皆不在天神的支配之下，天神不再是世界和人的主宰者。按照老子的观点，宇宙的最高法则是大道，天神不具有权威性。大道与天神相比较，"吾不知其谁之子，象帝之先"（《老子》四章）。这意味着，大道比天神的权威更大、更悠久，只有大道堪称"宇宙万物的本原"，并且具有不可追溯的终极性。至于天神，即便有的话，也只是儿子辈分，顶多算是大道之子。大道既是宇宙万物的本原，也是宇宙万物的最终依据。老子提出"道"的观念，标志着中国人的哲学理性已经觉醒。老子告诉人们：应当用理性的眼光看待世界，而不能再用神性的眼光看待世界，因为只有大道才是宇宙万物的本原、本根、本体。老子创立的哲学，可以叫作天道学。老子哲学的问世，宣告哲学对于神学的胜利，揭开了中国人精神历史的新篇章。

儒家选择了人道学进路。道家抓住"天"这个环节，为中国哲学的发展打开了一扇门；儒家则抓住"人"这个环节，打开了另一扇门。儒家把哲学思考重心由"天"转向"人"，实现了对于道家话题的转换。孔子以

"人"为切入点，开辟了讲哲学的另一条进路。老子把人从天神的重压之下解放出来；而孔子是把侧重点从天道转到人道方面，主张重新认识人，重新解释人，把"道"同"人"相联系，强调"道"是人们必须遵守的行为准则，并且"人"是"道"的主动的弘扬者，而不是被动的遵循者。孔子关于人与道之间的看法是："人能弘道，非道弘人。"（《论语·卫灵公》）在道的面前，人具有主动性。孔子从人自身寻求人道，用理性的考察方式取代了神学的考察方式，走出了原始宗教的藩篱，也找到了哲学话语。从对人道的彰显可以看出，孔子已达到了哲学意识自觉的水准，完全可以与老子比肩。他们共同夯实了中国哲学的根基。

墨家选择了人天学进路。墨家也在寻找突破传统天命观、建构人道学说的路径，与儒家有同也有别：孔子从"人"的角度入手，把"人"与"道"相联系，很少同"天"相联系；墨子既谈"人"，也谈"天"，找到了讲哲学的第三条进路，即人天学进路。墨家对人有了更新的认识，认识到人与动物之间的本质区别就在于人能劳动。从这种人道学观念出发，墨家自然不会认同传统的天命观。在传统天命观的视域中，人是被动的，只能由天神来摆布；而在墨家的视域中，人是主动的，可以自己决定自己的命运。人可以通过劳动改变自己的生存状况，不必等待天神的恩赐。墨家以独到的思路突破了原始宗教的藩篱，发现了哲学意义上的人，以自己的方式达到了哲学意识的自觉。为了提升"圣王之道"的权威性，墨家才不得已从人讲到了天，用神学的外衣把理性主义的内容包裹起来。墨学主要讲的是哲学，而不是宗教。

二、 汉代经学

哲学是时代的产物，由于每一时代的语境不同，哲学的讲法自然也就不同。同先秦相比，汉初语境发生了变化，由"打天下"转到了"平天下"。先秦时期"百家争鸣"，最后以法家的胜出而宣告终结。法家学说被秦始皇选为官方话语，并且获得付诸实践的机会。秦始皇依据法家的治道理论，扫平六国，统一天下，用实践证明了法家学说的合理性。但是，秦王朝二世而亡，同样是以实践证明了法家学说的偏激性。汉代秦立，再次统一中国，必须吸取秦朝迅速灭亡的教训，到法家之外去寻找理论支持，巩固"大一统"的中央集权制。在这种语境中，哲学家的使命在于根据维护"大一统"的政治需要，帮助皇帝找到一种足以"平天下"的哲学理论。因此，汉代哲学家的政治哲学情结比较强，是接着法家的话头讲的。尽管他们对法家的观点有所批评，但其作为法家学说的颠覆者，只是希望克服法家的缺陷，另外建构政治哲学理论体系。先秦诸子尽管不能割舍政治哲学的情结，但毕竟保持着多维发展的态势；而在汉代，政治哲学则成为核心话题。

同先秦相比，汉初语境另一个大的变化是：哲学家的独立话语权被剥夺，哲学家只能在皇权至上的语境中讲哲学，不能公开发表对皇权有所不利的言论。形象地说，他们不得不在皇权的笼子里跳舞。先秦时期，诸侯纷争，没有人可以干预学术探讨，哲学家可以自由思考，自由争辩，自由地游走于各个诸侯国之间，因而有可以尽情发挥思想原创力的语境。到了汉代，"大一统"王朝已建立，哲学家便无处可走了。皇帝既掌握政权，也掌握教权；既实行政治专制主义，也实行文化专制主义。皇权限制了哲学家的学术自由，影响了他们思想原创力的发挥。在这种语境中，哲学家不得不依傍天上的神权、地上的皇权、古代的圣贤。他们即便提出了原创性的学说，也不敢自我标榜，只能借助"代天立言"或"代圣贤立言"的权威话语形式表达出来。这种语境当然对哲学的发展很不利，不过哲学家仍然可以找到一定的发展空间。由于先秦留下的学术资源比较丰富，学者可以采用选择的方式表达不同的思想倾向。尽管学术在一定程度上受到朝廷的干预，但官员毕竟不是学者，没有能力完全搞清楚学术问题，也就没有能力完全消除学派之间的分歧。

汉代，"百家争鸣"局面不再，经学掌握主流话语。"经学"之"经"，原指订书的线，后泛指一切书籍。"经学"一词见于《汉书·公孙弘卜式儿宽传》："见上，语经学。上说之。"在汉代，经学特指经汉儒整理而成的儒家典籍。"经"有了"大经大法"的新含义，成为人们必须遵循、不能违背的信条。《释名·释典艺》上说："经，径也，如径路无所不通，可常用也。"相传，孔子曾整理古典文献，编订"六经"，即《诗》《书》《礼》《乐》《易》《春秋》。到汉初，《乐》失传，只剩下五经。在五经的基础上，汉代以后的儒生又逐渐将其扩展为七经、九经乃至十三经。

汉儒弘扬经学，目的在于满足"大一统"政治思想的需要。经书大都被立于学官，置于皇权控制下的话语系统之中。经学不是可以随便讲的，必须遵循家法传承或师法传承。老师怎么讲，学生也得怎么讲，没有自由思考、自由发挥的空间。讲经学就是"代圣贤立言"，只可引证，不必论证。经学是一种官方化、教条化、权威化的霸权话语，严重束缚着人们理性思维的发展。

在先秦时期，哲学家解构传统天命观中"天主宰一切"的观念，把人从天的控制中解放出来，变成了主动的、自主的人。在先秦哲学家的视野中，已经取消了"人上之天"的概念。他们讲"天人合一"，是主张人与应然的"天道"合一，目的在于更合理地做人。显然，在他们"天人合一"的诉求中，是以"人"为重心。到了汉代，经学家为了维系"大一统"，变更了先秦哲学家的理论诉求，把重心由"人"转向了"天"。经学家把天人关系问题变成了这样一个问题：人之上是否还有一个主宰之天作为"大一统"的担保者？人跟主宰之天的关系如何？出于政治哲学的考量，他们重新建构了主宰之天，强调天在人之上。例如，董仲舒认为，天是人的"曾祖父"，比人高几辈；天与人有相同的构造，可以相互感应。"天"不仅仅是伦理的担保者，也是皇权的担保者。皇帝作为"天子"，同"天"一起统治万民。经学家这样处理天人关系，再次把人视为被动的人，视为天的附庸。经学家讲天人学说，其实是一种半哲学、半神学的理论。

三、 魏晋玄学

到魏晋时期，东汉刘氏王朝解体，"天"终于塌下来了。在新的语境中，半哲学、半神学的经学遭到了冷遇；那种束缚人们的行为和思想的政治哲学话语，更是令人生厌。于是，中国哲学又掀起一个小高潮——玄学思潮问世了。玄学虽然没有完全摆脱名教话语的纠缠，但其毕竟再次跨入自由思考的哲学门槛，开启了半政治哲学、半人生哲学的新时代。

玄学家弱化经学、名教情结，游移于政治哲学与人生哲学之间。经学家讲政治哲学，可以采用权威主义的讲法，以势压人；而玄学家讲哲学，则采用自由主义的讲法，以理服人。那时中国正处在分裂状态，为玄学家提供了合适的语境，允许他们自由地探索、思考和清谈。士人有活动的空间，"此处不留爷，自有留爷处"，他们可以游走于各国之间，同春秋战国时期的情形有些相似。在魏晋时期，小君主们也都努力地笼络士人，谁都不想背上"迫害士人"的名声。就连霸道的曹操，在被名士祢衡臭骂了一顿之后，还得想办法借刀杀人。

玄学家重新启动哲学航程，集中表现在解构经学家的"天在人之上"的观念，把天与人视为一个有机的整体。于是，他们便由天人之辨演绎出体用之辨，实现了中国哲学基本问题的第一次变形。"体"的提出，是玄学家的一大重要发现，标志着他们已达到了本体论意识的自觉。

在玄学中，"体"是指天、人之所以能够构成整体的终极依据，它把天与人联系在一起。在经学家那里，天是目的，人是手段，只能讲出天与人外在的合一。所谓"天人合一"，无非是把人"合"到主宰之天那里去，听由天的摆布（实际听由皇帝摆布）。在这种思维框架中，不可能提出"体"的追问。玄学家突破了经学家的"天人两界"观念，把两界合成一个整体，方有"体"的追问。他们不再崇拜天，而转向了本体论思考。在玄学家的视野中，天与人同为一个"体"的组成部分，两者合一并非建立在外在关系上，而是建立在内在关系上。天不再是人的目的，人也不再是天的手段。基于这种新的"天人合一"观，"体"或"本"便成为玄学家的核心话题。他们试图运用本体论观念解释宇宙，解释社会，也试图以此安顿人的精神世界。

在玄学中，"用"是一个含义复杂的中国哲学范畴，不能完全等同于西方哲学中所说的"现象"。在西方哲学中，"现象"只是关于存在的哲学范畴；而在中国哲学中，"用"既是关于存在的事实判断，也是关于社会和人生的价值判断。"用"是相对于"用者"而言，也就是相对于人而言。只有对人来说，才谈得上"用"，即"为人所用"；至于对物而言，无所谓"用"或"不用"。"体"对应着"天"，"用"对应着"人"，因此体用之辨实则是天人之辨的深化。在玄学中，本体的"用"分为两种：一是"大用"，即"体"运用于社会生活实践，支撑起名教大厦，为名教提供终极依据，这是政治哲学意义上的"用"；二是"小用"，即"体"运用到个人的精神生活中，为个人搭建精神世界提供一个支撑点，这是人生哲学意义上的"用"。

玄学家追问何者为"体"，涉及个人的精神安顿问题，但他们没有找到解决这个问题的路径。他们游移于政治哲学与人生哲学之间，最终的落脚点是前者，而不是后者。玄学只构成中国哲学发展过程中的过渡环节，还不是成熟的理论形态。

四、 中国化佛学

玄学的理论思维教训表明，从政治哲学中无法直接讲出人生哲学。玄学家从道家的思想资源中所找到的"体"，无法真正融入儒家的话语系统。这种"体"，既不能为名教提供本体论证明，也不能帮助个人找到精神上的寄托之所。在他们那里，"名教"这一关乎政治生活的话题，遮蔽了关于精神安顿的话题，无法真正深入人生哲学领域，无法帮助个人搭建精神世界。玄学把如何搭建个人精神世界的问题突出出来，可是儒、道两家的思想资源都不能解决这个问题，必须引进新的思想资源，这就是佛教。佛教作为一种宗教哲学，其理论优势在于撇开了名教话语，只关注个人精神世界如何搭建的话题，这给中国思想界吹来了一股新风气。于是，中国哲学的发展由此进入宗教哲学时代。

宗教哲学皆以此岸与彼岸之辨为基本问题，佛教亦然。在佛教中，"此岸"是指人的生活世界，与中国固有哲学中"人"的意思相近；"彼岸"是指超越人生活世界之上的精神世界，与中国固有哲学中"天"的意思相近。因此，此岸与彼岸的关系问题，可以同中国哲学中的天人之辨相衔接。在中国哲学史上，此岸与彼岸之辨是接着体用之辨讲的。玄学家提出体用关系的问题，他们虽然对何者为"体"看法不一，但都认同"一个世界"的世界观，认为"体"在当下的世界之中。按照这种讲法，只能讲出抽象本体，而讲不出超越本体。玄学家眼中的本体，只是关于世界总体的哲学抽象所树立的本体论观念，在价值上中立，不能提供精神寄托之所。玄学的终点构成了佛教的切入点。佛教将本体置于另一个世界，建构了"两个世界"的世界观：此岸为众生世界，彼岸为佛国净土；此岸有负价值，彼岸有正价值。在佛教中，本体不再是空观念，其中的"花样"比此岸还多，并且是一切价值的担保。如果说体用之辨是"天人关系"这一基本问题的第一次变形的话，那么此岸与彼岸之辨可以说是"天人关系"问题的第二次变形。中国佛教哲学家关于此岸与彼岸关系问题的思考，经历了从"一个世界"讲出"两个世界"、再把彼岸与此岸合而为一的过程。

第一步，变"一个世界"为"两个世界"。如果像玄学家那样将思维限制在"一个世界"的框架中，显然无法讲出本体的超越性。佛教般若学改变了中国固有哲学的思维方式，不再肯定世界万物的真实性，也不再肯定人生的价值，而是构想出来一个彼岸世界。所谓"彼岸世界"，其实就是想象出来的精神世界、意义世界或价值世界。于是，世界被"二重化"：彼岸为本体，真而不实；此岸为假象，实而不真。

第二步，把彼岸与此岸合而为一。佛教哲学的超越本体论思想的引入，扩大了中国哲学的思想资源，有利于中国哲学的发展，但并不能改变中国哲学家整体主义的思想传统。在中国语境中，佛教没有"化"掉中国哲学，反而被中国哲学"化"掉了。中国佛教学者把"两个世界"逐渐地纳入"一个世界"的框架中。这正是中国化佛学的特色。从隋代开始，中国佛学家大多都强调此岸与彼岸的一致性，回归整体主义的传统思路。华严宗讲的"一即一切"的般若学、禅宗讲的"顿悟成佛"的解脱学，都是中国佛学家取得的创新性成果。

五、 宋明理学

在中国哲学展开期，经学围绕着名教做文章，哲学被限制在皇权话语中得不到长足的发展，成为政治的婢女，落入半哲学、半神学的窘境；玄学游移于名教与自然之间，也未能把哲学讲到位，结果为佛教所取代；佛教哲学虽然实现了中国化，但其毕竟被限制在宗教话语中，未能形成完全的哲学理论形态。经过中国佛学家的诠释，外来的佛教文化资源已经渐渐地融入中国固有的文化传统，为宋明理学的出现做好了铺垫。到中国哲学发展的高峰期，宋明理学行世，实现了三教归一。宋明理学家突破了宗教话语的藩篱，推动中国哲学发展从宗教哲学时代转到人生哲学时代，终于形成完全的哲学理论形态，并且掌控了主流话语权。"理学行世"是这一时期的显著标志。宋明理学超越了政治哲学和宗教哲学，以人生哲学为理论重心，充分体现了以人为本、内在超越的哲学精神。

华严宗和禅宗虽然都强调彼岸与此岸的整体性，但仍然没有肯定现实世界的真实性。他们只是靠近中国固有哲学"一个世界"的世界观，还不能算是完全意义上的回归者。真正的回归者是理学家。他们从儒家思想资源中演绎出"天理"这一本体论理念，证明现实世界的真实性和唯一性，解构了"两个世界"的宗教世界观。"礼也者，理也。"天理既是存在的本体论依据，也是价值的本体论依据。与"理"相对应的哲学范畴，叫作"事"，泛指人们所有的行为实践。"理"对应着"天"，"事"对应着"人"。理事之辨可以说是"天人关系"这一中国哲学基本问题的第三次变形。

理学家将玄学中的体用之辨提升为理事之辨，问题意识进一步深化。在玄学中，"体"仅对应着"天"，是一个关于存在的本体论范畴，玄学家提出"无""有""独化"等本体论理念可以为存在提供终极依据，却不能为价值提供终极依据，没有为人指出一个超越的终极目标。"用"对应着"人"，指"体"在生活世界中的呈现。借助体用之辨，玄学家主观上是想为名教提供理论支持，可是这一想法落空了，他们从道家那里找到的本体论观念起不到支撑名教的作用。尽管大多数玄学家认同名教，可是他们仅把名教置于"用"的层面，并没有完成对名教的本体论证明。在玄学家的本体论学说中，名教本身并不是"体"。他们不在儒学系统内寻找"体"，而到道家的自然学说中为名教找"体"。至于道家式的"体"如何转化为儒家式的"用"，玄学家无法解决这个问题。他们只是把"体"和"用"嫁接在一起，并没有真正把两者统一起来。由于玄学并未掌控主流话语权，于是很快被佛教所取代。

鉴于玄学的理论思维教训，理学家不能再走"援道入儒"的老路，必须另辟蹊径，从儒家自身的思想资源中寻找本体论理念。他们找到的核心理念就是"理"，于是把体用之辨转换为理事之辨，并且完成了对儒家伦理的本体论证明。同"体"相比，"理"不再是抽象本体，而是同儒家伦理紧密结合为一体的有具体内容的理念。"理"有"应该"的意思，既可以作为关于存在的本体论范畴，也可以作为关于价值的本体论范畴，比抽象的"体"有更广泛的解释力。同"用"相比，"事"更贴近人的生活世界。凡是人所参与的活动，都可称为"事"。恪守纲常伦理当然属于"事"的范围，但它也是"理"的直接体现。理学家虽然主要关注理事之辨，但也未忽略体用之辨。他们强调"体"和"用"内在的一致性，叫作"体用一源，显微无间"。在理学家那里，"理"属于"微"的本体层面，"事"属于"显"的现实层面，但两者不是对立关系，而是统一关系。人们在恪守儒家伦理的道德实践中，就可以获得对于"理"的本体论体验，不必再像玄学家那样指望到山林中寻求本体论体验。在理学家那里，"理"主要是一个价值本体论范畴。"理"有"理所当然"的意思，可以为人们搭建精神世界提供必要的逻辑支点，帮助人们找到"安身立命之所"。一旦树立了"理"的本体论理念，就可以"心安理得"，就可以得到终极价值的安顿。通过对理事关系的本体论考察，理学家把恪守纲常伦理的道德实践提升到精神生活的高度，终于为儒家思想体系找到了本体论依据。玄学家起动了儒学哲理化工程，到理学家这里，才算完成了这项工程。理学家比经学家高明的地方在于，他们不再"就事论事"，而是以"理"论"事"。

理学家提出理事之辨，也是对佛、道二教彼岸与此岸之辨的回应。华严宗已经以中国哲学的思维方式把彼岸与此岸合为一体，形成"一即一切"的观念。那么，何谓"一"呢？佛教可以给出答案，理学家也可以给出答案。佛教的答案是个"空"字，而理学家的答案则是一个"理"字。理学家本体论意识的形成，显然受到华严宗"一"的观念的启发。他们借鉴佛教的理论思维成果，找到了讲儒家本体论的话语方式。

通过研讨理事关系问题，理学家突破了宗教哲学话语，转向了人生哲学话语。玄学家讲出半政治哲学、半人生哲学，把中国哲学向前推进了一步；中国佛学家讲出宗教哲学，又推进了一步；理学家讲出人生哲学，再推进了一步，由此达到了高峰。他们在精神生活领域中，用哲学理念取代宗教信条，改变了宗教在中国人的精神世界中占主导地位的情形。中国之所以没有成为泰国、缅甸、柬埔寨那样的佛教国家，理学家厥功至伟。他们对佛教的超越本体论做出有力的回应，找到了儒家的精神超越路径，也就是内在超越的路径。华严宗的本体论肯定"理法界"的价值，并仍然肯定彼岸世界的价值；尽管没有否定"事法界"的存在，但毕竟否定了"事法界"的价值，也就是否定了生活世界的价值，且仍然以出世主义为价值导向。华严宗提出"理事无碍观"，缓解了"理"与"事"之间的紧张和对立，但没有从根本上扭转出世主义的价值导向。理学家吸收华严宗的理论思维成果，明确肯定"理"和"事"的真实性，终于完成从宗教哲学到人生哲学的转折、从佛教出世主义到儒家入世主义的转折。由于华严宗没有肯定生活世界的真实性，不可能消解此岸世界与彼岸世界的对立，因而仍旧秉持宗教世界观；理学家基于"理"本体论，肯定现实世界的真实性，取消了彼岸世界，重申了"一个世界"的原则，所秉持的是哲学世界观。

理学家建构的"理"本体论，足以同佛教的"空"本体论相抗衡。理学家既肯定"理"与"事"的真实性和一致性，又强调两者之间的差异性。"理"属于"形而上"的层面，具有理想性、超越性，人们可以以此为根据，搭建价值世界或意义世界，设立终极价值目标，追求完美的理想人格，化解不良情绪，净化心灵空间，找到一种精神生活方式。"理"是衡量人生价值的尺度，只有正价值，没有负价值。"事"属于"形而下"的层面，表现于人们的生活世界，具有现实性、内在性。"事"既有正价值，也有负价值。"事"符合"理"，有正价值，叫作"天理"；"事"不符合"理"，只有负价值，被理学家称为"人欲"。"人欲"妨碍人们以"理"为价值追求的目标，是应当被灭掉的消极因素。就这样，理学家以理想主义为价值导向，为人们提供了一种内在超越的精神安顿方式。这种方式有同佛教类似的安慰功能，有助于人们养成宁静、平和等心态，获得真诚、高尚的价值感。这种方式还有佛教所不具备的激励功能，鼓励人们自觉地接受"理"的约束，提升责任感和使命感，养成担当意识。"理"既可以"安身"，亦可以"立命"，却不会陷入虚无主义的误区，十分契合中国人的精神生活需要。理学行世后，佛教在中国人精神生活中"治心"的位置被颠覆了，逐渐被挤到了后排。在精神生活领域，大多数中国人不再以佛教高僧为导师，而是以理学家为导师；不再选择佛教外在超越的路径，而是选择理学内在超越的路径。

六、 清初朴学

正统理学家比较重视儒家内圣学，却忽视了儒家外王学；比较重视"穷理尽性"，却忽视了"经世致用"；比较重视"独善其身"的人生哲学，却忽视了"兼济天下"的实践哲学。正是由于正统理学存在着这些局限性，才引发了清初朴学思潮的兴起。

为了避开正统理学的误区，清初儒学家怀着"国家兴亡，匹夫有责"的使命感，对儒学做出再整理，以求在清廷入主中原的情况下，保存儒家文化的慧命。他们在对儒学进行再整理的时候，从文化传统的角度切入，同汉代古文经学有些相似。他们不相信正统理学家"六经注我"的狂言，十分重视对儒家经典的研究，喜欢做扎扎实实、朴实无华的学问，故而后人把他们的儒学思想称为"朴学"。他们擅长考据，促使考据学在清代有了长足的发展，故而他们的儒学思想又被称为"考据之学"。清初儒学家承接着汉代古文经学讲究名物训诂的传统，有时也打出"恢复汉代古文经学"的旗号，故而又称他们的儒学思想为"新汉学"。清初儒学家认真清理了正统理学家造成的迷雾，力图从儒家经典中重新挖掘出儒学的意蕴，为保存这份文化遗产做出了很大的贡献。清初朴学是对正统理学的反拨：宋明理学家的哲学意识较强；而大多数朴学家的文化意识较强。他们不太讲究思辨性，更愿意做纯学问，历史学、训诂学、考据学、音韵学等皆在他们的研究范围之内。在他们的眼里，思想家该退场了，学问家该登场了。

　　清初朴学家把批判的矛头主要指向正统理学，尤其是王学末流，但不是对宋明理学全盘否定。朴学思潮同宋明理学思潮存在着密切的联系，也吸收和借鉴了宋明理学的理论思维成果。例如，顾炎武主张"读万卷书，行万里路"，不能说没有受到朱熹"格物说"的启发。对于正统理学来说，清初儒学家是以"照着讲"为主；而对于非正统理学来说，他们却是以"接着讲"为主。王夫之继承张载的学脉，并做出创造性的诠释，使气学的理论形态更为完备。戴震讲"气化流行"，也是对张载元气论的继承和发展。

　　由于受到清代"文字狱"的打压，处于民间的朴学思潮不可能得到长足发展，因此未能改变"理学行世"的局面，仅仅预示了中国哲学新的发展方向。严格地说，朴学算不上完整的理论形态，只能算是理学的余波。鸦片战争以后，西方哲学走入中国，中国哲学走向世界。在这种语境中，中国哲学不可能保持独自发展态势，中国古代哲学的发展历程宣告终结。

　　综上所述，在奠基期，诸子学为中国哲学的发展开了个好头，水平之高并不在古希腊哲学之下。在展开期，经学取代诸子学，成为掌控话语权的官方哲学，哲学沦为政治的婢女；玄学取代经学，试图改变政治哲学话语，把目光转向精神现象，又掀起中国哲学发展的小高潮；中国化佛学取代玄学，运用宗教话语，一度掌握了在精神领域中的话语权。在高峰期，宋明理学完成三教合流，用人生哲学话语取代宗教哲学话语，使中国哲学形成完整的哲学形态，为中华民族找到了内在超越的精神生活方式。清初朴学反省宋明理学，力求把中国哲学推向实践哲学，但没有成功。从先秦的多维哲学到汉代的政治哲学，再到魏晋的半政治哲学、半人生哲学，再到隋唐的宗教哲学，再到宋元明清的人生哲学，构成了中国古代哲学清晰的发展轨迹。对于中国古代哲学史，如果不按朝代的更迭来表述，而按哲学形态的更迭来表述，是否更贴近实际呢？

（原载于《学习与探索》2015 年第 12 期）

中国古代哲学问题及其变迁

哲学史作为理论思维的历史，应当以问题变化为线索。哲学史虽可以看作历史学的分支，但不能等同于一般的历史学。哲学史所关注的主要不是事件，也不是人物，而是问题。讲哲学史必须突出问题意识，把每个阶段哲学家所关切的主要问题找出来、讲清楚。哲学家的问题意识归根结底取决于社会存在，但也不能因此而否认哲学发展史的相对独立性。后来的哲学家对于前辈的问题意识有所继承，也有所改变。以问题为"脉"，构成哲学史的内在的普遍联系。

哲学家都是思考者，而思考者必须要有自觉的问题意识。讲中国哲学史，不必把每个有哲学言论的人都讲到，但不能遗漏那些提出新问题或改变提问题方式的人。因为只有这些人，才称得上"哲学家"。某些统编教材似乎没有注意到这一点，讲的人物众多，而且经常说某某人同某某人一脉相承。如果某某人同某某人仅仅是一脉相承的话，恰恰表明他没有问题意识，没有独到的理论贡献，没有超越前人之处。对于这样的人，写入学术史是可以的，何必写入哲学史呢？真正的哲学家未必是解决问题的高手，但一定是善于提问题或者改变提问题方式的高手。从这个意义上说，哲学史其实就是问题变迁的历史。

笔者认为，研究哲学史的任务，就是把哲学家如何提出问题、回答问题或改变提问题方式的过程揭示出来，总结理论思维经验或教训，进一步推进哲学理论的发展。"吾爱吾师，吾尤爱真理。"亚里士多德的这句话道出了哲学家共同的心声。后来的哲学家绝不会停留在前人的理论思维水平上，他要推进哲学的发展，就必须解决前人留下的问题，找到新的解决方案，或者改变提问题的方式，或者提出新的问题。倘若没有问题的不断提出，就意味着哲学的发展停滞不前了。研究者书写哲学史，一定要以问题变迁为线索，展示理论思维发展的画面，才会有历史感。某些统编教材之所以读起来缺乏历史感，一个重要原因就在于没有抓住问题变迁这条线索，机械地按历史朝代排列人物。哲学史的内在的普遍联系，不是朝代，不是事件，不是人物，而是问题。哲学史所涉及的问题，不是杂乱无章的，而是有系统可循的。这个系统由全局性问题、阶段性问题、个性化问题构成。

一、 全局性问题

全局性问题是指贯穿中国古代哲学全过程的基本问题和主要问题。中国古代哲学有没有一个基本问题呢？笔者的看法是肯定的。问题在于，在"两军对战"的模式中，中国哲学自身的基本问题被遮蔽了，被武断地归结为思维与存在的关系问题。现在需要重新认识中国哲学自身的基本问题。

同马克思主义哲学以前的西方哲学相比，中国哲学的论域比较宽。长期以来，西方哲学把论域限制在如何解释世界方面，遂以物质与精神何者为第一性为基本问题。中国哲学不是这种思考方式。中国哲学的论域比较宽，尽管涉及宇宙本原问题，但并不以此为核心话题。按照冯友兰先生晚年的看法，中国哲学的论域不是一个，而是三个，即宇宙、社会和人生。宇宙是人生活于其中的客观环境，用中国哲学的术语说，就是"天"。社会是群体的生存方式，人生是个人的生存方式，二者合在一起，用中国哲学的术语说，就是"人"。对于中国哲学来说，涵盖三个论域的哲学基本问题，不可能是思维与存在的关系问题，只能是天人关系问题。

在中国哲学中，"人"的含义大体上有两个：从实然的角度说，是指现实中的认知主体或实践主体；从应然的角度说，是指价值意义上的理想人格。"天"的含义大体上有三个：一是指自然之天，二是指主宰之天，三是指义理之天。由于对天或人的含义理解不同，哲学家表现出不同的思想倾向。至于天人关系，有的哲学家强调二者有分有合，接近于辩证统一的观点，有的哲学家则过分夸大"天人合一"，表现出抽象化的倾向。但是，西方哲学中那种把天和人截然对立起来的观点，在中国哲学中即便有人提出，恐怕也难以得到普遍的认同。笔者认为，中国哲学中的天人关系问题包含着思维与存在的关系问题，但不能完全归结为思维与存在的关系问题；我们可以具体地分析中国古代哲学家提出的观点、命题乃至学说体的思想倾向，但不能笼而统之地给他们戴上"唯物主义者"或"唯心主义者"的帽子。

关于中国哲学的基本问题，古代哲学家已有比较明确的论述。其中最典型的说法是司马迁在《汉书·司马迁传》中说的"亦欲以究天人之际，通古今之变，成一家之言"。他所说的"际"，就是"关系"的意思。如何看待天与人的关系？这是每个中国哲学家必须面对的基本问题，历代都受到重视。庄子说："知天之所为，知人之所为者，至矣。"（《庄子·大宗师》）《中庸》里写道："思知人，不可以不知天。"邵雍说："学不际天人，不足谓之学。"（《观物外篇》）他认为，做学问不达到穷究天人关系的程度，就算不得有真才实学。他这里所说的"学"，并不是科学方面的知识，而是哲学方面的知识。戴震也说："天人之道，经之大训萃焉。"（《原善》卷上）在他看来，关于天人关系的道理，才是最根本的哲学道理。从先秦的中国哲学原创期到中国哲学发展的高峰时期，哲学家们都在探讨天人关系问题，因为仅这一个问题就把宇宙、社会、人生三个论域都打通了，自然是基本问题。

天人关系问题贯穿中国古代哲学发展的全过程，不过，各个时代的研讨方式和理论重点有所不同。在先秦时期，大多数哲学家把天人关系看成应然的合一关系。他们强调，天道和人道应该是一个"道"；人应当"取法乎道"，建构一个理想的社会。"道"含有"过程"的意思，即从起点走到终点。起点是当时混乱的社会状况，终点则是统一的、和谐的理想社会。"道"作为由现实到理想的发展过程，自然是人类社会的终极目标。由于对"道"的理解不同，各家所设想的理想社会也不一样。道家心目中的理想社会，是互不干预的"小国寡民"或"至德之世"；而儒家心目中的理想社会，则是天下为公的"大同之世"。他们的观点虽有不同，但哲学思维方式却是一样的。他们都认为，天人应该合一，并且把理论重点放在"人"这一方面。相比较而言，道家比较看重个体意义上的人，而儒家比较看重群体意义上的人。

在两汉时期，经学家继续探讨天人应然合一关系，但把理论重点从"人"转到了"天"。在先秦时期，社会处于分裂状态，大多数哲学家都是社会的批判者，努力寻找摆脱乱世的出路，自然以"人"为重点；两汉时期已经建立了"大一统"王朝，经学家不再扮演批判者的角色，而是思考如何维系"大一统"局面的问题。他们树立起"天"的权威，试图为强化君权提供理论依据。他们关于"天"的构想，有明显的超越指向。

到魏晋时期，玄学家探讨天人关系问题的思维方式有了很大的变化。他们从过程论转到了本体论，用本然的"天人合一"观取代了应然的"天人合一"观，把天人关系问题归结为体用关系问题。同此前的哲学家相比，玄学家有了明确的本体论意识。他们不再关心社会问题，而是转向关注人生问题，努力寻求精神上的安顿之所。这个精神安顿之所，不在现实的"用"的层面，而在超越的"体"的层面。这个"体"就是把天和人结成一体的终极依据。所谓"用"，就是人对于"体"的受用。玄学家直接讨论的问题是体用关系问题，但其中隐含着天人关系问题。"体"是对"天"的哲学抽象；而"用"则隐去了受用的主体，也就是"人"。

宋明以后，理学家继续以本体论方式探讨天人关系，进一步把体用关系转换成理事关系问题。理学家认为，"天人合一"中的"合"字，实际上并不恰当；天和人本来就是"同体"的关系，用不着那个"合"字。他们强调："仁者与万物同体。"至于这个"体"为何物，理学家们虽然有理、气、心等不同观点，但基本思路是一致的。理学家把体用关系转换成理事关系以后，不再看重本体的超越性，而特别看重本体的内在性，强调内在的超越才是精神安顿之所。理事关系问题同样隐含着天人关系问题："理"是对"天"的哲学抽象；"事"显然是对"人"而言的，指人的实践活动。

总的来看，"天人合一"是中国哲学家解释天人关系的基本思路。"天人合一"实际上是一个人学的命题，即把"天"合到"人"那里去，以"天"作为社会和人生的意义与价值的终极依据。哲学思维模式大体上可以分为三种。一种是西方哲学特别是近代哲学的思维模式，强调主客二分。这种模式把人想象为主体、世界视为客体，似乎忘了客体乃是人设定的。第二种模式是佛教的模式，讲究真俗二谛。从真谛的角度看，世界是虚无的幻境；从俗谛的角度看，可以承认世界的假有。佛教对现实世界持否定的立场，认为现实世界不是真实的，主张摆脱世间的烦恼，进入涅槃寂静的解脱境界。中国哲学属于第三种模式，讲究"天人合一"。中国哲学认为，现实世界是一个由人和天共同构成的真实世界，人不必到这个世界之外去寻找精神安顿之所。这样的一种哲学思维模式，才是中国哲学的独到之处。

天人关系是中国哲学的基本问题，但不是唯一问题。除了天人关系问题之外，中国哲学所讨论的主要问题还有三个。

一是两一关系问题。在思想方法论方面，中国哲学注重辩证思维的精神很突出。中国哲学家以阴阳两个基本点来把握动态的世界发展变化的总体进程，形成了讲究辩证思维的哲学传统。中国古代的辩证法以阴阳为核心范畴，遂把两一关系问题视为思想方法论方面的主要问题。

由于受到"两军对战"模式的误导，有些中国哲学的研究者看不到中国哲学在世界观方面的独到之处，硬给中国古代哲学家戴上"唯物论者"或"唯心论者"的帽子，把中国哲学关于世界观的图像弄模糊了，使人领略不到中国哲学的精神特质。他们也看不到中国哲学在思想方法论方面的独到之处，硬给中国古代哲学家戴上"辩证法"或"形而上学"的帽子，把中国哲学关于思想方法论的图像弄模糊了，使人更加领略不到中国哲学的精神。由于把世界视为判断的对象，在西方哲学史上，确实存在"孤立、静止、片面看问题"的形而上学理论。由于把世界视为动态的过程，在中国哲学上并不存在"孤立、静止、片面看问题"的形而上学理论。在中国哲学中，有些说法即便有形而上学倾向，也没有形成系统的哲学理论。有人说董仲舒的"天不变，道亦不变"的说法是形而上学观点，这种说法是站不住脚的。董仲舒在这里实际上只是讲了"道"与"天"在变化上的相关性，并没有把世界看成孤立、静止的存在。阴阳关系也是董仲舒乐于谈论的话题，他的论著中有大量的辩证法思想的闪光。

我们在研究中国哲学在思想方法论方面的独到之处时，不能套用"辩证法与形而上学的对立"的模式，应当寻找中国哲学自身关注的问题。这个问题就是两一关系问题。阴阳是相反的，构成对立关系，用中国哲学的术语来说，叫作"两"。阴阳又是相成的，构成统一关系，用中国哲学的术语来说，叫作"一"。那么，"两"和"一"是什么关系呢？这成为哲学家必须研究的主要问题。这个问题触及辩证法的核心与实质，即如何正确地理解和把握对立统一规律。关于两一关系问题，中国古代哲学家的看法不尽一致。有的哲学家强调"两"，提出"一分为二""阳尊阴卑""以阴合阳"等观点；有的哲学家强调"一"，提出"合二而一""中庸和合""天人一理"等观点。但无论是强调"一分为二"，还是强调"合二而一"，都是在辩证法的范围中讨论问题。过分夸大阴阳对立，固然表现出形而上学的倾向，但也不能归结为"孤立、静止、片面地看问题"的形而上学的思想方法；过分夸大阴阳统一，固然有折中主义倾向，但也不能归结为折中主义观点。从总的发展趋势来看，中国哲学越来越接近全面地把握矛盾双方对立统一关系的辩证法思想。

二是知行关系问题。在知识论方面，中国哲学的精神特质是实事求是。与此相关，在中国哲学中形成了注重实践的传统。中国哲学家关于知识论的研究也有独到之处，那就是把知行关系当作理论研究的主要问题。

基于"为知识而知识"的传统，西方哲学家十分重视知识论研究，特别是近代以后，实行了"知识论转向"，知识论成为哲学研究最主要的问题，以至出现"哲学就是知识论"的说法。西方哲学家关于知识论的研究，主要问题有三个：第一个是主观与客观的关系问题；第二个是感性认识与理性认识的关系问题；第三个是认识与实践的关系问题。基于注重实践的传统，中国哲学家对于知识论的重视程度不如西方哲学家。他们关于知识论的研究，虽然涉及主观与客观的关系、感性认识与理性认识的关系等问题，但没有更为系统的理论体系。

中国哲学家特别重视认识论问题中认识与实践的关系问题，用中国哲学的术语说，就是知行关系问题。在中国哲学中，"知"的意义很广，不仅指关于事实的知识，还指关于价值的知识，因而有别于西方哲学史上的认识论或知识论。在西方哲学中，知识论着重讨论关于事实的知识（即科学知识）是从哪里来的问题，因此首先必须设定认识主体和认识对象，然后探讨主体与客体的关系。在中国哲学中，没有这种类型的知识论。中国哲学的知行观除了讨论关于事实的知识的来源问题，还着重讨论关于价值的知识的来源问题。用中国哲学的术语来说，关于事实的知识叫作"闻见之知"；关于价值的知识叫作"德性之知"。中国哲学家特别重视"德性之知"，不大重视"闻见之知"。"德性之知"同实践理性密切相关，不可能通过主客二分的途径得到。所以，中国哲学家不像西方哲学家那样重视主客关系，而特别重视知行关系。在中国哲学中，"行"的含义有两种：一种是广义的行，泛指个人和社会团体、社会阶层的一切实践活动；一种是狭义的行，专指个人的道德实践。由于"知"有两种含义，"行"也有两种含义，遂使知行关系问题变得复杂起来。

中国哲学家在研讨知行关系问题时，有的人特别注重"德性之知"，不大关心"闻见之知"；与此相关，他们对"行"的理解也是狭义的，仅指个人的道德践履。在这些人身上，往往表现出先验主义的倾向。有的人对"知"的理解是广义的，既包括"德性之知"，也包括"闻见之知"；对"行"的理解也是广义的，既指个人的道德践履，也指其他实践活动。在他们身上，往往表现出经验主义倾向。中国哲学家对知行关系的看法不尽一致，有的人主张知先行后，有的人主张知行合一，有的人主张行可兼知，但总的倾向是重行，接近于全面地把握知行的辩证统一关系。金岳霖在《中国哲学》一文中指出，在中国哲学中，知识论不发达。这种看法有一定的道理，但需要补充。确切地说，中国哲学关于"闻见之知"的知识论的确不够发达，而关于"德性之知"的知识论则比较发达。

三是义利关系问题。中国哲学作为一种以人生哲学为主调的哲学理论形态，不像西方哲学那样关注"世界是什么""知识从哪里来"等问题，也不像宗教哲学那样关注彼岸世界与此岸世界的关系问题，而是特别关注如何做人的问题。人有精神方面、道义方面的理想追求，这在中国哲学中叫作"义"。"义"是道义、义理的简称，指的是做人应该具备的道德意识和价值准则。人有物质方面、利益方面的现实需求，这在中国哲学中叫作"利"。"利"是利益、功利的简称，指的是人用来满足欲望的物质需求。如何正确看待和处理义利关系问题？这成为中国哲学在价值观方面所探讨的主要问题。

义利关系问题实际上就是理想与现实的关系问题。基于"以人为本"和"内在超越"的哲学精神，中国哲学家没有把理想与现实对立起来，没有在彼岸世界设置理想的、超验的价值目标。在中国哲学中，圣人就是理想的人格，就是道义的体现者，就是做人应该追求的终极价值目标。圣人对于凡人来说，无疑是一种超越，但这是哲学意义上的内在超越，而不是宗教意义上的外在超越。就圣人高于凡人这一点来说，"义"理所当然地被摆在了首要的位置，"利"被摆在了从属的位置。然而，圣人与凡人又属于同类，不能脱离现实，因此还必须正视现实的人的正当的物质利益需求。这样一来，如何在人生实践中处理好义利关系的问题，便成为中国哲学不能不深入研究的主要问题了。

义利关系问题也包含着群体与个体之间的关系问题。"义"是一个关于群体性原则的哲学理念，"利"是一个关于个体性原则的哲学理念。在中国哲学中，群体性原则高于个体性原则，与此相关，"义"理所当然地被摆在了首要的位置，"利"被摆在了从属的位置。中国哲学家认为，正确处理义利关系或理欲关系，乃是人生中的头等大事之一，所以他们花费了很大的气力来探讨这个问题。有的人主张"义，利也"，有的人主张"正其谊（义）不谋其利"，有的人主张"存天理，灭人欲"，有的人主张"理寓于欲中"。有的人强调义高于利，理想主义和非功利主义的色彩比较重；有的人强调义利统一，现实主义和功利主义的色彩比较重。总的看来，中国哲学家比较看重"义"，而不太看重"利"，从而表现出强调群体价值、忽视个体价值的倾向，表现出强调道德价值、忽视功利价值的倾向。

天人关系、两一关系、知行关系、义利关系等四个问题都是艰深的哲学问题，很不容易回答。在天人关系上，蔽于"天"而不知"人"，容易落入神秘主义的误区；蔽于"人"而不知"天"，容易落入主观主义和盲动主义的误区。那么，怎样才能全面地把握天人关系呢？这是一个今后仍旧需要深入研究的问题。在两一关系上，夸大"两"而失落"一"，容易落入对立思维、斗争哲学的误区；夸大"一"而失落"两"，容易落入折中主义的误区。那么，怎样才能在对立中把握统一、在统一中把握对立，准确地抓住辩证法的核心与实质呢？显然这还需要进一步深入研究。在知行关系上，片面地强调"知"而忽视"行"，容易落入坐而论道、空言无补的误区；片面地强调"行"而忽视"知"，容易落入冥行妄作、胡来蛮干的误区。那么，如何在社会实践中把知行有机地统一起来呢？这仍需深入思考。在义利关系上，只讲"义"而不讲"利"，容易养成空唱高调的伪善人格；只讲"利"而不讲"义"，容易养成唯利是图的庸俗人格。那么，如何把义利统一起来，造就健全的理想人格呢？这在今后仍旧是一个需要探索的问题。我们的先哲提出以上四个哲学问题，对人类文明的发展做出了很大的贡献。尽管他们没有完全解决这些问题，但给我们留下了宝贵的经验，留下了深刻的教训，留下了丰富的思想资源。这对我们来说是弥足珍贵的精神财富。

以上四个问题可以说都是人类最感困惑的难题，至今仍然不能说已找到完满的答案。然而，正是由于对这些问题永不止息的探问，才促使哲学不断地向前发展。

二、 阶段性问题

中国古代哲学经历了原创期、展开期、高峰期三个发展阶段。在每个阶段，都有阶段性问题的提出，从而显示出各阶段不同的时代特征。

（一）原创期

先秦哲学的第一个话题是天人关系问题。哲学家抓住这个问题作为突破口，推倒神学的统治地位，对"天"做出理性的解说。儒、道、墨三家都把话题集中到天人关系上，都是要解构那个神学意义上的天，代之以哲学意义上的天；都要把人从神的控制中解放出来，变成一种独立的人格，变成一种理性的存在。天人关系问题首先是先秦哲学的主要话题，后来才成为中国哲学的基本问题。

第二个话题是治乱问题。这是一个属于政治哲学领域内的话题。先秦哲学并没有选择自然哲学的路，而是一下子就把天人关系问题引到治乱问题上了。先秦哲学家研究天人关系问题，主要还是着眼于人以及由人组成的社会。对于社会来说，则是一个如何转乱为治的问题。先秦哲学家普遍认为，他们所处的时代是一个乱世。如何摆脱乱世、走向治世，自然成为他们最为关切的一个非常现实的政治问题。黑格尔曾说过，哲学就像是密涅瓦的猫头鹰，只有在夜幕的时候才起飞。"中国哲学"这只猫头鹰也是在夜幕时候起飞的，即在中国社会的转型时期出现的。哲学家对历史上的政治经验做出理论总结，对未来的、"大一统"的王朝提出构想，纷纷拿出摆脱乱局的方案。道家的方案是"无为而治"，墨家的方案是"尚同"，孔子的方案是"为政以德"，孟子的方案是"王道仁政"，荀子的方案是"王霸并用、礼法双行"，法家的方案是"霸道法治"。各家都申诉自己的理由，驳斥论敌的观点，遂形成"百家争鸣"的生动画面。

第三个话题是群己关系问题。这是一个属于人生哲学的话题，也是同前两个话题相关的话题。天人关系中的"人"，隐含着个体与群体关系的问题；治乱问题中的"治"，涉及个体与群体的关系如何处理的问题。在先秦哲学中，道家比较重视个体性原则，最典型的说法就是杨朱所说的"不拔一毛以利天下"。道家的主张是：国家对于个人不加干预，人与人之间互不干预，有如鱼"相忘于江湖"。儒家比较重视群体性原则，倡导仁爱之教，主张积极有为，要求用仁德的理念把所有社会成员结成群体，建成统一的国家。当个人利益同群体利益发生冲突的时候，儒家主张个人利益服从群体利益，遵循重义轻利的原则。墨家也比较重视群体性原则，但强调个体与群体的兼容性，呼吁"兼相爱，交相利"，要求消除纷争，建立和谐社会。"爱"是儒、墨两家的共识，他们都把"爱"看成人与人之间在精神上的普遍联系，主张以此为纽带建构更大规模的社会。但差别在于，儒家的"仁爱"是有差别的爱，墨家的"兼爱"是无差别的爱。法家把群体性原则推向极端，完全无视个体性原则。法家把君王等同于群体，把君王同所有个体对立起来，主张实行苛刑峻法。各家所见不同，相互辩难。群己关系问题以及由此引申出来的义利关系问题，遂成为"百家争鸣"的焦点之一。

（二）展开期

在中国哲学展开期，天人关系问题依然是基本问题。不过，哲学家提问题的方式和回答问题的方式，在这一时期有了新的特点：天人关系问题发生第一次变形，从中引申出体用关系问题；发生第二次变形，使此岸与彼岸的关系问题与之相衔接。

1. 天人关系问题

在先秦时期，哲学家解构传统天命观中"天主宰一切"的观念，把人从天的控制中解放出来，变成了主动的、自主的人。在先秦哲学家的视野中，已经取消了"人上之天"。他们讲"天人合一"，并不是主张与主宰之天合一，而是与应然的"天道"合一，目的在于更合理地做人。显然，在他们"天人合一"的诉求中，以"人"为重心。

到汉代，经学家们为了维系"大一统"，变更了先秦哲学家的理论诉求，把重心由"人"转向了"天"。经学家把天人关系问题变成了这样一个问题：人之上是否还有一个主宰之天作为"大一统"的担保者？人跟主宰之天的关系如何？出于政治哲学的考量，他们重新建构了主宰之天，强调天在人之上。例如，董仲舒认为，天是人的"曾祖父"，比人高几辈；天与人有相同的构造，可以相互感应。"天"不仅仅是伦理的担保者，也是皇权的担保者。皇帝作为"天子"，同"天"一起统治万民。经学家这样处理天人关系，再次把人视为被动的人，视为天的附庸。这种天人关系学说，是一种半哲学、半神学的理论。

批判哲学家王充否定了经学家"天在人上"的观念，提出一种新的看法，强调"天在人外"，不认为天是人的主宰者。在他看来，天与人同为自然存在，不能构成相互感应的关系。批判哲学家与经学家的观点相对立，但他们的哲学思维方式却是一样的，都强调天人两界：前者把天置于人之外；后者把天置于人之上。他们不再从人事论的视角考察天人关系，而改由从宇宙论的视角考察天人关系。

2. 体用关系问题

到魏晋时期，玄学思潮兴起。玄学家突破了汉代人"天人两界"的宇宙论观念，把两界合成一个有机的整体。在天人关系问题上，他们不再选择宇宙论的视角，而转向本体论视角。与此相关，他们也改变了关于中国哲学基本问题的提法，由天人关系问题引申出体用关系问题。"体"的观念的提出，是玄学家的一大重要发现，标志着他们已达到了本体论意识的自觉。

所谓"体"，是指天与人之所以能够构成整体的终极依据，"体"把天与人联系在一起。在经学家的宇宙论视野中，天与人是两类不同的存在，尽管可以讲"天人合一"，但只能讲到外在的合一。在这种外在的合一过程中，主宰之天是目的，而人是手段；"天人合一"就是把人"合"到主宰之天那里去。在玄学家的本体论视野中，天与人同为一个整体的组成部分，二者合一，不建立在外在关系上，而建立在内在关系上。天不再是目的，人也不再是手段。经学家所说的"主宰之天"，是一种半哲学、半神学的讲法，而玄学家说的"体"才是哲学的讲法。"体"是玄学家最高的哲学理念，他们用这个理念解释宇宙，也试图用这个理念安顿人的精神生活。至于何为"体"，玄学家的看法并不一致。有人主张贵无论，有人主张崇有论，有人主张独化论，但他们的本体论思维方式则是一致的。

由于选择了本体论视角，玄学家把以往的天人合一的诉求，变为体用一致的诉求。所谓"用"，是一个含义复杂的中国哲学范畴，不能完全等同于西方哲学所说的"现象"。在西方哲学中，"现象"是哲学家解释世界时使用的哲学范畴，而在中国哲学中，"用"固然不排除解释世界的意思，但主要是用来解释人生的，是一个与人生有关的哲学范畴。"用"不完全是事实判断，同时也是价值判断，即对人有用。在"用"中，隐含着作为"用者"的人；只有对人才谈得上"用"，对于物来说，无所谓"用"。"体"对应着"天"，"用"对应着"人"。体用关系问题同天人关系问题是一致的，并且可以说是关于天人关系问题的更为抽象的哲学表述。在玄学中，"用"是表示人生态度以及人生实践的哲学范畴，就是把"体"用到人生实践，帮助人养成一种应然的人生态度。"体"既要指导人的实际生活，也要指导人的精神生活，并且主要是后者。玄学家讲的本体论，既有存在的意涵，也有价值的意涵。在玄学家的价值取向上，人的精神生活比人的实际生活更为重要。从这种倾向中，引导出此岸与彼岸的关系问题。

3. 此岸与彼岸关系问题

体用关系问题是一个人生哲学的话题，而此岸与彼岸关系问题是一个宗教哲学的话题。在宗教哲学中，"此岸"是指人的生活世界，与中国固有哲学中"人"的意思相近；"彼岸"是指超越于人的生活世界之上的精神世界，与中国固有哲学中"天"的意思相近。此岸与彼岸关系问题虽然来自佛教，但可以同中国哲学中天人关系问题相衔接。在人生哲学中，天与人构成合一的关系，而在宗教哲学中，两个世界形成鲜明的对立。人生哲学是"一个世界"的讲法，而宗教哲学是"两个世界"的讲法。

玄学家都不同程度地看到本体的超越性，但都没有否认实际世界的真实性，都没有把本体看成现象之外单独存在的本体界。严格地说，他们各自标榜的本体，不过称为"抽象的本体"，还不能称为"超越的本体"。他们的本体论思考仍然限制在中国固有哲学的框架之内，因而他们无法对本体的超越性做出充分的说明，无法在实际世界之上搭建起一个纯粹的、彼岸的精神世界，因而无法满足人们对"超越的本体"的精神追求，无法帮助人们选择终极的、永恒的价值目标。这时，来自印度的佛学吸引了学者的目光。佛教的般若学以思辨的方式论证本体的超越性，其理论深度超过了玄学。佛教与中国固有哲学的思路有着明显的区别。在中国固有哲学中，无论哪一派，都会首先肯定世界万物的现实性和真实性，肯定人生的价值，然后再对这种现实性和真实性做出哲学解释，提出自己的宇宙论和本体论。佛教与此不同，它首先否定世界万物的真实性，否定人生的价值，径直指向超越的本体，指向彼岸世界。佛教所说的彼岸世界，其实就是指精神世界、意义世界或价值世界。

佛教哲学的超越本体论思想的引入，扩大了中国哲学的思想资源，有利于中国哲学的发展，但并不能改变中国哲学家认同"一个世界"的传统思路。于是，此岸与彼岸的关系问题便成为佛教哲学家和世俗哲学家共同关注的主要问题之一。早期的佛教哲学家比较强调此岸与彼岸的对立，而后来的佛教哲学家则比较强调此岸与彼岸的统一，越来越靠近"一个世界"的固有哲学传统。世俗哲学家则经过深入的思考以及同宗教哲学家的对话，终于把"两个世界"合成"一个世界"，告别宗教哲学，重新返回人生哲学，促使中国哲学的发展进入高峰期。

(三) 高峰期

在这一阶段，天人关系问题作为中国哲学的基本问题，发生了第三次变形。理学家从中引申出理（天）事（人）关系问题，使人生哲学成为中国哲学的主题。

理学家提出理事关系问题，乃是对玄学家所重视的体用关系问题的深化。在玄学中，"体"仅对应着"天"，是一个关于存在的本体论范畴。玄学家提出"无""有""独化"等本体论理念，可以为存在提供终极依据，却不能为价值安顿提供终极依据，因为这些理念没有为人指出一个终极追求的目标。"用"对应着"人"，指属于人的现实世界，其中包括名教，包括儒家倡导的伦理规范。大多数玄学家对名教表示认同，可是他们仅把名教置于"用"的层面，没有对名教做出本体论证明。在玄学家的本体论学说中，名教本身并不是"体"。他们不在儒学中寻找"体"，而是到儒学之外，到道家的自然学说中为名教找"体"。至于道家式的"体"如何转化为儒家式的"用"，玄学家并没有解决这个问题。他们只是把"体"和"用"嫁接在一起，而没有把二者统一起来。这意味着，玄学家讲的本体论学说，并不能真正成为儒家伦理的理论支撑。他们的本体论学说过于抽象，也不能为人生提供价值担保，不能帮助人们搭建精神世界，不能指导人们安顿终极价值。在大多数人的精神生活中，玄学没能掌控主流话语权，因而不得不让位于佛教。

为了对儒家伦理做出本体论证明，理学家把体用关系问题转换为理事关系问题。同"用"相比，"事"更贴近人的生活世界。凡是人所参与的活动，都可称为"事"。恪守纲常伦理规范当然属于"事"的范围，但它也是"理"的直接体现。这样，理学家便从"事"出发，导引出"理"这一本体论观念。同玄学家所说的"体"相比，"理"不再是抽象的本体，因为它同恪守儒家伦理的道德实践结合在一起，包含具体的内容。"理"有"应该"的意思，既可以作为关于存在的本体论范畴，也可以作为关于价值的本体论范畴，比抽象的"体"有更广泛的解释力。理学家也不拒斥"体"，特别强调"体"和"用"的一致性，用他们的话说，叫作"体用一源，显微无间"，不过，他们更愿意使用"理"作为本体论范畴。"理"属于"微"的本体层面，"事"属于"显"的现实层面，但二者不是对立的关系，而是统一的关系。人们在恪守儒家伦理的道德实践中，就可以获得对于"理"的本体论体验，不必再像玄学家那样，另外到山林中寻求本体论体验。在理学家那里，"理"主要是一个价值本体论范畴。"理"有"理所当然"的意思，可以为人们搭建精神世界提供必要的逻辑支点，帮助人们找到"安身立命之所"。一旦树立了"理"的本体论理念，就可以"心安理得"，就可以得到终极价值的安顿。通过对理事关系的本体论考察，理学家把恪守纲常伦理的道德实践提升到了精神生活的高度，为儒家思想体系找到了本体论依据。他们不再像经学家那样"就事论事"，而是以"理"论"事"，极大地提升了儒学的哲理性。

理学家提出理事关系问题，也是对佛、道二教所重视的彼岸与此岸关系问题的转化。华严宗已经以中国哲学的思维方式，把彼岸与此岸合为一个整体，形成了"一即一切"的观念。那么，何谓"一"呢？佛教可以有自己的答案，理学家也可以有自己的答案。佛教的答案是"空"，而理学家的答案则是"理"。从中国哲学的发展轨迹看，理学家所持的"理"的本体论观念，是从华严宗"一"的观念中转化出来的，他们找到了讲儒家本体论的话语方式。

通过研讨理事关系问题，理学家不再讲宗教哲学话语，转而讲人生哲学话语，在精神生活中用哲学理念取代宗教信条，改变了宗教占主导地位的情形。理学家对佛教的超越本体论做出了有力的回应，提出儒家的精神超越路径也就是内在超越的路径。华严宗的本体论肯定了"理法界"的价值，肯定彼岸世界的价值，尽管没有否定"事法界"的存在，但否定了"事法界"的价值，否定了此岸世界的价值，倡导出世主义的价值取向。华严宗提出"理事无碍说"，尽管一定程度上缓解了"理"与"事"之间的紧张和对立，但也没有明确肯定"事"的真实性，没有从根本上扭转出世主义的价值取向。理学家吸收华严宗的理论思维成果，并且进一步明确肯定了理和事的真实性，由宗教哲学转到人生哲学，由佛教的出世主义转到儒家的入世主义，对佛教的超越本体论做出了有力的回应。佛教的"空"本体论是对现实世界的否定，强调此岸世界与彼岸世界的对立，所表达的是一种宗教世界观；而理学家的"理"本体论，肯定了现实世界的真实性，取消了彼岸世界，重申了"一个世界"的原则，所表达的是一种哲学世界观。理学家建构的"理"本体论，足以同佛教的"空"本体论相抗衡。理学家既肯定理与事的真实性和一致性，又强调二者之间的差异性。"理"属于"形而上"的层面，具有理想性、超越性，人们可以以此为根据，搭建价值的世界或意义的世界，设立终极的价值目标，追求完美的理想人格，化解不良情绪，净化心灵空间，找到一种精神生活方式。"理"是衡量人生价值的尺度，只有正价值，没有负价值。"事"属于"形而下"的层面，表现于人们的生活世界，具有现实性、内在性。"事"既有正价值，也有负价值。当"事"符合"理"，有正价值，叫作"天理"；当"事"不符合"理"，只有负价值，被理学家称为"人欲"。"人欲"妨碍人们以"理"作为价值追求的目标，是应当被灭掉的消极因素。就这样，理学家以理想主义为价值导向，为人们提供了一种内在超越的精神安顿方式。这种方式有同佛教相类似的安慰功能，有助于人们养成宁静、平和的心态，获得真诚、高尚的价值感。这种方式还有佛教所不具备的激励功能，可以鼓励人们自觉地接受"理"的约束，提升责任感和使命感，养成担当意识。"理"既可以"安身"，亦可以"立命"，却不陷入虚无主义的误区，十分契合中国人的精神生活需要。理学行世后,佛教在精神生活中"治心"的地位受到颠覆,逐渐被挤到了后排。在精神生活领域中,大多数中国人选择的超越路径,不再是佛教的外在超越,而是儒家的内在超越;不再接受宗教世界观的指导,而是接受哲学世界观的指导。

从宋代开始,理事关系问题成为一个新的核心话题,但也不是唯一的话题。这个话题展开来,引导出理气关系、理心关系、理欲关系、理物关系、心物关系、道器关系、义利关系、两一关系、知行关系等一系列哲学问题。哲学家们对这些问题的看法并不一致,他们发挥思想原创力,著书立说,相互辩难,相互启发,解构宗教哲学,建构人生哲学,把中国哲学的发展推向了高峰。

三、 个性化问题

对于每个哲学家来说,全局性问题和阶段性问题属于公共话题,在他们身上都会有所涉及。不过,哲学家出于独到的问题意识,也会提出个性化问题。正是由于提出这种问题,使得哲学家的哲学思考体现出个性化特征。哲学史上不会有两个完全一样的哲学家,犹如世界上不会有两片完全一样的树叶。研究者在对某位哲学家做个案研究时,要注意捕捉他所提出的个性化问题,从而揭示他的理论特色。在某些哲学史论著中,经常会出现"某某人与某某人一脉相承"的说法,这恐怕有忽略哲学家个性之嫌。研究者固然要看到哲学家之间的大同,但更要看到大同之中的小异。小异就在于每个哲学家都会提出个性化问题,否则,他就不配被称为"哲学家",不配被写入哲学史。

本文仅以王弼为例,看他如何提出与众不同的个性化问题。王弼提出的第一个问题:名教的根基何在?名教是"经学政治-伦理哲学"体系中的核心观念。它的伦理意涵是指纲常伦理之类的道德规范,它的政治意涵是指君主专制制度。随着东汉王朝的灭亡,名教陷入危机,不能发挥"范围人心"的作用了。怎样挽救名教的危机,使之重新发挥作用?这是玄学家面临的重大理论问题。他们必须找到一种有别于经学家的话语方式,找到一种新的哲学思维模式。

王弼的哲学思考,以名教为逻辑起点,试图为名教何以成立找到理论依据。他不是名教的拆台者，而是名教的补台者。在反省名教失范原因的时候，王弼认识到：名教本身是没有问题的，问题出在经学家没有找到名教何以成立的依据，他们只讲到"用"的层面，而没有讲到"体"的层面。另外，经学家关于名教的论证方式也有问题，那就是完全依赖于一套权威主义的话语方式。他们或者仰仗皇帝的权威，运用政权的力量强制人们统一思想；或者借助至高无上的天意，压制人们的理性思考；或者在圣人的典籍中寻章择句，以引证代替论证，并没有在人们的内心世界中为名教找到本体论依据。为了给名教找到本体论依据，王弼摆脱了权威主义话语方式的束缚，接受王充的理论思维成果，把目光转向道家的思辨哲学。把"自然"这一道家的哲学范畴引入名教的话语之中，提出名教与自然的关系问题。"自然"出自《老子》中的名句"道法自然"，王弼把它当作本体论范畴来使用，树立了"名教出于自然"的观点，试图对名教做出本体论证明。但他并非全盘接受道家思想，而是既有所取，也有所舍，跟先秦时期老庄有很大的不同。例如，老子和庄子都是儒家学说的批评者，而王弼则是名教的维护者。

王弼认同名教的伦理意涵，但不认同经学家的解释方式。按照王弼的看法，名教之所以失掉"范围人心"的效力，导致价值失落，其根本原因在于经学家阐发名教的方法不对头。经学家最大的失误就在于，只把名教看成一种工具，把人看成被这个工具管理和约束的对象。在名教面前，作为被管理者的人没有主动选择的余地，只能被动地服从。经学家所阐发的名教，对于被管理者来说，完全是一种外在的约束，没有进入被管理者的内心世界。所以，被管理者不可能心甘情愿地接受名教的约束。这种权威主义的阐发方式，可以使人口服，但不能使人心服，势必导致信仰危机、规范失效。在王弼看来，经学家们片面地提倡仁、义、礼、智、信等伦理规范，只是在细枝末节上做文章，并没有从根本上下功夫，没有抓住儒学的精神实质。于是，便使儒学的伦理规范仅流于形式，甚至走向伪善。"崇仁义，愈致斯伪。"（《老子微旨略例》）一些无耻之徒，利用名教欺世盗名，冒充贤良。这就不能不败坏了儒学的名声。经学家对名教的阐发，只是告诉人们什么是善的行为，并没告诉人们何谓"善之所以为善"。前一个问题是伦理问题，后一个问题是哲学问题。前一个问题是枝节问题，后一个问题才是根本问题。因此，要使名教真正发挥作用，就不能仅仅就事论事、停留在枝节上，而应当从根本入手，加固信仰的根基，把名教变成人们的一种自觉的价值选择。

王弼认为，名教的根基就是道家常说的"自然"或"无"。"自然者，无称之言，穷极之辞也。"（《老子注·第二十五章》）"自然"或"无"是对世界的总体把握，其中当然也包含着对名教的把握，它才是伦理规范的本体论依据。圣人正是由此出发，才"立名分以定尊卑"，制定出以"三纲五常"为基本内容的名教来。换句话说，名教是"末"，自然才是"本"；名教本乎自然，出于自然。王弼要求人们从哲学的高度体认本体，提高履行名教规范的自觉性，从而解决儒学遇到的"信仰危机"。王弼以哲学的方式论证名教的有用性、永恒性和必然性，同经学家以权威主义的方式论证名教的强制性、永恒性和必然性相比，自然要高明得多、深刻得多。王弼认为，只有把名教的有效性建立在自然、自觉的基础上，名教失效的问题才能得到解决。不能像经学家那样，只从"用"的层面看名教，而是必须上升到"体"的高度。名教何以有"用"？必须由"体"来担保。——这就是王弼的基本思路。他已跳出经学的范围，从一个更高的视角，即从本体的视角，证明名教的合理性，努力挖掘、提炼儒学的哲理性，力求把儒家的话语同道家的话语结合在一起。

王弼还指出，就名教的政治意涵来说，也应当建立在本体论的基础之上。他把儒家的"尊君"原则同道家的"无为"原则结合起来，提出"执一统众"的观点，用以证明设置名教的必要性。他指出，统辖、主宰万物的本体不是"众"而是"寡"；不是"多"而是"一"。"夫众不能治众，治众者，至寡者也。""夫少者，多之所贵也；寡者，众之所宗也。"（《周易略例·明象》）在他看来，这种"以寡治众"或"以一治多"的观点，既见于《周易》，又见于《老子》。他以《老子》中"三十辐共一毂"的论断为例证，说明这一原则的必要性："毂所以能统三十辐者，无也。以其无能受物之故，故能以寡统众也。"车轱辘的三十根辐条之所以能形成一个整体，是因为轱辘中间的轴眼（"无"）在起作用。既然"以寡治众"是世界上的普遍规律，亦应当成为治理国家的最高原则。在王弼看来，"以寡治众"是儒、道两家一致的见解，然而对此见解的阐发，儒家比道家更为深刻。他在注释《论语》中"一以贯之"一句时说："贯,犹统也。……譬犹以君御民,执一统众之道也。"(《论语释疑》)他认为孔子的"执一统众"之论充分体现出无为的原则,并且对"无为"的理解比老子更透彻:"圣人体无,无又不可以训,故言必及有;老、庄未免于有,恒训其所不足。"(《世说新语·文学篇》)这里的"圣人",指的是孔子。在王弼看来,孔子提出"一以贯之"之论,实则是立足于"以无为本"的本体论基础,主张按照无为原则办事,只是不像老庄那样总是把"无为"挂在嘴边而已。这种"孔胜过老"的看法,在玄学家当中相当流行。南齐周颙在《重答张长史书》中透露出这一信息:"何旧说皆云老不及圣?"(《弘明集》卷六)王弼为孔子披上玄学家的外衣,把道家思想纳入儒家的思想轨道,为儒学吹入了一股新鲜空气。他们的"以寡治众""执一统众"等思想是对汉儒"春秋大一统"观念的阐发,也是一种维护皇权的理论设计。他虽为儒学注入新意,但仍旧不可能跳出专制主义的思想樊篱。

王弼提出"名教出于自然"之论,突破了经学的藩篱,纳儒于道,无疑是儒家思想的新开展。但他也并没有放弃名教,而是纳道于儒,这也可以说是道家思想的新开展。他只认同道家的"自然""无"等本体论理念,并不认同道家对仁义之教的批评。在他的思想体系中,"自然"和"名教"构成兼容的关系。

王弼提出的第二个问题:何为万有的本体?沿着"名教出于自然"的思路,王弼迈入本体论视域。如果说"名教"是他哲学思考的起点,"自然"才是他哲学思考的重心。在本体论方面,他的基本观点是"以无为本",故而称为"贵无论"。

汉代哲学家通常把宇宙视为人之外的存在,视为无人的宇宙,似乎人存在于宇宙之外,这是一种宇宙论的哲学思考模式。尽管有些哲学家也讲"天人合一",但只能讲到外在意义上的合一,即把"人"合到"天"的控制范围之中,并没有真正把"天"与"人"看成一个整体。汉代哲学家尚未达到本体论意识的自觉。在中国哲学史中,自觉的本体论意识的出现应当从王弼算起。在王弼眼里,宇宙不再是无人的宇宙,而是天与人内在统一起来的整体。对于这个整体,只能用一种本体论理念来把握。这个本体论理念,既是天地万物存在的终极依据,也是指导人的精神生活的最高原则。基于这样的哲学识度，王弼开始了他的本体论追问。

王弼认为，世界上的万事万物只是作为现象而存在，故而都可以视为"末"。"末"不能单独存在，必须依附于"本"，有如树枝、树叶离不开树干和树根。经学家们只是就事论事，仅在"末"的范围内讨生活。这种舍本求末的做法，由于没有抓住问题的要害，不可避免落个事与愿违的结局。例如，经学家只讲仁义、刑罚等名教的具体条目，却失落了"体"，没有找到指导精神生活的最高原则，因而其社会效应必然是"巧愈思精，伪愈多变，攻之弥甚，避之弥勤"（《老子微旨略例》）。名教条目讲得越烦琐、越形式化，就越会引导人们追求形式，沽名钓誉，弄虚作假，甚至欺世盗名，千方百计逃脱名教的限制与制裁，结果造成人性的扭曲，形成伪善的人格。王弼把着眼点从"末"移向"本"，主张深入研究本末关系，从总体上把握宇宙，理解人生，把握真实的人性。用现在的哲学术语来说，就是研究本体与现象之间的关系问题。他没有把目光停留在可见的现象世界（"末"），而要求进一步探讨抽象的本体（"本"）。这是一种典型的本体论思维方式，有别于宇宙论思维方式。

究竟什么是世界万物的本体呢？在王弼看来，本体不可能是任何具体的存在物或具体的制度安排。就其抽象性来说，只能称之为"无"或"自然"。他说："自然者，无称之言，穷极之辞也。"（《老子注·第二十五章》）在王弼的哲学中，"自然"和"无"是同等程度的本体论范畴，都用来表示世界万物的抽象的终极依据。所以，他的哲学被人们称为"贵无论"。贵无论的核心论点为："天下之物，皆以有为生。有之所始，以无为本。将欲全有，必反于无也。"（《老子注·第四十章》）这句话的意思是：世界万物作为具体存在的东西，并非自己规定自己，而是被"无"这个本体所规定，因此要了解世界万物全体之有就必须把握它的根本——"无"。在天地万物之中，任何具体物之有，都是有限的，此物不是彼物，事物之间有明确的界限。然而，各种事物之间又是相互联系的，此物有可能转化为彼物；万事万物构成一个有机的整体，显示出发展的无限性。此物转化为彼物的原因，不能在此物自身中得到解释，必须追溯到终极的本体。这个本体不是任何具体的存在物，而必须是抽象的，必须是无限的。从这种推论中，王弼得出"以无为本"的结论。他所说的"无"，有"无限"的意思。在他看来，有限的现象世界只能通过无限的本体得到哲学解释。"无"作为本体，把此物与彼物沟通了，为事物相互转化提供了哲学依据，为宇宙万物的多样性提供了哲学依据，为宇宙发展的无限性提供了哲学依据。

在王弼那里，本体既有存在的意涵，也有价值的意涵。他认为，"自然"或"无"不仅是世界万物的终极依据，同时也是生活世界的终极依据，尤其是名教的终极依据。"道不违自然，乃得其性。"(《老子注·第二十五章》) 依据贵无论，王弼对设置名教的必要性做出本体论证明。他认为，名教的伦理规范作为"应然"，其正当性来自作为"自然"的本体。"顺自然而行，不造不施"；"因物自然，不设不施"。(《老子注·第二十七章》) 圣人正是根据自然本体，"立名分以定尊卑"，制定出规范人们行为的伦理纲常。名教出于自然，本于自然，执政者运用纲常名教来治理人民，必须遵循自然原则，把名教与自然统一起来。只有这样，名教的作用才能真正显示出来、发挥出来。对于名教的接受者来说，只有从本体论的意义上认同名教的正当性，才不会把名教视为异己的约束力，才会真诚地、自觉地接受仁义礼法的规范，才不至于使名教流于伪善。王弼没有把名教视为异己的力量和压制人性的力量，而是要求人们真心诚意、自觉自愿地接受儒家伦理规范的约束，变他律为自律，希望以此解决名教流于伪善的问题。

王弼提出的第三个问题：如何把握本体？他找到的方法是"得意忘象"。这既是他在《易》学研究方面提出的新理论，也是他的本体论理念在思想方法层面的贯彻。他认为，解《易》重要的原则是得意而忘象，不可拘泥于"言"或"象"。至于最根本的"意"，则是"以无为本"的哲学理念。对此理念的把握，必须超越"言"和"象"的局限性，诉诸理性直觉。

在《周易略例·明象篇》中，王弼对言、象、意三者的关系做了这样的说明：

> 夫象者，出意者也。言者，明象者也。尽意莫若象，尽象莫若言。言生于象，故可寻言以观象；象生于意，故可寻象以观意。意以象尽，象以言著。故言者所以明象，得象而忘言；象者，所以存意，得意而忘象。犹蹄者所以在兔，得兔而忘蹄；筌者所以在鱼，得鱼而忘筌也。……然则，忘象者，乃得意者也；忘言者，乃得象者也。得象在忘言，得意在忘象。

在这段话里，"言"是指《周易》中的卦爻辞，是"意"的文字表述；"象"是指每一卦由阴阳二爻构成的卦象，如震卦的卦象有如"仰盂"，即开口向上的器皿，是"意"的符号表显。"意"有两种含义：一是指"言"和"象"所传述的道理，即《周易》作者的本意；二是指解《易》者的领悟，即他的所得之意。王弼不否认本意可以通过"言"和"象"表达出来，即"意以象尽，象以言著"，但三者毕竟不是一回事。"象"比较接近于本意，然而并不是本意的充分表显，二者之间存在着一定的差别。至于"言"，作为"象"的文字表述，也不能充分表述"象"的意涵。"言"不能直接表述本意，必须以"象"为中介，因而"言"同本意之间的差别会更大。解《易》者读《易》的目的，在于"得意"，而不在于文本上的词句或符号。解《易》者固然不能不借助于文本上的"言"和"象"，不过他若仅仅拘泥于此，便达不到"得意"的目的。解《易》者"得意"，并不是简单地再现作者的本意，而是对作者的本意做出创造性诠释。王弼不认为有所谓一成不变的"原意"，反对把《易》理看成死板的教条。换句话说，"所得之意"其实就是解《易》者自己的思想，就是解《易》者与作者之间思想的沟通。在这种沟通中，解《易》者处在主动的位置，因为他是有思想创造力的人；作者处在被动的位置，因为他不再具有思想创造力，他只提供思想材料，不能提供思想。作者提供的思想材料，只能在文本中寻找，但文本不等于思想材料。解《易》者必须在理解文本的基础上，充分占有思想材料，进而利用思想材料形成自己独到的见解。只有这样，才能形成属于自己的"所得之意"。

解《易》者的"所得之意"，其实是在新的语境中的思想创新，因而不必受文本的限制，也不必受作者原意的限制。正是从这个意义上，他才说"得象而忘言""得意而忘象"。这个道理，犹如钓鱼的人得到鱼了，就不必在意鱼竿（"筌"）了；打猎的人获得了猎物，就不必在意打猎的夹子（"蹄"）了。王弼强调，"言"和"象"仅仅是表示作者之意的工具，并不是"意"本身；解《易》者应当努力捕捉作者的言外之象、象外之意，才会形成自己的"所得之意"。"言生于象""象生于意"，最低的工具是"言"，较高的工具是"象"，"象"用符号来表示，比语言更深刻。但二者都是手段，不是目的。既然目的在于"得意"，当然需要超出语言、符号层面，深入"意"本身。借用解释学理论来说，就是实现解《易》者与作者之间的视界交融。所谓"得象在忘言，得意在忘象"，就是说解《易》者已经进入独立思考、理论创新的境界，不再受文本的限制了。

王弼的"得意忘象"理论，可以说是解释学原理在古代的表述。这种表述中透露出他反对文本主义的意向，实则是对经学家治学方法的批评。在他看来，经学家解《易》，由于过度重视文本，过度重视"言"和"象"，而失落了"意"。他鼓励解《易》者独立思考，大胆创新，开启了《易》学研究中的义理学派。王弼特别重视"意"的抽象性，表现出很强的抽象思维能力。

（原载于《北大中国文化研究》2013 年年刊）

"中国哲学合法性"解疑

近年来，在中国哲学史界流行一股思潮，即对"中国哲学合法性"大加质疑。笔者觉得有解疑的必要。此种质疑"中国哲学合法性"的思潮之所以流行起来，可以说事出有因，其中隐含着对以往中国哲学史书写模式的不满。长期以来，来自苏联的"两军对战"模式，在中国哲学史界占据主导地位。由于"两军对战"模式披着马克思主义哲学的外衣，不好直接评论，因而大多数中国哲学史研究者对此都采取回避的态度。即便像冯友兰、冯契这样一流的哲学史家，也不得不时常用"唯心""唯物"之类的字眼点缀一下自己的著作。由于"两军对战"的教条主义本质还没有被彻底揭示出来，因而中国哲学史的研究现状并不令人满意。大多数中国哲学史从业者皆要求改进研究方法，开创新局面。这种要求是正当的、积极的，不意竟被一股质疑"中国哲学合法性"的思潮引向了歧途。

一、 问题的由来

2001 年，后现代主义者德里达到上海访问，王元化教授接待了他。在谈话中，王元化请他谈谈对中国哲学的看法，他的回应是：中国只有"思想"，没有哲学。德里达这样说，并没有贬低中国哲学的意思，而是采用了一种解构主义的言说方式。在他的眼里，不仅中国哲学不具有合法性，西方哲学也不具有合法性。因为任何一种哲学话语，都属于"宏大叙事"，都被他纳入解构之列。关于"中国哲学合法性"问题，可以说肇端于此；不过，德里达本人并没有提出这种问题的意思。

关于"中国哲学合法性"的问题，其实是中国人自己提出来的，是中国人自己从德里达的说法中演绎出来的。2002 年，中国社会科学院哲学所的某位研究员在出席于韩国召开的一次学术研讨会时，在发言中提到，他质疑中国哲学的合法性，遂挑起了关于"中国哲学合法性"问题的讨论。此人的观点很快在国内得到回应，一些学术刊物陆续发表了探讨"中国哲学合法性"的文章，逐渐形成一股不大不小的思潮。某知名学术刊物将此问题列为"2003年十大理论热点问题"之一，起到了"推波助澜"的作用。2004年3月20日至21日，由中国人民大学哲学系、中国人民大学孔子研究院、中国社会科学杂志社、中国人民大学学报共同举办的"重写哲学史与中国哲学学科范式创新"学术研讨会在中国人民大学举行，来自中国社科院以及全国著名高校、期刊的60余名专家和学者参加了这次会议。在会上，有些人借用"范式创新"的名义，大谈"中国哲学合法性"问题，遂使此股思潮达到高峰。笔者也参加了这次会议，对质疑者的论调颇为反感，但碍于东道主的身份，不便当场反驳，故而没有正式发言。会后，有些学术刊物对"中国哲学合法性"问题的兴趣依然很浓，陆续发表了一批文章，促使话题热度持续升温。某知名度很高的学术刊物则换了一种提法，又把"中国哲学学科建设问题"列为"2004年十大理论热点问题"之一。

反驳质疑者的意见，是笔者提出来的。2005年6月4日至6日，中国哲学史学会2005年年会暨"中国哲学的现代化与世界化"学术研讨会在西安的陕西师范大学召开。笔者在大会上发言时指出，"中国哲学"与"合法性"毫不相干，因为这种提问题的方式本身就站不住脚。笔者在发言的基础上将观点整理成文，题为《关于中国哲学研究的几点意见》，将其发表在《中国哲学史》2005年第4期上。对于笔者的观点，那些质疑者并未做出回应，也不知他们做何想法。实际上，关于"中国哲学合法性"问题，并未形成真正意义上的讨论，无论是立论者还是反驳者，都只是自话自说，两种意见没有直接交锋。

二、 意向的纠结

从1919年算起，中国哲学史学科已经存在几十年了，然而在质疑者眼里，其存在的合法性竟一下子成了"问题"。笔者认为，这是一个伪问题。如果说"中国哲学合法性"真的成了"问题"，就等于说中国哲学史的从业者几十年的工作毫无意义，等于"白做"。在医学界，经常有人出来质疑中医的"合法性"，认为中医不是医学，理由是中医用西医的理论解释不通。

不意这种偏见，也出现在中国哲学史界。

质疑者的观点不完全一致，大概可以分为两种类型：一种是极端派，另一种是温和派。极端派认为，哲学纯粹是舶来品，在中国历史上既无其名，亦无其实；所谓"中国哲学史"，乃是现代学人照猫画虎编造出来的，乃是"以西范中"的产物，所以不具有"合法性"。按照他们的说法，既然中国哲学不具有"合法性"，那么书写中国哲学史无异于从事"非法活动"。他们甚至主张用"道术"取代"哲学"二字，重新书写"中国道术史"，取代现有的"中国哲学史"。换言之，在中国书写"中国道术史"才是"合法"的，而书写"中国哲学史"则是"非法"的。极端派对中国哲学史学科的建设完全持否定态度。抱有这种观点的人，其基本理由是：哲学是西方特有的文化现象，"哲学"一词是从日本传入中国的；既然中国古代根本没有"哲学"这门学问，那么研究中国哲学史无疑是徒劳。极端派是中国哲学史学科的取消派。他们自知此看法偏激，不可能写文章公开发表，因而通常是在学术研讨会上口头表述。在质疑者当中，极端派人数不多。

温和派认为，中国哲学虽无其名，但有其实，只是书写方式不对头，陷入"以西范中"的误区，从而造成"中国哲学学科合法性危机"。如果改弦更张，或许可以走出"中国哲学的危机"。走出危机的办法是"以中解中"或者"中话中说"，用中国人自己的话语方式，重新写一部原汁原味的中国哲学史，完全摆脱西方哲学话语的干扰。极端派的意向是取消中国哲学史书写，温和派的意向是改进中国哲学史书写的方式。两种意向往往纠结在一起，因为"质疑中国哲学合法性"是他们的共识。在质疑者当中，温和派占多数。应当说，温和派的意见有合理的诉求和改革的意向，流露出对教条主义研究方式的不满，因而可以赢得一部分读者的同情。但他们的合理诉求与偏激的表述纠结在一起，既不对"中国哲学合法性"旗帜鲜明地表示认同，也不想同极端派划清界限。在这种前提下，其合理诉求与改革意向其实无从谈起：你既然已认定中国哲学不具有"合法性"，再说别的话岂不都是多余？承认"中国哲学合法性"是建设中国哲学史学科的前提。离开这个前提，等于把自己放在旁观者的位置而离开了参与者的位置。我们可以问上一句：温和派从旁观者的视角看问题，判定学科建设陷入"中国哲学学科合法性危机"，这种判定是否具有"合法性"呢？

三、 迷雾的澄清

笔者不认同质疑者的观点，愿意以直率的方式表达自己的看法，同他们商榷。笔者的看法未必妥当，希望得到质疑者的回应，以便相互切磋，共同探索中国哲学史学科建设的发展道路。笔者认为，在质疑"中国哲学合法性"思潮中泛起的种种迷雾，有待澄清。

（一）关联不当

笔者认为，"中国哲学合法性"这一提法不妥，这乃是把两个毫不相干的词硬拼凑在一起，于学理不通。哲学原本是"无法无天"的学问，鼓励哲学家大胆创新，根本不存在合不合法的问题。对于某种哲学，你可以批评它肤浅、错误乃至荒谬，但你不能指责它不具有合法性。搞哲学的信念是"吾爱吾师，吾尤爱真理""弟子不必不如师""夫学术者，天下之公器也"，因此绝不会用什么"法"把自己框起来，又怎么会把某种哲学说成是合法的，把某种哲学说成是不合法的呢？迄今为止，还没有谁可以为哲学立法，遑论"哲学合法性"，遑论"中国哲学合法性"。"合法性"是近年来在西方流行起来的学术话语，通常与政治、权力、法律等等关联在一起，未见谁把它同哲学关联在一起，因为这个词同哲学根本没有关联在一起的可能。道理很简单，我们可以讨论鸟的飞翔性，讨论昆虫的飞翔性，但不能讨论狗的飞翔性，因为"狗"与"飞翔性"之间没有关联在一起的可能。所以，用"合法性"评判中国哲学，实在拟于不伦。

（二）评价不当

质疑者提出"中国哲学合法性"问题，涉及如何评价中国哲学史学科草创者的问题。他们用"合法性"一词，把草创者的贡献一笔抹杀，这是不公允的，是一种偏激的、片面的评判。

笔者认为，如果把"合法性"一词换成"合理性"一词，还不至于是对草创者做出的偏激的、片面的评判。"合法性"是刚性判断，而"合理性"是柔性判断。"合理性"与"不合理性"可以兼容并用：我们承认中国哲学史学科建设存在不合理的方面，需要进一步改进；但并不否认其也存在着合理的方面，需要发扬。"合法性"的提法缺少弹性，似乎令人只能做出一种选择：要么合法，要么不合法；要么全盘肯定，要么全盘否定。二者必选其一，不可兼容，没有回旋的余地。"合法性"是一种旁观者的话语，而"合理性"才是一种参与者的话语。以质疑"中国哲学合法性"为前提得出的结论，必然是对中国哲学史学科建设的全盘否定。这种偏见对中国哲学史学科的建设毫无益处可言。

质疑者通常把批评的矛头指向胡适、冯友兰等中国哲学史学科的草创者，把他们视为"以西范中"的例证，似乎一开头他们就犯了方向性错误，置中国哲学史学科于"不合法"的境地。这种以偏概全的批评，与事实相违。我们曾详细评述胡适、冯友兰为建设中国哲学史学科所做的贡献，倘若没有他们的努力，就没有中国哲学史学科的建立。他们建立中国哲学史学科，以事实证明中国哲学的存在，就是要破除某些西方哲学家的"中国没有哲学"的偏见。在学科的初建阶段，说他们受到西方哲学的影响可，说他们"以西范中"则不可。胡适提出的明变、求因、评判等三条方法论原则，绝非照搬照抄西方人，至今仍可以说颠扑不破。他在《中国哲学史大纲》一书中，没有引用任何西方哲学家的话作为立论的根据。他不像现在有些食"洋"不化的"学者"那样，开口"雅斯贝尔斯"，闭口"罗尔斯"或"哈贝马斯"，被人们讥讽为"炒三丝"。如果说有人"以西范中"的话，则是当下一些不会动脑筋的"学者"，并不是胡适。胡适写《中国哲学史大纲》，采用白话文的形式，通俗易懂，并不像现在有些人那样，故意卖弄西方话语，以晦涩冒充深刻。胡适也运用传统的汉学方法，把很大的篇幅用于考证。对于这些，质疑者怎么能视而不见呢？

质疑者在批评冯友兰"以西范中"时，常常引用他的这段话作为根据："所谓中国哲学者，即中国之某种学问或某种学问之某部分之可以西洋所谓哲学名之者也。所谓中国哲学家者，即中国某种学者，可以西洋所谓哲学家名之者也。"冯友兰在这里实际要讲的意思是：中国哲学与西方哲学具有"家族的相似性"，故而可以相互借鉴。西方哲学虽为殊相，但体现着哲学的共相，并且早于中国哲学意识到哲学的学科性质。因此，中国哲学史家可以吸收这种理论思维成果，树立自觉的哲学学科意识，从中国学术史中梳理出中国哲学史。中国哲学史的书写，可以师法西方哲学所体现出的共相，但不可以照搬照抄西方哲学的殊相。在处理中西哲学关系时，冯友兰特别强调"别共殊"，只是由于表述得不够清楚，才容易使人造成"以西范中"的误解。我们评判冯友兰的哲学史研究方法，不能只是抓住他的某些说法做文章，还得看他实际的做法怎样。冯友兰把他研究中国哲学史的方法归纳为钻研西洋哲学、搜集哲学史料、详密规划迹团、探索时代背景、审查哲人身世、评述哲人哲学等六条。质疑者对此视而不见，将他的方法武断地归结为"以西范中"一条，岂不有以偏概全之嫌吗？

质疑者还常常拉出金岳霖，作为他们批评"以西范中"模式的同道。金岳霖在冯友兰著《中国哲学史》"审查报告"中，试图把"中国哲学的史"和"在中国的哲学史"区分开来，对冯友兰的哲学观提出委婉的批评。在金岳霖看来，冯友兰把哲学视为"讲出道理的道理"，过分看重哲学的共性，未免遮蔽了中国哲学的个性。不过，他并没有指责冯友兰"以西范中"，还充分肯定了冯友兰的成绩。他的结论是："从大处看来，冯先生这本书，确是一本哲学史而不是一种主义的宣传。"他也从不怀疑"中国哲学合法性"，还用英文写了一篇题为《中国哲学》的长文，谈他对于中国哲学的理解。在金岳霖那里，中国哲学的合法性毋庸置疑。质疑者把金岳霖请出来，并帮不上他们的忙。

（三）出拳不当

在中国哲学史学科的初建阶段，先行者们受到西方哲学影响乃是事实，但指责他们"以西范中"实属不当；而质疑者把批评的矛头指向他们，可以说是选错了靶子，亦属出拳不当。

笔者在《百年中国哲学史研究回顾》（《高校理论战线》2012年第12期）一文中，回顾了中国哲学史学科的建设历程，认为学科在初建阶段的发展是正常的，问题出在"两军对战"模式强行干预阶段。在中国，"以西范中"至多可以称为一种"倾向"，事实上并没有成为"模式"；而"以苏范中"则确确实实作为"模式"，在中国强力推行数十年，致使中国哲学史的学科建设跌入低谷。造成中国哲学史学科建设陷入危机状态的原因，不能归咎于草创者，而应当归罪于那些以"学术警察"自居的教条主义者。草创者在20世纪50年代初就已被划入"资产阶级学者"的行列，被剥夺了发言权，成了名副其实的弱势群体；到了 21 世纪，质疑者还向他们发难，有这个必要吗？对中国哲学史学科建设伤害最大的是教条主义，是"两军对战"模式，是"以苏范中"，而不是"以西范中"。质疑者对教条主义者默不作声，而对草创者大加鞭笞，是不是有点"捏软柿子"之嫌？也许有人会辩解，"苏"在地理区位上也属于西方，"以苏范中"也可以说是"以西范中"。这种辩解犯了"偷换概念"的错误，把地理区位同学术取向混为一谈。在西方，任何一位哲学史家都不会把苏联教科书哲学写入西方哲学史。

（四）诉求不当

质疑者认为，造成"中国哲学学科合法性危机"的根本原因，就在于"中话胡说"，而解除危机的办法则是"以中解中"或"中话中说"。他们提出的这种办法，其实并没有可行性，属于诉求不当。

质疑者拒斥西方哲学的霸权话语，希望用中国固有话语来表述中国哲学意涵，用意有可嘉的一面。其积极意义在于强调了中国哲学的特点，反对照搬照抄西方哲学的研究模式。但如何具体操作呢？质疑者并没有给出下文。

事实上，"中话中说"在当下是谁也做不到的事情。现代汉语是在中西方文化交流后形成的，来自西方的许多名词、术语是以日语为中介变成了汉语词汇。倘若把这些"胡话"一概弃而不用，我们将无法交流思想，将无话可说。据说，张之洞曾经下发一个文件，要求属下今后不要滥用"新名词"。有人偷偷地向张之洞指出破绽：他提到的"名词"二字本身就是一个新名词。看来在张之洞时代就不可能做到"中话中说"，时至 21 世纪，当然就更加不可能了。问题不在于"中话"还是"胡话"，关键在于"人话人说"：用现代中国人能懂的语言表述中国哲学的精义。这里涉及的问题是：怎样看待和处理中国哲学与西方哲学的关系？哲学是西方的特产，还是人类的公产？中国哲学研究如何创新？冯友兰说过："哲学无定论。"这句话意思是说，哲学是一个不断探索的过程，结论是相对的，不可以拘泥于某种现成的说法。西方哲学只是一种哲学，并非哲学的范本。照搬照抄西方哲学的研究模式不可取，卖弄西方哲学的"新名词"更不可取，但不能拒斥西方哲学的理论思维成果。

如果完全拒斥西方哲学的理论思维成果，完全采取"以中解中"的书写方法，把自己封闭起来，中国哲学史学科便没有产生的可能。哲学史是哲学的二级学科，中国哲学史学科的出现是以"哲学"在中国成为一门独立学科为前提的。在"哲学"没有成为独立学科之前，可以有中国学术史的书写，但不能有中国哲学史的书写。事实也是如此，谢无量、陈黻宸名义上写的或讲的中国哲学史，其实没有超出学术史的范围，因为他们没有意识到哲学的学科性质。只有当胡适、冯友兰等人树立了自觉的哲学学科意识之后，才创立了中国哲学史学科。在西方 17 世纪时，哲学便成为一门独立学科，比中国早三百多年。如果不吸收西方哲学理论思维成果，中国人怎么会突然意识到"哲学学科"呢？从这个意义上说，在中国哲学史的学科建设的起步阶段，"以西解中"乃是躲不过去的一步，无可厚非。倘若完全采取"以中解中"的书写方法，也就意味着要回到谢无量、陈黻宸。这究竟是意味着中国哲学史学科建设的发展，还是倒退呢？

（五）抽象方法论

质疑者的诉求之所以不当，原因在于他们抽象地看待哲学史的研究方法，过分看重这种范式或那种范式的指导意义，而脱离了中国哲学史的实际内容。他们仿佛只在那里"看病"，却开不出"医病的药方"。笔者认为，推进中国哲学史学科建设，需要的是与内容结合在一起的方法，而不是脱离内容，抽象地议论什么"范式"。

对于社会科学的研究方法，既可以从理论层面考量，也可以从操作层面考量。从理论层面考量，那是少数学术史专家的事情。对于大多数社会科学研究者来说，有所了解当然是必要的，但不必全都参与研讨。大多数社会科学研究者所关注的研究方法，恐怕主要还是在操作层面。在操作层面上，研究方法同研究内容、研究过程是统一的，没有脱离研究内容和研究过程的、屡试不爽的、现成的研究方法。每个研究者都有自己的研究方法，甚至每个研究课题都有独特的研究方法。这种可操作的研究方法是研究者在研究过程中自己摸索出来的。当然，他可以学习和借鉴别人的方法，但是学习和借鉴不能代替自己的独立探索，想从别人那里找到现成的方法是不可能的。抱有这种念头的人，恐怕已陷入方法论的误区，只能被"方法论的焦虑"折磨得焦头烂额，不会有什么收获。鲁迅先生说过，从事文学创作的作家，不一定非要先把《写作方法》《创造大全》之类的书都读透了才动笔，而是要在创作过程中体味自己适用的写作方法。搞社会科学研究，恐怕也是如此。"鸳鸯绣了从教看，莫把金针度与人"，这并不意味着绣花师傅太保守、太小气，而是因为"金针"确实难对不知者道。徒弟要想掌握刺绣的方法，只能在刺绣的实践中去摸索，用心揣摩师傅绣出的"鸳鸯"，而不能指望师傅告诉你绣出鸳鸯的现成的方法。方法不完全是学来的，更重要的是靠自己"悟"，"如人饮水，冷暖自知"。如果指望从别人那里得到现成的方法，恐怕只会落得邯郸学步者的结局。邯郸学步者觉得邯郸人走路的方法好，便去学，结果不仅没有学会，反倒连自己原来走路的方法也忘记了，最后只得狼狈地爬出邯郸城。

（六）单数哲学观

质疑者之所以硬把"合法性"与"哲学"扯在一起，真正的原因在于，他们的理论视野过于狭窄，受到单数哲学观的限制。他们似乎不明白哲学乃是"类称"的道理，不明白哲学乃是"复数"的道理，不明白各种哲学理论形态都有其存在的理由。在他们的眼中，只有一种哲学形态是"合法"的，而其他形态一概被打入"非法"之列。在中国人民大学召开的"重写哲学史与中国哲学学科范式创新"学术研讨会上，某教授一口咬定哲学就是单数，但至于此"单数哲学"究竟为何物，恐怕连他自己也说不清楚。其实，在质疑者的心中，那个唯一具有"合法性"的哲学，就是西方哲学；以此为衡量标准，任何哲学皆被判定为不具有"合法性"。质疑者总批评别人"以西范中"，其实"以西范中"的正是他们自己：立论的起点，接着西方人讲；"合法性"话语，取自西方；至于评判"合法性"的尺度，也完全以西方哲学为准则。

（原载于《中国哲学史》2013 年第 4 期）

中国哲学的价值取向

中国哲学研究宇宙论，研究本体论，研究思想方法论，研究知行观，最后都归结到研究价值问题上，以价值观为归宿，从而使以人为本、内在超越的哲学精神得以充分的体现。归根结底，中国哲学要给中国人指示价值取向。

在价值观方面，中国哲学有一个基本的观点，那就是认为价值的根据不在彼岸世界，而在此岸世界，主张在"天人合一"中寻找价值根源。用比较晦涩的话说，就是强调价值的此岸性，选择"内在超越"的取向。这正是中国哲学的最大用处。"用"在何处？就是发挥价值导向的作用，鼓励人们追求这五个价值目标：真、善、美、圣、群。总有人问："学习哲学有什么用？"用庄子的话来回答，就是"无用之为用"。学习中国哲学对于人们从事具体的操作，固然没有多大用处，但可以在精神上给以指导。中国人的精神世界，可以不靠宗教来支撑，但不能不靠哲学来支撑。在我们中华民族这样一个大的群体中，宗教的价值观的影响力不大，不占据主导地位。在十三亿中国人当中，信教的是少数，恐怕连百分之十都达不到。至于在汉族人中，那就更少了。在办出国手续时，表格中要填写"宗教信仰"，许多中国人为此犯了难：填什么呢？有的便只管胡乱填上：儒教。其实，在中国根本就没有所谓的"儒教"。儒学是哲学，并不是宗教。中国人的价值世界不是靠宗教观念支撑起来的，而是靠哲学理念支撑起来的。这种哲学理念，主要由儒、道两家共同打造而成。中华民族是世界上独一无二的非宗教民族。大多数中国人不信仰宗教，但不等于没有信念。这种信念是靠中国哲学所提供的价值理念来维系的。中国哲学所提供的价值理念，概括起来，有以下五点。

一、真的取向

第一个理念就是求真。什么是真？怎样求真？中国哲学的答案是：道就是真，求道就是求真。

对于何为"真"的问题，道家的观点很明确：真就是道，道就是真。道家所说的"道"有两方面的意义：一方面，是指自在的天道；另一方面，表示人应当追求的理想的、超验的精神境界。道家的核心论点叫作"道法自然"："人法地，地法天，天法道，道法自然。"（《老子》二十五章）所谓"道法自然"，就是说道取法乎它自己，不能再追溯了，没有其他因素为道所法了。道以自身为法，所以道就是本真。人取法乎自然之道，也就求得本真。

道家强调，本真乃是不受任何人为因素所干扰的纯真。本真是"无为"的，而不是"有为"的，道家往往在真的前面加个"天"字，这就是"天真"一词的来历。什么叫作"天真"？就是不受任何主观意图的干扰，纯任自然。人只有在小时候才称得上"天真"，因为那个时候还没有任何人为的想法。在老子看来，婴儿都是得道者，婴儿才称得上"天真"。你看，婴儿想哭就哭，想笑就笑，从来不考虑别人怎么看他；他的妈妈给他什么他就穿什么，他绝不会想要绫罗绸缎；饿了就吃妈妈的奶，妈妈的奶是他唯一的食物，也是最好的食物，他绝不会有对山珍海味的渴望。人一旦长大了，就背离了那个原初的本真。老子盛赞无为的婴儿，批评有为的成年人。在《老子》一书中，经常出现"如婴儿之未孩""比于赤子"之类的句子。"婴儿"和"赤子"之所以在老子的心目中有那么高的地位，因为那是得道者的形象，而道就是真。老子和庄子都认为，真就是不假人为，就是不矫揉造作。换句话说，就是不装相。你若装相，总是不真的。真就是不装相，该哭就哭，该笑就笑，这才叫作"真人"，也就是得道之人。道家颂扬"真人"，实则是对现实人格中"伪善"的贬斥。倘若有人说："我虽然长大了，但我仍很天真。"那其实是扯淡。当你说自己天真的时候，就早已不天真了，不过是在装天真而已。"天真"怎么能从自己的嘴里说出来呢？婴儿不会说话的时候，那才是天真；你都能说能闹了，还自我标榜什么天真，纯粹是假装天真。用网络语言说，叫作"卖萌"。

儒家对"真"的理解，也是建立在"道"上的。不过，儒家所说的

"道"，指的是人道，表示一种理想的、入世的人格应有的精神境界。儒家强调人道是自为的，不太强调那个本真的天道。人道作为"真"来说，就是人的一种心态，这种心态就是"诚"。在儒家眼里，"真"与"诚"是同等程度的观念，通常以求诚代替求真。《中庸》上写道："诚者，天之道也；诚之者，人之道也。"在儒家那里，求诚与求真是一个意思。所以，儒家非常重视树立"诚"的观念。所谓"诚"，其实就是自觉了的"真"。朱熹对"诚"的解释就是"真实无妄"，就是"天理之本然"。

在何为"真"的问题上，儒、道两家共同的选择都是以"道"为真。不过，儒家注重人道，由"真"引申出"诚"，提倡有为的人生态度；道家则注重天道，倡导无为的人生态度。儒家主张有为，道家主张无为，有为和无为既是相反的，又是相成的。儒、道互相补充，满足了人们不同的精神需求，有助于人格的完善。"求真"是儒、道两家共同倡导的价值取向，也是中国人最基本的价值理念。

二、 善的取向

第二个理念就是求善。求真是对终极价值表示关切，而真、善、美是联系在一起的，求真必然要涉及如何求善的问题。所谓"求善"，就是对道德价值表示关切，探寻主体需求同社会存在的必然性相统一的途径。这两方面统一起来，并且使主体需求得到满足，就是"善"。这里所说的"主体"，不是指个体，而是指群体。善跟人的群体需求有关系。什么是善？在通常情况下，维系社会和谐就是善；反之，就是恶。善不是个人的价值判断，而是群体的价值判断。求善根基于求真。在如何看待"善"的问题上，儒、道两家既有共同点，也有分歧。

道家强调善就是朴，以朴实为善。在道家看来，所谓"善"，就是不讲究形式、不加雕琢，"如婴儿之未孩"。因此，一旦你陷入形式，那就谈不上善了。道家把善的实质和善的形式区分开来，对于社会上流行的那些道德规范不以为然。道家认为，那些道德规范的倡导者，未必是善的实行者。道家强调，真正的"善"应当体现在行动中，而不是把道德规范、纲常伦理老是挂在嘴上。那些老是把纲常伦理挂在嘴上的人，未必就是善人。关于善的形式、表达、礼义、教化等，道家都不买账，认为这种道德说教不仅无助于善的推广，反而会助长伪善风气。对此，老子的批评是："夫礼者，忠信之薄而乱之首。"（《老子》三十八章）庄子则说得更刻薄，认为礼义之类的道德规范，不过是统治者玩弄的工具而已，其本身没有善可言。他的说法是："圣人不死，大盗不止。"这里的"圣人"，是指儒家所标榜的圣人，也就是倡导道德伦理规范的圣人。庄子指出，圣人所制定的道德规范仅仅是一种工具，与善的实质没有关系，任何人都可以使用，甚至强盗头子也不例外，这叫作"盗亦有道"。比如，儒家津津乐道的"仁、智、勇"三达德，不但治国者可以使用，强盗头子也可以使用。在作案的时候，强盗头子带头冲锋陷阵，这不就是"勇"吗？强盗头子判定作案的地点和对象，这不就是"智"吗？作案以后分赃，讲究公平合理、论功行赏，这不就是"仁"吗？你看，"仁、智、勇"三达德，强盗头子一样不少。如果没有"三达德"作为工具，就当不成大的强盗，只能当个小贼。庄子的结论就是："圣人不死，大盗不止。"道家反对把善形式化，反对形式主义，主张实质主义，反对伪善，这有合理的一面，但是他们把善的内容和善的形式两个方面对立起来，也失之偏颇。

儒家主张把善的内容与善的形式统一起来。儒家认为，光有善的实质是不行的，你还得通过恰当的形式把善的实质表现出来。用孔子的话说就是："质胜文则野，文胜质则史。文质彬彬，然后君子。"（《论语·雍也》）内容和形式若能恰到好处地结合在一起，那就是文质彬彬的君子，也就是理想的人格。

在善的内容和善的形式的关系问题上，儒、道两家有分歧，但在求善的取向上并没有分歧。至于如何实现善，他们选择的路径不一样。正因为有差别，儒、道才可以互补，构成相反相成的关系。我们不能说道家是一个非道德论者，道家也是主张道德的，但是反对伪道德，反对把善概念化、形式化。儒家主张尽善尽美、文质彬彬，倡导中和之善；道家倡导纯朴之善、内秀之善，主张做人朴实无华，与人真情相待，向往无为、洒脱的人格。在"求善"这个话题上，虽然儒、道两家看法有别，但并不妨碍他们之间构成互补关系。

三、 美的取向

第三个理念就是求美。"美"跟"善"不一样，"美"主要是指主体需求跟自然存在的必然性相符合并得到满足。此外，"美"与"善"的不同还在于，"善"涉及人与人之间的利害关系，而"美"不涉及人与人之间的利害关系，只涉及人跟自然之间的和谐关系。在如何求美这个话题上，儒、道两家有共同的憧憬，都把"美"作为一个人价值追求的目标；不过，对于美的理解，儒、道两家还是有差异的。

我们先说道家。道家把"美"同"道"紧密联系，以道为美，以自然为美。道家把"美"分为两种类型。一种类型是世俗之人眼中的美。世俗所说的美，乃是一种相对的美，因为这种美是跟丑相对而言的。"天下皆知美之为美，斯恶已；皆知善之为善，斯不善已。"（《老子》二章）世俗所谓美，是以丑为前提，没有以"道"为根基，所以道家不能认同。另一种类型是得道之人眼中的美，乃是一种绝对的美，乃是合乎道的美，一种不加雕饰的美、自然的美、纯真的美。道家反对迷恋形式上的美，而主张以道为根基的实质美。对于徒具形式的美，道家没有好词。老子说："五色令人目盲，五音令人耳聋，五味令人口爽，驰骋畋猎令人心发狂，难得之货令人行妨。"（《老子》十二章）一味地追求"五色"，追求色感上的享受，叫作"目迷五色"，体味不到真正的颜色之美；一味地追求"五音"，追求宫商角徵羽等乐感上的享受，体味不到真正的声音之美；所谓"驰骋畋猎"，也就是骑马打猎，对于男性来说，并不能体味到真正的阳刚之美；所谓"难得之货"，也就是穿金挂银、讲究穿戴，对于女性来说，并不能体味到真正的阴柔之美。在老子看来，这些世俗的美的理念，非但不是真美，反而是对真美的戕害。你说穿金挂银有什么好处？连晚上走路都提心吊胆，怕坏人抢了去，"令人行妨"啊！如果没有金、没有银、没有财，也没有色，在哪儿睡觉都心安、舒坦，绝没有坏人来抢。

老子认为，自然有大美而不言。以道为美才是真正的美，朴实无华才是真正的美，师法自然才是真正的美。道家的美学观对中国的绘画和书法艺术影响极大，所谓"师法自然"就是老子"道法自然"原则的变体。有人问郑板桥："您画竹子画得这么好，是跟谁学的呢？"郑板桥回答："我没跟任何人学，是跟竹子学的。"道家主张"师法自然"，主张"返璞归真"，反对人为雕饰，认为刻意雕饰必将弄巧成拙，无美可言。道家只认同内容美，不认同形式美，用庄子的话说，叫作"德有所长，而形有所忘"。在庄子笔下，那些得道之人都长得奇模怪样，没有一个是帅小伙儿。帅小伙儿徒有外表之美，心里没有得道，不值得赞佩；而那些时刻与道为一、长得奇模怪样的丑人，很有感召力，因此得到很多人追随。真正的大美在自然之中，所以道家主张到山林里去修行。为什么到山林里去修行？因为山林里有大美，而在朝廷里没有大美可言。

儒家的美学观跟道家的不一样。关于"美"这个话题，儒家谈得不多。儒家通常把关于"美"的话题伦理化，同"善"混在一起谈。在孔子那里，尽管"美"和"善"还是有一些区别，不过已经把二者放到一起了，向往"尽善尽美"的境界。孔子听过周武王时期的音乐《武》后，称赞其"尽美"，但因其有杀伐之音，称不上"尽善"，仍有些遗憾。但当他听了《韶》之后，感觉大有不同。《韶》是尧三代之治的音乐，孔子听后，如醉如痴，连连赞叹其"尽善尽美"，陶醉于其中，甚至三个月吃肉都不觉得香。到孟子那里，则完全把"善"与"美"等同起来了。他对"善"的界定是"可欲之谓善"；对"美"的界定是"充实之谓美"（《孟子·尽心下》）。他将求美寓于求善之中。在儒家那里，可以说没有单独的美学，美学是同伦理学合在一起谈的。在现代汉语中，仍然保留着这样的痕迹，比如"五讲四美"中那个"美"，指的是心灵美，而不是形象美。"心灵美"本身并不是一个关于美学的话题，而是关于伦理学的话题。

尽管儒家强调"美善一致"，但也反对把美庸俗化。在这一点上，儒、道是互补的。

四、 圣的取向

第四个理念就是求成圣人。什么是圣人？前面我讲过，圣人就是最像人的那个人、完美的人、没有缺陷的人，拥有理想的人格。"圣人"不仅仅是儒家的理念，也是道家的理念。在老子的《道德经》中，多次出现"圣人"这个词。庄子也认同圣人之说，不过他又加了两种人，总起来就是圣人、神人、至人。其实，圣人也就是神人，也就是至人，指的都是他心目中的理想人格。圣人是中国哲人所设计的关于做人的终极价值目标，做人做到圣人的层面就到头了，不必再追溯。中国哲学不羡慕神，也不羡慕仙，到圣人这里就打住了。中国哲人的忠告是：你别想着当神仙，当神仙干吗？当圣人不是挺好嘛！圣人是儒、道两家所共同向往的理想人格。他们所提供的超越理念也是做人。不过，这个人是圣人，而不是凡人。以圣人的标准来衡量，凡夫俗子还不能算是完整意义上的人，还需要提升。那么，应该怎么提升呢？儒家的主张是"修身"，而道家的主张是"悟道"。儒、道两家对何为圣人的理解，并不完全一样。

道家的圣人观强调这么几点。第一点，圣人是一个与"道"为一的逍遥之人。"至人无己，神人无功，圣人无名。"（《庄子·逍遥游》）圣人没有自己的功利目的，无所求，因而也就无所失。这是一种达观的人格、潇洒的人格、超脱的人格。第二点，圣人是一个超凡脱俗的散淡之人。圣人之所以为圣人，是因其人格高尚，跟他在社会上的地位没有必然的联系。道家所说的那个圣人，往往生活在田野山林中，不在朝廷里当官。在朝廷里当官的大都是一些凡夫俗子，人生境界不高。圣人犹如闲云野鹤，心甘情愿地在山林里修行，像陶渊明那样"不为五斗米折腰"。第三点，圣人拥有超越的人格，是一个由"技"进于"道"的高超之人。对于道家称羡的"圣人"，方东美有个妙喻，说道家眼中的圣人，有如"在太空中的人"，超越于地球之外。

至于儒家所称羡的"圣人"，方东美也有个妙喻，说那是"在时空中的人"，仍在地球之上。儒家的圣人观跟道家的圣人观不一样，有鲜明的入世诉求。儒家特别强调，圣人是仁德的化身。圣人是什么？圣人就是凡人的楷模。圣人对于凡人来说，叫作"出乎其类，拔乎其萃"。圣人具有强大的感召力，是凡人的精神导师。按照孟子的说法，圣人可以使懦夫变得有勇气，可以使贪心之人变得清廉。总之，圣人就是凡人的一面镜子，凡人应以圣人为效法的榜样。儒家的圣人观还有一个特点，就是把"德"放在首位。道家则有"德才兼备"的倾向，重"德"而不忽视"才"。例如，擅长解牛的庖丁由"技"进于"道"，可以说既有"才"也有"德"。而在儒家看来，圣人只有"德"就够了，至于有"才"与否并不重要。王阳明有个比喻，做圣人就是讲究做人的成色，不在于分量。或许你在社会上的地位低下，但你仍旧可以成为圣人；或许你在社会上的地位很高，高官得做，骏马得骑，但是你未必成得了圣人，可能还是一个大号的俗人。

儒、道两家的圣人观也有共同点，那就是都主张超凡入圣、提升人格。在"超凡入圣"这一点上，儒、道两家是互补的。儒家的圣人更有入世的品格，道家则有一种超脱的品格。两家由此共同铸成理想的人格理念，确立成圣的价值取向。

五、 群的取向

最后一个理念是求合群。所谓"群"，指的是理想的社会。"求成圣人"是中国哲学关于理想人格、关于个体价值目标的设计；而"求合群"是中国哲学关于理想社会、关于群体价值目标的设计。在讲究合群体性这一点上，儒、道两家应当说是共同的。不过，他们各自设计的理想社会模式不一样，因此，要达到这一理想社会的路径也不一样。

先说道家。道家心目中的理想社会是什么样的呢？按照老子的说法，叫作"小国寡民"。老子并不是反对人与人之间的正常交往，只是反对有人打着关心他人的旗号，干着干预他人的勾当。按照老子的理论，民与民之间之所以会产生矛盾、会打架，造成社会的不和谐，就是因为有人企图干预他人的缘故。如果每个人都干自己的事，你干你的事，我干我的事，谁都不干预谁，"老死而不相往来"，那还能打架吗？老子认为，社会成员之间、社会团体之间、国家之间，原本是一个相安无事、和平共处的关系，但很不幸，这种关系被干预主义者破坏了，从而造成社会不和谐的乱局。

庄子把这个道理讲得更透彻。他指出，人与人之间互相关心，看起来很美，其实不然。打一个比方，就像两条鱼在即将干涸的小沟里"相濡以沫"。那两条鱼多么相亲相爱啊，我用我的唾液滋润着你，你用你的唾液滋润着我。可是，庄子却不表示欣赏。他提出的问题是：这两条鱼有多少"沫"啊？过不了多久，这两条鱼就会一起干死了。所以，"相濡以沫，不若相忘于江湖"。两条鱼在浩瀚的大海里，谁都不管谁，那不正是"和谐"吗？道家对于和谐社会的理解不是积极的，而是消极的，那就是互不干预、和平共处。道家不主张主动地关心他人、关心社会，因为这将导致"干预"，而"干预"正是造成矛盾的根源。道家的和谐社会理念固然有些消极，但对和谐的向往是真诚的。道家绝不是鼓励人去做害群之马，也不鼓励人自封为社会的领袖。道家的希望是，谁都不要争当社会领袖。"夫唯不争，故天下莫能与之争。"（《老子》二十二章）不争的社会、理想的社会、太平的社会，就是和谐的社会。道家不主张主动地关心人，但是主张消极地尊重人。"不相往来"是对人表示尊重，"相忘"也是对人表示尊重。所谓"尊重"，就是不干预别人的活动空间和生存空间。道家的不干预主义未必完全是一个负面的说法，也有它的正面意义。

道家的和谐理念是"消极地不为恶"，而儒家的和谐理念则是"积极地为善"。儒家眼中的合群体性，不是消极的合群体性，而是积极的合群体性；儒家眼中的理想社会，不是个体组成的"小国寡民"，而是群体至上的"大一统"社会。儒家的理想社会有两种形态，即大同之世和小康之世。"大同"和"小康"有一个共同的主题，就是强调积极地合群体。在大同之世，天下为公，人人都主动地关心社会，都有主动的奉献精神，"不独亲其亲，不独子其子"。这是最高尚的、合理的、理想的社会。在小康之世，天下为家，需要靠礼义来维系社会和谐，借助礼义的力量把大家组成一个社会群体。

在"合群体"这一价值取向上，儒、道两家在路径上虽有差别，但目标恐怕是一致的，两家都主张人与人和谐相处，建构和谐的理想社会。我们今天倡导建设和谐社会，既是对儒家思想的继承和发扬，也是对道家思想的继承和发扬。儒、道两家共同倡导的真、善、美、圣、群，已经成为中华民族主流的价值理念。这五个价值理念虽然在历史上没有完全实现，但其积极的导向意义不能被抹杀。它们对于人性的优化、对于社会的优化，均起到导向作用，而这正是传统中国哲学的现代价值之所在。

（原载于《价值论与伦理学研究》2012 年年刊）

哲学体用观之我见

谈到中国哲学的创造性转化和创新性发展这个话题，人们会不约而同地想到张岱年先生提出的综合创新说。对于综合创新说，学界已达成一定共识；但对于如何实现综合创新，人们的看法并不完全一致。

一些论者喜欢采取体用模式予以解说。所谓"中学为体，西学为用""西学为体，中学为用"等，就是体用模式说的典型代表。但我以为，这些说法都难以得出站得住脚的结论。因为"体"是主语，"用"是谓语，"体"与"用"关联在一起，不可分割。借用古人的话说，叫作"体用一源，显微无间"。中学、西学作为两种思想资源，并不存在孰为"体"、孰为"用"的问题。武断地把哪一个定为"体"、哪一个定为"用"，恐怕都不合适。讲中国哲学的创造性转化和创新性发展，当然牵涉"体"的问题。不过，这个"体"其实就是当下我们自己。只有活着的人才有思维能力，才有资格作为"体"。先哲早已作古，不能再思，也不能再想、再说。先哲只能为我们提供思想资源，不能为我们提供当今时代所需的现成思想。利用先哲留下的思想资源，打造我们自己的思想世界和现实世界，我们责无旁贷。无论传承还是创新，都必须以"我"为主体。当然，这个"我"是大我，不是小我。从这个角度来说，"打通中西，成就自我"，就能更好地认识世界、改造世界。

在处理马克思主义、中国传统文化、西方文化之间的关系问题上，有两种倾向需要纠正。第一种倾向是只讲中国传统文化，排斥其余两种。客气地说，这叫作文化守成主义；不客气地说，这叫作文化保守主义。按照这种倾向，我们既不能合理传承，也不能科学创新。这是不合理的，也是不现实的。第二种倾向是只讲西方文化，排斥其余两种。有这种倾向的人，被人们称为西化派。西化派其实是思想懒汉，只能拾人牙慧，并没有创新能力。我们必须突出马克思主义的指导地位和改革创新的时代精神，对中国哲学进行创造性转化和创新性发展。

中国哲学的创造性转化和创新性发展，简言之，就是如何形成哲学创见的问题。我们应有解放思想的勇气，不囿于成说，大胆发表自己的见解。人云亦云或跟着感觉走，是做不出学问来的。做学问不能只用眼睛，更重要的是用心。借用司马迁的话说，叫作"好学深思，心知其意"。当然，"我见"还不等于"创见"。"我见"必须经过充分论证，以理服人，被大家所认同，才能称得上"创见"。令人遗憾的是，当前存在的问题意识不强、论证不充分、诠释不到位等情形，影响着创见和创新成果的问世。例如，哲学史作为理论思维的历史，应以问题变化为线索。哲学史虽可以看作历史学的分支，但不能将其等同于一般的历史学。哲学史所关注的对象主要不是事件，也不是人物，而是问题。讲哲学史必须突出问题意识，把每个阶段哲学家所关注的主要问题找出来、讲清楚，把每个哲学家所关注的主要问题找出来、讲清楚。张岱年先生说："今日讲中国哲学，引哲学家的原文，实不只是引，而亦是证；不是引述，而更是引证。"有些人可能误解了他，以为引证可以代替论证。其实，引证代替不了论证，能把道理讲透彻才是真本事。讲道理就是诠释，就是把前人留下的思想材料在当下的语境中变为活生生的思想。这就需要增强问题意识、时代意识和主体意识，在吃透思想材料的基础上提出创见来。

（原载于《人民日报》2016 年 3 月 21 日）

中国传统知行观综论

在传统中国哲学中，知识论与实践论结合在一起，形成特有的知行观。哲学家通过知行观研讨，弘扬实事求是的哲学精神，形成"重行"的优良传统。

一、 知行观释义

知行观是中国哲学的一个特有话题，在西方哲学中没有这种提法。知行观涵盖西方哲学中的知识论或认识论，但二者不能画等号，因为它包含两个要素，一个是"知"，一个是"行"。"知"关涉知识论或认识论，而"行"则关涉实践论。在西方哲学中，从柏拉图开始，世界就被"二重化"了，他们认为有一个超越的理念世界，还有一个与之相对应的现象世界。按照这种世界观，知识源于理念世界，仿佛有一本"无字天书"，等待有缘人去读。在西方哲学中，知识论其实就是研究"无字天书"的读法，故而成为一个单独的话题。在西方哲学中，知识论和实践论分别是两个话题。康德的《纯粹理性批判》是以知识论为主题，而《实践理性批判》则以实践论为主题。由于中国哲学家不认同"二重化"世界观，自然不会把知识论当作一个单独的哲学话题，而开辟了知行观论域。

目前，学术界关于中国传统哲学知行观的研究仍存在着一些误区。例如，有的研究者习惯于用研究西方哲学的认识论或知识论的方法研究中国哲学家的知行观；有的研究者常常把马克思主义哲学的认识论同中国哲学家的知行观简单地加以比较、对勘，专挑中国哲学的不是；还有的研究者由于受到"左"的思想影响，只把古代哲学家的知行观当作批判的对象，而对其缺乏科学的态度和同情的理解。采用这些方法，显然不能揭示中国哲学知行观的内容和实质。我们应当从中国哲学的实际出发，研究知行之辨的特点、实现途径及其现代理论价值。

知行观的论域显然要比知识论的宽，其中既有"知"，又有"行"，并且把两方面紧密地联系在一起。何谓"知"？中国哲学家的看法与西方哲学家的不一样。在中国哲学家眼里，"知"并不是对"无字天书"的解读，只是找到"行"的导向。对"行"的方法、路线、目标有清楚的了解，那就叫作"知"。西方哲学所讲的"知"通常是狭义的，是将其限制在事实知识的范围内，一般指科学知识；中国哲学所讲的"知"是广义的，既包含关于事实的"知"，也包含关于价值的"知"，不完全是一个知识的话题，其中也包括价值判断。价值判断不单单是关于对或错的问题，还有得当与否的问题。由于中国哲学所说的"知"涵盖价值判断，因而不可能选择西方哲学中的那种主客二分的思路。用从客观到主观的思路，可以解释关于事实的知识是如何形成的，但解释不了关于价值的知识是如何形成的。价值是指客体对主体的有用性，不受客体性原则的限制。倘若脱离了主体性原则，就根本谈不上价值。价值的知识不能完全归结于客观事实，因其同做出价值判断的主体有密切关系。由于主体不同，对于同样的客观事实可能会做出不同的价值判断。在猫的眼中，鱼是最具食用价值的美食；但在狗的眼中就不一样了，狗对鱼毫无兴趣，而是总想找根骨头啃。

中国哲学家通常把"知"分为两种类型。一种叫作"闻见之知"，也就是关于事实的知识；另外一种叫作"德性之知"，也就是关于价值的知识。知行观既涉及价值之知，也涉及事实之知，复杂性超过了单纯的知识论。中国哲学家探讨知行观，关注的重点显然不在"闻见之知"，而在"德性之知"。关于"闻见之知"，他们通常会用经验论来解释；至于"德性之知"，往往会用先验论来解释。例如，张载认为"德性之知"来自"大心"，与"闻见之知"无关。

中国哲学中的"行"，是指人的所有行为实践的总和。从字面上看，"行"由"彳"和"亍"两个字合并而成，意思就是"走在路上"。引申开来，"行"包含着践履、行动、探索、活动等意思。"行"包含着人的目的性；对于目的性有清楚的了解和定位，那就是"知"。所以，在中国哲学中，"知"离不开"行"，"行"也离不开"知"。中国哲学家往往把"知"和"行"相提并论，以"知"为切入点，以"行"为归宿点。中国哲学家特别关注"知"对于"行"的有用性，而对"纯粹理性"的兴趣，显然不像西方哲学家那么浓。

西方哲学家特别重视"知"，而不管其是否有用，从而形成了"为知识而知识"的传统。在西方哲学家的眼里，"知"就是"知"，何必与"行"挂钩？赫拉克利特有一句名言："让我知道一个恒星的道理，叫我做波斯王都不干。"为什么要知道那个恒星的道理呢？赫拉克利特不抱任何实用目的，仅仅是为了满足好奇心而已。"哲学起于好奇"的说法，适用于西方哲学家，不适用于中国哲学家。如果让中国哲学家在"当波斯王"和"知道恒星的道理"之间做出选择，恐怕大多都会选择前者。"当波斯王"多实惠，而"知道恒星的道理"又有什么用处呢？追问"知"有什么用，这是中国式的提问方式，不是西方式的提问方式。欧几里得几何学认为，两点之间线段最短，点动成线，线动成面，面动成体。这套说法都是抽象的学理，并不跟任何具体的生产活动相联系，也不同任何效用相联系。西方学者编写《植物学概论》，特别注意分类和命名。中国哲学家不会认同这种"为知识而知识"的态度，或许会问："仅仅知道植物叫什么名，有何用处？关键在于了解每种植物有什么用处。"王充说："入山见木，长短无所不知；入野见草，大小无所不识。然而不能伐木以作室屋，采草以和方药，此知草木所不能用也。"（《论衡·超奇》）中国学者不会热衷于编写什么《植物学概论》，却肯用心编写大部头的《本草纲目》，把每种植物的药用价值写得清清楚楚。

探讨知行观是实事求是哲学精神的具体展开。所谓"实事"，指的是人干的事；人干的事，用一个字来说，都叫作"行"。所谓"是"，其中就有"知"的意思。"知识"这个词是外来语，源自佛教，在古汉语中不曾出现。"是"也有"对"的意思，不仅关涉知识论域，同时也关涉价值论域。"是"还有"真理"的意思。"真理"也不是本土词语，也源自佛教。在佛教传入之前，古人关于真理的表述，只用一个"是"字。"是"有"正确""真理""知识""对""恰当"等诸多意思。从"用"的角度看，"是"最主要的意思为"恰当"，为"恰到好处"，能带来实践效果。何谓"是"？何谓"非"？实践效果才是唯一的检验标准。在中国哲学中，认识与实践、知与行之间的关系问题，乃是一个非常重要的理论问题。对于中国哲学中知行观的提法，毛泽东也表示认同。他的哲学代表作《实践论》，副标题就是"论认识和实践的关系——知和行关系"。"认识与实践"，是马克思主义哲学话语；"知与行"，则是中国哲学话语。《实践论》既是接着马克思主义哲学讲的，也是接着中国哲学传统讲的，并且把两方面有机地整合在一起。

二、 重行传统肇端

中国哲学重行传统发端于原创时期，也就是先秦时期。在先秦时期，儒、墨、道三家在许多问题的看法上不一致，存在着分歧。但在"重行"这一点上，在务实的诉求上，观点大体一致，并没有原则性分歧。他们以各自的方式，表达出明确的务实诉求。

儒家学派的创始人孔子认为，一个人只有把"知"落实到"行"的层面上，才可算有真学问。"知"作为学问来说，其实就是一种操作能力，并不是写在书本上的文字。例如，怎样才算掌握了《诗经》中的真学问呢？孔子指出，仅仅把三百篇诗都背得滚瓜烂熟也不算数，关键在于能否学以致用。他说："诵《诗》三百，授之以政，不达；使于四方，不能专对；虽多，亦奚以为？"（《论语·子路》）真正懂得诗学的人，不是那种只会背诵诗句的书呆子，而是那些能够把诗句变成施政技巧的高手。他善于从诗句中提炼出一种施政的理念，"授之以政"；他善于运用诗句做外交辞令，"使于四方"，不辱使命。在古代，学习诗歌不完全是一种文学上的享受，也是一种外交技巧的训练。在外交场合下，恰当地引经据典方能显出使者的文化品位。孔子并不要求学生死背书本，而是要求学以致用。他以"好学"闻名于世，主张："学而时习之"（《论语·学而》）；"敏而好学，不耻下问"（《论语·公冶长》）；"每事问"（《论语·八佾》）；"发愤忘食，乐以忘忧"（《论语·述而》）；"听其言而观其行"（《论语·公冶长》）；"君子耻其言而过其行"（《论语·宪问》）；"知之为知之，不知为不知，是知也"（《论语·为政》）；"三人行，必有我师焉。择其善者而从之，其不善者而改之"（《论语·述而》）。孔子的这些名言警句，对于中国人培养好学务实的精神发挥了巨大作用，经常被人们引用。

对于儒家的重行诉求，荀子讲得更透彻。他认为任何知识都来自经验，来自对外界事物的认识。他说："凡以知，人之性也；可以知，物之理也。"

（《荀子·解蔽》）人是认识的主体，有认知能力；物是被知的对象，具有可以被人所知的道理。知识的形成过程就是"以可以知人之性，求可以知物之理"（同上）。荀子特别强调：人的知识和才能必须与客观事物相符合。他说："所以知之在人者谓之知。知有所合谓之智。智所以能之在人者谓之能。能有所合谓之能。"（《荀子·正名》）人的智慧和才能一点也不能脱离客观事物，倘若脱离了客观事物，就不可能获得任何知识（其中包括关于道德价值的知识）。基于经验论原则，他对"行"高度重视。他说："不闻不若闻之，闻之不若见之，见之不若知之，知之不若行之，学至于行之而止矣。行之，明也，明之为圣人。"（《荀子·儒效》）荀子采取层层推进的论述方式，把"行"置于最高档次。荀子把"行"视为检验"知"的标准，视为求知的目的，认为"知"必须服务于"行"，"行"比"知"更重要。如果脱离了"行"，"知"便没有任何意义，没有任何价值。《大学》继承了荀子的重行思想，进一步把"行"明确地界定为修身、齐家、治国、平天下等四大实践活动。

墨家也有十分强烈的务实诉求，主张"取实予名"。"名"是指关于知识的文字或语言的表述，而"实"是指运用知识的实际能力。名副其实，才算有学问；徒有其名，没有其实，不算有学问。举个例子，有视觉障碍的人没有关于黑白的学问，不是说他不会说"黑"或"白"两个字，而是说他没有能力把黑的物件同白的物件区分开来。墨家特别看重"行"，特别看重效果。墨翟主张"以名举实"，把客观事实摆在首位，强调认识是对客观事实的反映。他指出，看一个人是否有真学问，不能只听他怎样说，更重要的是看他怎样做，看他言行是否一致。"言足以复行者，常之；不足以举行者，勿常。不足以举行而常之，是荡口也。"（《墨子·耕柱》）他讨厌言行不一、脱离实际、夸夸其谈的人，把这种只会说空话的人叫作"荡口"。用现在的话说，就是耍嘴皮子。后期墨家继承和发展墨翟的经验论与认识路线，并且做了更为深刻的论述。墨家指出，认识能力是人本身固有的才能，"知，材也"（《墨子·经上》）。《墨子·经说上》进一步解释说："知也者，所以知也，而必知，若明。"意思是说，一个人有认识能力并不等于有知识。他必须同实际事物相接触，在认识过程中获取知识。在这个意义上，《墨子·经上》强调"知，接也"。展开来说，"知也者，以其知过物而能貌之，若见"（《墨子·经说上》）。用眼睛看东西，必须实际去看，才会获取知识；如果闭着眼睛，什么知识也得不到。

墨家的求知范围比儒家的还宽，主张不单要从书本上求知，还要从生产实践中求知。墨翟既是"知"的高手，也是"行"的高手。据韩非子所说，墨子制作的木鸢可以在天上飞三天都不会落到地上。墨子可以算得上最早制作风筝的高手。不过，现在用纸糊风筝要比制作木鸢容易得多。墨家认为，"行"是人的本质特征，"赖其力者生"就是人的生存方式，人必须学会"强力以从事"，把知识化为一种生存能力。

人们对于道家往往有一种误解，以为道家只会在那里"坐而论道"，其实不然。道家的务实诉求不在儒、墨两家之下。道家的创始人老子明确地反对人们把"道"只当成言说的话题，要求人们在实际行动中时时刻刻都以"道"为指导原则。这就是说，"行道"比"论道"重要得多。老子反对坐而论道，提出"绝学无忧""绝圣弃智""知者不言，言者不知"等一系列论断。道家并不把"道"仅仅当成认识对象，而是当成实践对象，认为行道的关键不在于嘴上功夫，而在于能否在行为实践中自觉遵循"道法自然"的原则。由此可以看出，道家也是务实的学派。道家也十分讲究做事的效率，尤其是行政的效率。老子有句名言："治大国，若烹小鲜。"治理一个大的国家，应该像煎小鱼一样，需要小心谨慎，不可胡乱折腾。在煎小鱼时，只煎一面而不翻个儿行吗？——这一面煎煳了，那一面还生着呢！所以，你得有所作为，你得翻个儿。但是，你总翻个儿，非把鱼肉翻碎了不可，也跟不翻个儿的效果是一样的，仍然会把事情弄得一团糟。"治大国，若烹小鲜"的意思是说，执政者推出政策，要恰如其分，要恰逢其时；不能不作为，也不能乱折腾。不知道里根是从哪里学到了老子的这句话，竟在一次演说中引用了它，这为他的施政理念增加了几分道家的色彩，并且收到很好的效果。有些美国人说，近年来的几届总统，哪一个都不如里根。为什么里根时代被人看成是美国政治、经济发展得都比较好的时期呢？这可能同他吸收了老子"治大国，若烹小鲜"的政治智慧有关。庄子用寓言的方式表达了他的重行诉求，这个寓言故事就是"庖丁解牛"。这则寓言只讲庖丁是怎么做的，没有讲庖丁是怎么说的。庖丁只干不说。他在"行"中体现出由"技"进于"道"的高超，把解牛当成一种艺术上的享受。被庖丁所解之牛霍然倒地，庖丁提刀而立，踌躇满志。道家主张"悟道""行道"，要求人们把"道"体现在行为实践中，至于"道"的语言表述，则并不重要。"道"是自己在实践中摸索出来的，不是向什么人学习而得来的。庄子笔下的庖丁，有高超的解牛技术，但绝不会写什么《牛体解剖学》，无意向他人传授解牛之道。

三、 重行传统弘扬

在汉代初年，重行传统虽一度受到冷落，但始终没有中断。董仲舒对重行传统重视不够，有重视书本知识而轻视实际操作的倾向。他把主要精力用于整理儒家留下的文化典籍上。他读书专心，一般不会走出书斋，留下"三年不窥园"的典故，为后世读书人所称道，被视为专心读书的楷模。在董仲舒的引领下，皓首穷经成为一时的风气。一些儒生只想在故纸堆里讨生活，"两耳不闻窗外事，一心只读圣贤书"。他们把读经书看得过重，有一种忽视实践、忽视实行的倾向。不过，这种重知、不重行的倾向，并不代表中国哲学的主导诉求。

总的来看，重行传统在汉代以后依然得到延续。许多哲学家都对重行传统表示认同。扬雄（前53—18）认为，学习和掌握知识，乃是人有别于禽兽的一种特质。他说："人而不学，虽无忧，如禽何？"（《法言·学行》）如果一个人不肯学习，那跟动物还有什么两样？他强调，"学"的范围不仅限于书本知识，还应当在生活实践中总结新知识。如果一个人善于学习和掌握有用的知识，他会变得越来越聪明；如果不善于学习和掌握有用的知识，只是死抠书本，他将变得越来越愚蠢。扬雄说："多闻见而识乎正道者，至识也；多闻见而识乎邪道者，迷识也。"（《法言·寡见》）学习的目的是更好地指导行为践履，不能只是埋首于故纸堆；应当学行并重，"强学而力行"（《法言·修身》）。刘向（约前77—前6）也认为，学习应当是多方面的，其中包括耳闻、目见、足践、手辨等。在这些之中，后项都比前项重要："耳闻之不如目见之，目见之不如足践之，足践之不如手辨之。"（《说苑·政理》）最后一项是"手辨"，即运用所学知识进行实际操作，解决实际问题，这才是最重要的一点。

东汉初期的王充进一步发展了重行思想，他把"行"提到了首要的位置。他认为，人的一些知识都来源于"行"，来源于经验。一个人学问的大小，不在于他掌握了多少书本知识，而是看他有没有做事的能力。如果一个人只知道书本知识，而没有动手做事的能力，在王充看来便同学舌的鹦鹉没有什么两样。鹦鹉能学人说话，但不懂话的意思，更不能照着话中的意思做事。一个有真知灼见的人，绝不会像鹦鹉一样光说不练。人的知识既来自书本，也来自实践，后者更为重要。王充在一定程度上看到了劳动和实践在认识过程中的作用，他说："齐部世刺绣，恒女无不能；襄邑俗织锦，钝妇无不巧。"（《论衡·程材》）齐部、襄邑等地方的姑娘们的那双擅长刺绣或织锦的巧手，并不是天生的，而是在长年累月的实践中练出来的。如果在长期的实践中坚持刻苦地练习，笨姑娘也会练出一双灵巧的手；反之，不肯参加实践，再聪明的人也会连最简单的事都做不好。由此可见，真知识、真本领都来自实践，而不是仅靠读书就能够获得的。他把理论学说比作弓矢，强调"学贵能用"。射出的箭能射中目标，才算是好射手；能用理论学说解决实际问题，才算是有真才实学的人。人们掌握知识，不是为了卖弄，而是要运用到实践中去，化知识为能力。"人有知学，则有力矣。"（《论衡·效力》）"知学"本身不是目的，只是手段；目的在于用"知学"指导行动。他的这句话同培根的"知识就是力量"的说法近似，但比培根早说了一千多年。

有意思的是，中国哲学中的重行传统，在禅宗那里也得到了发扬。禅宗是中国化的佛教，跟印度佛教的路数不一样，二者之间有明显的区别。印度佛教把"知"看得很重，要求信徒用心读佛教经典，从佛经中领悟佛性。读佛经是成佛的必由之路，如果不读佛经，那还算什么和尚？可是禅宗和尚偏偏不看重读佛经，并且有自己的理由。慧能指出，佛性根本就不在佛经里面，而在人的本心之中。因此，无论你读多少经书，如果不向本心探求，就仍然不能悟得佛性，永远也成不了佛。怎样才能成佛呢？按照禅宗的观点，想要成佛不能走向外的路线，只能走内求的路线，通过生活实践悟出心中的佛性，顿悟成佛。顿悟跟读多少佛经，没有必然联系。想通过读佛经成佛，那是枉然，因为佛经中并没有佛性；利根人不读佛经，或许只听到一两句佛经上的话，便会突然开悟，立地成佛。在禅宗眼里，生活实践就是宗教实践，能在日常生活的实践中悟出"佛无所不在"的道理，那你就成佛了，而不必在经书里讨生活。

禅宗虽然号称"禅宗"，其实并不主张坐禅修行。坐禅是指打坐修行，原本是和尚必不可少的功课。可是在禅宗看来，做此种功课毫无必要，仅靠坐禅并不能成佛。成佛是悟出来的，不是坐出来的。有位著名的禅师，名叫马祖道一。一次，他看到有位和尚正在坐禅，便在他身边拿出一块砖来磨。坐禅的和尚好奇地问："您磨砖干什么呢？"马祖道一回答："我要用砖磨出一面镜子。"坐禅的和尚被逗笑了："镜子是用铜磨出来的，砖怎么可能磨成镜子呢？"马祖道一抓住机锋，立刻反问一句："我磨砖不能磨出镜子，难道你坐禅就能成佛吗？"

在这段公案中，马祖道一的意思是，成佛与否并不取决于坐禅修行有多么用心，也不取决于背诵佛经的数量，而全看你能否从内心领悟佛性。这种领悟，不需要采用单独的宗教实践，在日常生活实践中就可以完成，在"行"中就可以完成。禅宗既不主张坐禅，也不主张读佛经，贯彻了一条"行中求佛"的中国式路径。《六祖坛经》故意把慧能描写成一个不识字的和尚。慧能自述，我虽然不认识佛经上的字，但对佛经中讲的道理，比那些识字的人，领悟得更到位。禅宗主张顿悟成佛、行中得知，反对一味地在佛经中讨生活。如果谁指望能从佛经中学到佛性，那他就像米箩筐中的饿死人，就像被水淹死的渴死汉。如果你只坐在米箩筐里，却不肯张开嘴吃饭，怎么会不饿死呢？如果你泡在水中，却不肯张嘴喝一口，怎么会不渴死呢？吃饭、喝水都是"我"所参与的"行"啊，倘若缺少了"行"，又怎么会有所收获呢？禅宗用"骑驴找驴"来讽刺那些向外求佛的人。佛性本来在你心中，你不知向内求，偏偏向外求，同骑驴找驴有什么两样？印度佛教中的"修行"途径主要有两条：一条叫作"观"，也就是读佛经；另一条叫作"止"，也就是坐禅。禅宗把这两条都否决了。禅宗和尚既不念佛经，也不打坐，把佛教的修行方式全都颠覆了。那么，和尚干什么事情呢？回到生活实践中去。你可以担水砍柴，在劳动实践中领悟"担水砍柴，无非妙道"；你可以舞枪弄棒，在习武实践中领悟庄严佛性。在少林寺里，武僧们整天舞枪弄棒，以此为修行手段，竟练就了一身好武艺。

四、 知行之辨

从先秦到汉唐，哲学家已经把重行思想讲到位了，形成了中国哲学重行的传统。不过，关于知行关系的深入研讨却出现在宋代以后。知行之辨是宋明理学家十分关心的一个理论问题。"知"和"行"毕竟是两个要素，两个要素之间就存在一个关系问题，需要判定孰先孰后、孰轻孰重。对于知行关系问题，宋明理学家的看法不一致，大体有以下四种。

第一种看法叫作"知先行后"说，提出者是程颐。他认为"知"在先，"行"在后。为什么这样说呢？他的理由是：知是行的先导，倘若没有知，行也就无从谈起。比如，你首先得知道自己要干什么事，这就是知；知道想干什么事，然后你才能去干那件事，这才是行。他举例说，我想从洛阳到京师，第一步是确立目标，而确立目标属于知，可见知在先。然后你还得选择怎么去京师：是徒步去，还是坐车去？这也属于"知"的范围。有了这些"知"，然后才可以成"行"。在汉语中，"知"字可以做两种解释：可以解释为"知觉"，也可以解释为"知识"。如果把"知"仅仅解释为"知觉"的话，"知先行后"说不算错误。在清醒的情况下，人的任何活动都受到知觉的支配，都是有意识的活动。如果把"知"解释为"知识"，"知先行后"说恐怕有先验论之嫌。此说没有揭示知识源自实践的道理，显然是对"行"的重视程度不够。

朱熹修正了先师的意见，提出第二种看法，叫作"知轻行重"说。在"知觉"的意义上，他不否认知先行后；但在"知识"的意义上，他有所补充。他说："致知力行，论其先后，固当以致知为先，然论其轻重，则当以力行为重。"（《晦庵先生朱文公文集》卷第五十）朱熹已经对"知先行后"的命题做了淡化处理，强调知识和行动构成相辅相成的关系。他认为"行"在重要程度上超了"知"，重申了重行传统。"知轻行重"说还有"知行相须"的意思，承认二者之间存在着不可分割的辩证关系。知行关系同眼睛和双脚之间的关系相似：没有眼睛看路，脚不知道该往哪里走；没有脚走路，光用眼睛看，也是无济于事。眼睛和双脚"相须为用"，才是最佳配置。实际上，知与行密不可分：没有离开知的行，也没有离开行的知。对此，他的妙喻是：犹如鸟之双翼、车之两轮。在鸟的两个翅膀中，其中一个如同知，而另一个如同行。只有两个翅膀同时起作用，鸟才飞得起来。在车的两个轮子中，如果只有一个轮子动，另一个轮子不动，那车子也走不了。康德说："概念无经验则空，经验无概念则盲。"朱熹关于"知行相须"的看法，同康德的说法有些相似。朱熹提出"知轻行重、知行相须"的观点，已经把知行关系拉近了，并且把行的重要性突出出来了，但是他毕竟没有否定"知先行后"说。对"知先行后"说的直接否定，来自陆王派，来自王阳明。

王阳明提出了第三种看法，叫作"知行合一"说。"知行合一"的意思是，知与行没有先后之别，"知"是"一念发动处"，而"一念发动处"也就是"行"了。知和行不过是一个功夫的两个方面：知离不开行，行离不开知。王阳明常用的例证是"如恶恶臭，如好好色"。一个人见到美的颜色，这叫作"知"；而喜爱美的颜色的心情油然而生，那就是"行"了。在这里，知和行同时发生，没有先后之分，可见构成"合一"关系。王阳明所说的"知"，有模糊性，并没有把"知觉"与"知识"区别开来；所说的"行"，也有模糊性，没有把生理活动与躬行践履区别开来。他强调"知行合一"，固然有弘扬"重行"传统的意思，但无法同先验论划清界限。"知行合一"说中的"知"，有时用来指"闻见之知"，有时用来指"德性之知"。如果是指"德性之知"，那么"知行合一"说所强调的价值判断的主体性原则，倒是可以成立。价值判断的主体是群体，而不是个体。相对于个体来说，价值判断的确有先验性。如果用来指"闻见之知"，那么"知行合一"说就难以站得住脚了：倘若没有见闻，没有经验，怎么可能会有"知"呢？

"知行合一"说还有一个致命伤，那就是把知和行等同起来。把知和行做截然的划分，这固然是一种理论偏向；但是把二者等同起来，恐怕也是一种理论偏向。倘若把知和行等同起来，可以把重心转向"行"，也可以把重心转向"知"。王阳明尚能把重心放在"行"这一方面，发扬"重行"传统，肯在"事上磨炼"，干出一番事业，为后人称道。可是阳明后学却把重心转向"知"这一方面，偏离了"重行"的传统。他们只会在方寸上做文章，竟成了一群无用的废人。明朝灭亡后，有这样两句诗很流行："无事袖手谈心性，临危一死报君王。"这就是对阳明后学的讽刺。在国难当头之际，他们拿不出真本事，只有送死的份。在血的教训面前，必须重新审视"知行合一"说，力求用新理论取而代之。新理论的提出者就是王夫之。

大明王朝被清朝取代之后，王夫之作为前朝遗民，痛定思痛，觉得"知行合一"说有必要在理论上加以矫正，遂提出第四种看法，叫作"行先知后"说。他所说的"知"，只有"知识"的意思，没有"知觉"的意思；而且是狭义的，仅指"闻见之知"。他不认同先验论，始终坚持经验论立场。他提出"行先知后"说，一方面是针对"知行合一"说而言，反对把知与行混为一谈；另一方面是作为"知先行后"的反命题，强调"行"的首要性。王夫之指出，"行"具有知不可替代的品格，"行可兼知，而知不可兼行"（《尚书引义·说命中二》）。他只承认知行之间存在着"兼"的关系，但反对把"兼"夸大为"合"。如果像王阳明把"兼"换成"合"，带来的严重后果就是"销行以归知"，把"行"的首要位置给取消了。王夫之不但重新把"行"置于首要位置，还明确地把"行"界定为实践。他说："知之尽，则实践之而已。实践之，乃心所素知，行焉皆顺，故乐莫大焉。"（《张子正蒙注·至当篇注》）把实践的概念引入知行观的讨论之中，毛泽东并不是第一人，在毛泽东以前，王夫之就曾有关于"实践"的提法。我们有理由说，毛泽东的《实践论》既是对马克思主义哲学的发展，也是对中国哲学的发展，尤其是对王夫之"行先知后"说的进一步发展。毛泽东和王夫之都是湖南人，都是湖南人的骄傲，他们之间存在思想上的联系毫不奇怪。王夫之的"行先知后"说，同马克思主义哲学中"实践观点是首要的、基本的观点"的说法是相通的。从这一点来看，中国哲学知行观是马克思主义哲学实现中国化的一个重要的理论来源。所谓马克思主义中国化，就是既坚持马克思主义的基本原理，又同中国具体实际相结合，还同中国固有哲学中的优良思想传统相结合。通过毛泽东的阐发，中国哲学知行观焕发出新的活力，成为有用的、活的思想武器，帮助中国共产党人找到了"实事求是"这样一件反对教条主义的利器。我们不能做某种教条的信徒，必须坚持实事求是的原则，坚定不移地把"行"放在首位，贯彻通过"行"

获取"知"的认识路线。"行先知后"的知行观为实事求是精神提供了强有力的论证，是先哲留给我们的一笔丰厚的遗产，值得我们去珍惜，值得我们发扬光大。历史已经证明：当我们贯彻实事求是的思想路线时，我们的事业就会发展顺畅；当我们背离实事求是的思想路线时，我们的事业就会停滞不前。

〔原载于《江南大学学报》（人文社会科学版）2015 年第 4 期〕

中国古代辩证法综论

中国哲学注重辩证思维的哲学精神，集中体现在对辩证法的专题研讨上。通过历代哲学家的不懈研讨，这种精神成为中国哲学的优良传统之一。这一传统发端于先秦时期，一直为后世哲学家所继承、弘扬和发展。

一、 辩证法释义

辩证法（dialectics）源于希腊语"dialego"，原意是指能够化解不同意见的辩论方法。作为哲学术语，它用来表达关于对立统一、斗争和运动、普遍联系和变化、发展的观点，同孤立、静止看问题的形而上学观点相对立。日本学者把这个术语用日文译为"弁証法"。中国学者受日文的影响，将其用中文表述为"辩证法"，使之成为中国现代哲学中的常用术语之一。关于这种译法是否准确，中国哲学界曾经有过讨论。马克思主义理论家瞿秋白认为，"辩证"二字没有抓住对立统一律的核心和实质，主张用"互辩律"取代"辩证法"一词。精通黑格尔哲学的哲学家贺麟也不赞成"辩证法"这种译法，主张用"矛盾法"将其取而代之。他们的看法无疑都有道理，但当时"辩证法"一词早已在中国哲学界被广泛使用，约定俗成，无法改变了。

综观辩证法思想的发展史，出现了三种理论形态。第一种形态是朴素辩证法，中外古代哲学史上的辩证法都属于此类，中国传统的辩证法当然也不例外。朴素辩证法建立在对世界和社会直观观察的基础上，与实践经验紧密地结合在一起，尽管尚未达到理论自觉的程度，仍属于一种原初的、自发的辩证法思想，但实质上是一种正确的思想方法。朴素辩证法为后来辩证法思想的发展奠定了基础，为人们正确认识世界和社会、掌握发展规律提供了得力的工具，不足之处是其缺乏系统的理论论证，还没有上升到理论思维的高度。第二种形态是概念辩证法，也就是黑格尔的辩证法思想。

黑格尔精辟地把辩证思维规律概括为三条：第一条是对立统一律；第二条是质量互变律；第三条是否定之否定律。此外，黑格尔还对一系列辩证法范畴做了深入的理论分析。黑格尔对于辩证法思想的发展无疑做出了巨大的贡献，但其理论也存在明显的缺陷。黑格尔的概念辩证法是建立在客观唯心主义的基础上，以精神为主体，着重考察概念的辩证运动，是一种头朝下的辩证法思想。黑格尔的辩证法思想无疑是深刻的，但他对世界的解释却是错误的。黑格尔的概念辩证法也没有贯彻到底，最终窒息在形而上学的体系之中。第三种形态是马克思的唯物辩证法。马克思不再像以往哲学家那样，只是解释世界，而是把目光转向改造世界，实现了哲学思维的变革。马克思把黑格尔的倒立着的辩证法颠倒过来，将辩证法同唯物论结合在一起，创立了唯物辩证法。同马克思主义的唯物辩证法相比，中国传统的辩证法思想无疑是一种初级形态的辩证法，但绝不意味着它在现时代失掉了理论价值。马克思主义唯物辩证法和中国古代辩证法都是建立在正确的世界观基础之上，因而它们之间的真理性可以相通。学习和研究中国古代辩证法，可以帮助我们消除对马克思主义唯物辩证法的陌生感，增强亲近感；可以帮助我们提高掌握辩证思维规律的自觉性。

"辩证法"术语是从日语嬗变来的，而辩证法思想则是中国所固有的。中国哲学家特别重视辩证法研讨，注重弘扬辩证思维的哲学精神。对于中国哲学的这一特色，英国学者李约瑟博士看得十分清楚。他写了一部多卷本巨著——《中国科学技术史》。在这本书中，他认为中国哲学有两个特点：一个特点是提出了一种动态的、有机的宇宙观，渗透着一个动态的、有机的观念；另一个特点也是跟动态的、有机的宇宙观相联系的，即辩证思维比较发达。他说："当希腊人和印度人很早就仔细地考虑形式逻辑的时候，中国人则一直倾向于发展辩证逻辑。与此相应，在希腊人和印度人发展机械原子论的时候，中国人则发展了有机的宇宙的哲学。"[1] 对于李约瑟的这种说法，爱因斯坦、普利高津等外国大科学家都表示认同。

在方法论上，中国哲学的贡献，恐怕不在形式逻辑方面，而在辩证逻辑方面。中国哲学家用两点论把握动态的宇宙画面，首先必须确立两个基

① 李约瑟：《中国科学技术史》第3卷，科学出版社1990年版，337页。

本点：一个基本点是阴，另一个基本点是阳。二者相反相成，对立统一。阴阳观念是怎么提出来的呢？其历史可谓源远流长，不是单由哪个哲学家创立的。按照传说，伏羲画八卦，最早创立了阴、阳两个基本符号。伏羲何许人，不可确考。传说他蛇身人首，神话色彩很浓，当然不足信；有人说他至少是公元前两万年的人物，也没有根据。即使我们不详细地考证其人，便认定阴阳观念在中国应用得很早，恐怕也没有问题。《周易·系辞上》写道："一阴一阳之谓道。"中国哲学可以说就是关于阴阳之道的学问。一阴一阳两个符号相组合，构成太极，叫作"太极生两仪"。"两仪"是阴阳的别称。由两仪演化出太阳、少阳、少阴、太阴，叫作四象；由四象演化出八卦。伏羲画八卦的传说反映出，在中国哲学中，阴阳观念由来已久。

为什么说阴阳是两个基本点呢？对此大体有三种解释。一种解释叫作"山体说"。山的南面、水的北面为阳，山的北面、水的南面为阴。另一种解释叫作"性别说"。人的性别有男有女，男性为阳、女性为阴。再有一种解释叫作"蓍草说"。卜卦时，根据揲蓍之后数量的奇偶，分为阳爻和阴爻。阴阳观念涵盖面极广，既包含人，也包含物，被《易传》的作者归纳为"远取诸物，近取诸身"。

阴阳观念应当说是中国人辩证思维的萌芽，这个萌芽到后来慢慢就长成了大树。到公元前五世纪的春秋时期，中国的辩证法形成了三种类型，分别以三位大师为代表，即老子、孙子、孔子，他们奠立了中国辩证法思想的理论基础。三种类型的辩证法皆以阴阳为基本点，有大同，也有小异，各有自家的特色。道家讲辩证法，侧重"阴"字；兵家讲辩证法，侧重"阳"字；儒家讲辩证法，侧重"中"字。

二、 道家：贵柔辩证法

道家的辩证法思想集中体现在《老子》这本书中，核心理念是"贵柔守雌"。"贵"，是推重的意思，即推重这个"柔"，也就是推重"阴"。"守雌"是从"贵柔"中演绎出来的说法。 "柔"是相对于"刚"而言的，"雌"是相对于"雄"而言的，都是重视"阴"的意思。在阴阳两个基本点中，老子十分看重阴，对于阳、刚、雄这一方面，则不怎么关注。他主张抱着"柔"或"雌"的心态，低调地为人处世，讲究"柔弱胜刚强"的策略。老子是中国讲辩证法的大师，其著作中到处都有辩证法思想的闪光。他的理论贡献大体说来，可以概括为以下三点。

第一，以大量的经验事实显示矛盾原则，初步揭示矛盾双方相反相成的辩证关系。辩证思维的主要特征在于，从正、反两个方面来看问题：从正面看它的反面，从反面看它的正面。辩证法的一个基本原则就是揭示矛盾的普遍性，从矛盾关系看待事物的发展和演化。对于这一基本原则，老子有清醒的认识，他采取比较的方法，告诉人们这样一个道理：任何对立的判断，表面上似乎相反，其实是相反相成、相互联系的。离开一方，另一方也站不住脚。比如，什么是美呢？美是相对于丑而言的，如果不以丑为参照，谁能说清楚什么是美？丑的反面，就是美！如果没有丑作为比较，又何谈美呢？所以，美必须以丑作为反衬。东北的二人转演员明白这个道理，把美丑相对的原则贯穿到了演出实践中。两个演员出场，女演员的扮相一定很美，而男演员的扮相一定很丑。男演员每次出场，总是把自己弄成丑模样，这样才有喜剧感。什么是善呢？善相对于恶而言：如果不以善为前提，也就无所谓恶。在老子看来，世界处处充满矛盾现象：美和丑相反相成，善跟恶相反相成。由此推而论之，老子归纳出九十多对辩证的范畴。比如，"天下皆知美之为美，斯恶已；皆知善之为善，斯不善已。故有无相生，难易相成，长短相形，高下相倾，音声相和，前后相随"（《老子》二章）。没有所谓"有"，就没有所谓"无"。"无"与"有"相互包含，"无"不是"不存在"，而是表达存在状态的特殊方式。当人们说兔子没有角的时候，那是相对于有角的山羊而言的。"音声相和"中的"音"，指管弦乐曲奏出的有旋律的乐音，"声"指锣鼓钹发出的没有旋律的声音。两方面相互配合，才会形成强烈的乐感。难易、高下、前后、长短、进退、美丑、生死、刚柔、强弱、祸福、损益、贵贱、阴阳、动静、攻守、正奇等，皆构成相反相成的关系。总之，这个世界到处充满着矛盾现象。老子把矛盾现象揭示出来，并不是渲染荒谬感，而是认为这是真实的、合理的、自然的事实。如果谁认为现实世界中没有矛盾，反倒不可理喻。

老子用大量的经验事实来显示矛盾的普遍性，可惜没有做出"矛盾是普遍的"这种论断，没有上升到概念辩证法的高度。老子也没有创造出"矛盾"这一辩证法术语。"矛盾"一词出于《韩非子》。《韩非子》编写了这样一则寓言：有个买卖人夸自己卖的矛，可以戳穿任何盾；又夸自己卖的盾，无矛可摧。这时，有位看客问这个买卖人："用你卖的矛，戳你卖的盾，会怎样？"买卖人无言以对。在韩非关于矛盾的说法中，并没有辩证法的意思，只是强调两个不相容的命题，不能同时都是真的。他讲的是形式逻辑中的矛盾律：你承认有无坚不摧的矛，就不能同时承认还有坚不可摧的盾。按照形式逻辑的矛盾观，矛盾就是思维的界限，有矛盾意味着思维的不可能。老子的矛盾观，显然不是形式逻辑的矛盾观，而是辩证逻辑的矛盾观。他认为，世界正因充满了正反两极，才是真实的存在。人们要善于从两极对立转化的角度来把握这个世界。有正就有反，有阴就有阳。阴阳构成一对最基本的矛盾。老子虽没有使用"矛盾"这个术语，却是中国哲学史上第一个揭示矛盾普遍性的哲学家。在辩证法方面，他迈出了第一步；正因为有了这一步，才为后来的哲学家概括出对立统一规律奠定了基础。从这个意义上说，老子是中国辩证法思想当之无愧的奠基人。

第二，揭示"反者道之动"的否定原理，表明矛盾的双方往往会向自己的反面转化。谁都不希望自己遇上灾祸，却不懂"祸兮福之所倚"的道理。困境恰恰是磨砺意志、增长才干的机会，能帮助你很快地成长起来，因祸得福。反过来说，"福兮祸之所伏"（《老子》五十八章），谁都喜欢享福，可是未必都懂得福也可能转化成祸的道理。

关于矛盾双方的转化关系，老子概括出一条定律，叫作"反者道之动；弱者道之用"（《老子》四十章）。事物往往会走向它的反面，甚至在人们的语言中，也存在着"正言若反"的情形，也就是从反面表达正面所表达不出来的意思。例如，形容"最直"的线条，如果只说"最直比直还直"，等于什么都没有说，若从反面说一句"大直若曲"，也许更为达意；形容"最善辩的人"，从反面来上一句"大辩若讷"，也许最达意。"讷"的意思是说话迟钝。最善于辩论的人，不需要多说话，有"以不辩为辩"的本事。沿着老子的"矛盾双方往往向反面转化"的思路想下去，接下来的问题便是：怎样促使矛盾向对自己有利的方面转化？

第三，面对矛盾的转化，掌握"以退为进"的应对原则，锤炼人生大智慧。老子提出的应对原则是"知其雄，守其雌""知其白，守其黑"（《老子》二十八章）。这是一种辩证的生存智慧，不同于世俗之见。俗人通常会选择"雄"，而老子偏偏选择"雌"；俗人都奔那个"白"去了，老子偏偏主张守住"黑"。聪明人应当学会以退为进、后发制人。如果你一下就得到了白，而白的反面是黑啊，前途黯淡，怎么会有好果子吃呢？如果从黑起步，前途必将是白，一片光明，那才是明智之举。老子之所以推重"贵柔守雌"，理由很简单：处在下位，才会有发展空间；而处在高位，怎么会有发展空间呢？老子告诫人们，做人的智慧和在社会上立足的技巧就是藏而不露、低调做事。老子用极为生活化的例子，生动地揭示出处在下位才有发展空间的道理。他说："企者不立，跨者不行。"（《老子》二十四章）人脚踏实地站着，随时都可以启动；如果跷着脚站在地上，似乎比别人高一截儿，可是能坚持多久呢？不一会就累垮了，连站都站不稳，还能干成什么事情呢？两条腿总是处在"跨"的状态而不收回来，怎么可能行走呢？因此必须收回一条腿，才能把另一条腿迈出去。倘若都不收回来，就肯定走不了路！老子用百川归大海为例，说明"守柔居下"的道理："江海所以能为百谷王者，以其善下之，故能为百谷王。"（《老子》六十六章）大海处在最低处，才能成为江河的归宿；倘若把大海放到喜马拉雅山顶上，肯定不行。水流奔大海，海纳百川，这正是"雌"的优势之所在。守柔居下，从表面上看处于劣势，实际上处于优势，因为掌握了主动权，拥有了发展的空间。按照老子的主张，处理任何事情的时候都应当把握"贵柔守雌"的原则。与此原则相反的就是刚强原则。老子把刚愎自用、锋芒毕露叫作"刚强"，他断言："强梁者不得其死。"（《老子》四十二章）

老子的辩证法思想围绕着阴阳两点论中的"阴"展开，主张后发制人，主张效法水的柔弱。《老子》满篇充满对水的崇拜，如说"上善若水"。老子大概是生活在平原地区，对水的感受很深。把水同石头比较一下，哪一个更硬呢？普通人肯定会说石头硬。但老子不这样看，他认为水比石头硬，滴水穿石就是明证。他的看法符合辩证法，自然与众不同。真正的哲学家，一定会提出一些与众不同的看法；否则，他就不配称为哲学家。老子是真正的哲学家，他立足于"阴"，讲出了一番哲学道理，这个道理就是辩证法。

三、 兵家：尚刚辩证法

老子"贵柔守雌"的辩证法，主要是在"阴"字上做文章。老子主张做事要留有余地，不要太过分，力求在矛盾转化过程中取得主动地位。可惜这条原则被他夸大了，因而他的辩证法思想有一些消极的味道。这种偏向在兵家那里得到了纠正。与老子同处春秋时期的孙武子，写了《孙子兵法》十三篇，深刻阐发兵家的辩证法思想。孙子讲辩证法，主要是在"阳"字上做文章，以崇尚刚阳为风格，同老子崇尚阴柔正好相反。老子似乎是城府极深的政治家，而孙子则是一位能征善战的军事家。他结合战争实践，讲的是军事辩证法。在战争中，硬道理就是"两军相遇勇者胜"，孙子崇尚刚阳自然在情理之中。他的理论贡献主要有以下三点。

第一，抓主要矛盾，使自己立于不败之地。战争中最主要的矛盾就是敌我之间的矛盾。指挥员所做的一切，无非是为了壮大自己、战胜敌人。怎么克敌制胜呢？孙子指出，最好的战略就是"不战而屈人之兵"（《孙子兵法·谋攻篇》）。谁能抓住这一条，谁才是"善之善者也"。在同敌人开战之前，指挥员既要看清楚自己，也要看清楚敌人，这叫作"知己知彼，百战不殆"。但仅仅做到这两条还不够，还得往旁边看，看第三方的动向。倘若你把敌人打败了，而自己的实力消耗殆尽，恐怕未必是真正的胜利者，很可能让第三方捡了便宜。例如，在第二次世界大战中，真正的胜利者不是苏联，而是美国。指挥员必须要有这样的警觉：现在的友邻将来也可能成为你的敌人。所以，在抓主要矛盾即敌我矛盾的时候，切不可忽略全面性原则。

第二，牢牢把握主动权，抓住克敌制胜的关键。在战争的舞台上，指挥员不但要学会做领导者，善于调动自己的部队；还要学会做引导者，设法让敌人听从自己，这叫作"为敌之司命"。把握主动权很重要，即所谓"善战者先为不可胜，以待敌之可胜"（《孙子兵法·形篇》）。把主动权掌握在手里，才有胜算；如果丧失主动权，处在被动状态，在战争的舞台上恐怕就只能充当一个失败的角色。孙子给出许多掌握主动权的办法，比如，"敌佚能劳之，饱能饥之，安能动之"（《孙子兵法·虚实篇》）。怎么能饱而饥之？偷袭敌人的粮库，把敌人的军粮烧光了，他还能饱吗？怎么能安而动之？我方攻击了敌方不得不动的要害，他能不动吗？指挥员牢牢地把主动权掌握在自己手里，敌人即便在数量上占优势，也可以使之丧失战斗力，取得以少胜多的战绩。曹操在官渡之战中，先毁了袁绍军的粮草，然后打败了比自己强大得多的袁军，可以说是运用孙子兵法的一个成功范例。

第三，要善于运用灵活性原则，以实击虚，突破薄弱环节。指挥员要学会用脑子打仗，不能一味地蛮干。在与敌人交战的时候，要善于发现敌人的薄弱环节，采取"避其锐气，击其惰归"的策略。指挥员应当时刻关注战场上的虚实变化。"虚"是指军队的薄弱环节，"实"是指军队的坚强之处。知己知彼，其实就是知实知虚。战争的胜负，不一定是军事力量的简单对比，历史上经常会出现以少胜多的情形。以少胜多的诀窍就在于能够"以我之实击敌之虚"。至于如何做到"以我之实击敌之虚"，这是一门作战的艺术。当敌人处在强势的时候，我不跟你打；当你松懈的时候，我抓住战机，一举获胜。孙子用水做比喻，对灵活性原则做了这样的概括："兵无常势，水无常形。能因敌变化而取胜者，谓之神。"（《孙子兵法·虚实篇》）老子以水做比喻，讲"柔弱胜刚强"的道理；孙子用水来比喻，讲灵活性的重要性。在孙子看来，水的特点就是遇方则方、遇圆则圆，最能体现灵活性原则。

孙子立足于"阳"讲军事辩证法，特别强调一个"活"字，或者说是一个"灵"字。他主张灵活地处理战争中的矛盾，运用辩证的眼光审视战局，运用辩证的智慧处理遇到的各种问题。《孙子兵法》给出的是智慧的指导，而不是死规矩。蜀国大将马谡虽熟读兵书，可是不懂灵活性，以致失街亭、吃败仗。兵法运用之妙，就在于掌握辩证思维的艺术，恰当地处理好战争中的一系列矛盾。

四、 儒家：执中辩证法

在阴阳两点论中，道家在"阴"字上做文章，兵家在"阳"字上做文章，皆讲出了一番辩证法的道理。那么，儒家怎么讲辩证法呢？儒家不可能在任何一点上做文章，只能在两点之间的关系上，即"中"字上做文章。儒家辩证法思想的特点就在于把握"执中"原则，讲究中庸之道。

第一个讲中庸之道的哲学家是孔子。他说："中庸之为德也，其至矣乎！民鲜久矣。"（《论语·雍也》）"礼乎礼，夫礼所以治中也。"（《礼记·仲尼燕居》）孔子所讲的"中庸"有两层意思：一层是指完美的人格，是对这种人格的赞扬；另一层是指辩证的思想方法，指最佳的度、最佳的状态。"中"是相对于"偏"而言的，有排除片面性的意思。道家讲"阴"的辩证法，兵家讲"阳"的辩证法，都可以从正面讲；而儒家讲"中"的辩证法，则没有办法从正面讲，只能采取"负"的讲法。儒家向来不从正面告诉你什么是"中"，只从负面告诉你什么是"不中"。你若搞清楚什么是"不中"，对于"中"自然就参悟了。

孔子找到两种关于"中"的讲法。第一种是排除法，从负面讲什么是"不中"——"叩其两端而竭焉"。把两个"不中"的片面性都排除掉，剩下的自然就是"中"。他在评价自己的弟子时，既批评"过"的倾向，也批评"不及"的倾向，结论是"过犹不及"。他虽没有从正面讲"中"，却把"中"的诉求表达出来了。虽从负面讲，却得到了从正面讲所达不到的效果。宋玉写了一个著名的《登徒子好色赋》，又称为《美人赋》。登徒子在形容美人的时候，用的就是中庸笔法。他没有从正面讲美人长得如何如何美，不用什么"柳叶眉、杏核眼、樱桃小嘴一点点"那一套笨拙的说法。他对美人形容是："著粉则太白，施朱则太赤。"肤色增一分粉则太白，增一分朱又太赤，肤色正好。不粉不白，又粉又白，肤色中庸，恰到好处。身材增之一分则太长，减之一分又太矮，不高不矮，恰到好处。总之，美人不粉不白，不高不矮。登徒子并没说她到底长什么样，但传达出来的信息，却是一个活脱脱的美人形象。国画中有一种手法，叫烘云托月：画月亮，不是先画一个圆圈，而是把月亮周围都涂上黑色，剩下的空白，自然就是月亮。画家虽然没画月亮，画面上却出现了一个月亮。孔子从反面讲"中"，同这种方法类似。孔子对"中"的界定是"过犹不及"。既不要"过"，又不要"不及"，那就是"中"。《易传》上说"刚柔相济而生变化"，既不偏向于"刚"，也不偏向于"柔"，使用的也是排除法。

第二种讲法，是采用"而不"句式。比如，什么是仪表方面的"中"呢？孔子的忠告是"威而不猛"。做人要有威严，但不能"猛"，"猛"就过分了。比如，你作为一位教师，没有威严，学生就不把你当一回事，肯定不行；但是你若整天板着一副面孔，似乎不会笑，那就过于"猛"了。这两种类型的教师，大概都不是称职的教师。除了"威而不猛"之外，还有"钓而不纲，弋不射宿"。钓鱼是可以接受的，但不能用密眼儿的渔网把鱼都打上来，使鱼类遭受多余的伤害。射飞鸟吃也是可以接受的，但不能射栖息在巢里的鸟，影响鸟类的哺育繁衍。把"而不"句式用到美学方面，就有"乐而不淫，哀而不伤"之说。"乐"大概指的是喜剧。喜剧使人高兴，但不能过分；如果过分了，那就会变得庸俗不堪。"哀"大概指的是悲剧。悲剧把美好的东西撕开给人看，但不能让人哭个不停。令人过分感伤的悲剧，恐怕不是成功的悲剧。

《易传》在解卦的时候，也是贯彻"中道"原则。乾卦由六爻构成，《易传》的作者在解卦时，没有按"一二三四五六"的顺序排列，而是把六爻分成上卦和下卦。上卦是三爻，下卦也是三爻。什么是吉爻呢？就是下卦之中爻，或者上卦之中爻。从下往上排列，第一爻叫作"初九"，"初九，潜龙勿用"，这一爻不能算是吉爻，因为龙处在潜伏状态。"九二，利见大人"，这时龙已经出世，当然是个吉爻，比"初九"好了许多。至于"九三"，"君子终日乾乾，夕惕若厉"，这就有点过分了，算不上吉爻。进入上卦以后，标志新的发展阶段。"九四"尚不到火候，算不上吉爻。"九五"，"飞龙在天"，处在上卦之中位，也就是处在最佳状态，这才是吉爻。至于最后一爻，"亢龙有悔"，错过了最佳状态，走向反面，当然算不上吉爻。通过这样解卦，《易传》的作者便把儒家的中庸之道具体地展开了。儒家的中庸之道也是一种辩证法思想，主张在矛盾关系中把握那个最佳的点，把握对立统一原则。曾经有些哲学理论工作者把中庸之道理解为均衡论、和稀泥，这种看法是错误的。

如果把上述三种辩证法类型比较一下，会发现儒家的讲法有两个特色：一是善于把握"中道"原则，二是结合六爻阐述辩证思维。结合六爻讲辩证法，可以说是采用数学模型的方法来讲，无疑是对辩证思维做了模式化处理。通过对阴阳两爻变化的解释，通过对六十四卦卦爻辞的解释，辩证思维规律被生动地展现出来。就抽象思维水平而言，儒家的辩证法在三家之中可以说是最高的。在先秦时期，道家、兵家、儒家从不同的角度充分展现辩证法的意涵，都取得了重要的理论思维成果。这三种辩证法模式各有各的优长，各有各的理论特色，我们可以在生活实践中把它们融会贯通。我们在生活实践中，有时需要"阴"的智慧，就得想想道家的主张；有时需要"阳"的智慧，就得想想兵家的主张；有时需要"中"的智慧，就得想想儒家的主张。三家都有值得我们发扬光大的辩证智慧，不能只偏于某一家。

五、 两一之辨

先秦以后的哲学家没有再创造出一种新的模式，而是把三种类型的辩证法打通，探讨辩证法的核心和实质，围绕对立与统一关系做文章，围绕如何把握对立统一规律做文章。在中国哲学中，把矛盾双方的对立关系叫作"两"，把矛盾双方的统一关系叫作"一"。围绕着"两一关系"问题，哲学家深入探讨辩证法的核心与实质。"两一关系"问题可以说是辩证法研究中的一个难题，至今仍不能说已经完全搞明白了，还有继续探讨的余地。这个问题处理不好，有可能背离辩证法的真精神，产生两种偏向：或者片面夸大统一，忽略对立；或者片面夸大对立，忽略统一。中国古代哲学家对于"两一关系"问题的认识，大体说来有三种看法。

第一种看法，叫作"一分为二"。持这种看法的人，强调对立是主导面，强调"一"总是分为"二"的。典型人物就是北宋的理学家邵雍。他撰写《先天图》，用一个"分"字描述宇宙的演化过程。太极是一，演化出两仪，"一分为二"就开始启动：太极分成两仪，两仪又分四象，四象又分八卦……他的说法是："一分为二，二分为四，四分为八，八分为十六，十六分为三十二，三十二分为六十四。"（《皇极经世书·观物外篇》）"分"总是占居主导面。有了"二"，就有了矛盾；有了矛盾，就可以相互作用；有了相互作用，世界才会得到充分展现。按照"一分为二"的看法，有阴就有阳，有男就有女。这种观点强调矛盾的普遍性，具有合理性，但是没有回答分成"二"之后再如何统一起来的问题。所以，"一分为二"的讲法固然有辩证法因素，但是也容易产生片面性：夸大矛盾双方之间的斗争、对立，而忽略二者之间的统一。对于"一分为二"的误解，有可能导致不良的理论后果，那就是只讲对立，而不讲统一，以致陷入"斗争哲学"的误区。针对这种片面化倾向，从"一分为二"引导出一个反命题。

第二种看法，叫作"合二而一"。持这种观点的人，强调统一是主导面，强调"二"总是要合为"一"的。这个反命题的出现比较晚，是明末清初方以智提出来的。他在《东西均》中，提出了"合二而一"这个命题。他指出，"二"不能总是处在对立的状态，矛盾双方交织在一起，进入综合的状态，这便是"合二而一"。举例来说，茶水便是"合二而一"的结果。

茶水由茶和清水两个要素组成，每种要素都是"二"中之一。当你把白水倒入有茶的壶里后，就发生了变化：茶不再是原来的茶，水也不再是原来的水，"合二而一"，变成茶水了。方以智由此得出结论："一在二中，无非交也。"（《易余·孝觉》）"合二而一"说与"一分为二"说相比，其特色在于不以太极为辩证思维的逻辑起点，而以太极为辩证思维的理想归宿。此说不是对矛盾实然展开的描述，而是对应然状态的展望；比较深刻地揭示出矛盾双方的内在统一关系，但也流露出夸大统一性的倾向。由"一分为二"说与"合二而一"说，又引出第三种看法。

第三种看法，就是把上述两种片面的辩证法综合起来，主张"二一并重"。这种看法是方以智的朋友王夫之提出来的。他说："合二以一者，为分一为二所固有。"（《周易外传》卷五）王夫之的这种说法，应当说比较全面地表述了辩证法的核心与实质。"一分为二"是一种片面的辩证法，"合二而一"也是一种片面的辩证法，王夫之把二者结合在一起，形成了一种全面的辩证法思想。王夫之的辩证法思想应该说是中国辩证法思想发展的最高峰。按照他的说法：合二而一者为一分为二所固有；反过来说，一分为二内在地包含着合二而一，这才叫作辩证的思维艺术。辩证法要求我们在对立中把握统一，在统一中把握对立。王夫之的这种理解是很深刻的，甚至可以说为一些现代人所不及。有些哲学理论工作者对"一分为二"和"合二而一"之间的关系弄不清楚，把二者对立起来，误以为讲"合二而一"是反辩证法的，只有讲"一分为二"才是合乎辩证法的。在"左"的氛围中，时任中央党校副校长的杨献珍就因为对"合二而一"表示认同，而被戴上"反对马克思主义辩证法"的帽子，在"文革"期间多次遭到批斗。"文革"结束以后，我们终于意识到"合二而一"是不能够被否定的。如果否认了这一点，一味地坚持"分"而看不到"合"，"分"就过头了，"斗争哲学"就会大行其道。两个对立的方面终究要走向统一，而统一就是和谐。把"一分为二"与"合二而一"结合在一块讲，这是王夫之的高明之处。但令人遗憾的是，他的理论思维成果竟被当代一些哲学理论工作者忽略了。拨乱反正之后，我们终于发现：王夫之的看法有不容忽视的学术价值。

（原载于《孔学堂》2015 年第 3 期）

中国文化正义精神论

习近平总书记提出，要深入挖掘和阐发中华优秀传统文化讲仁爱、重民本、守诚信、崇正义、尚和合、求大同的时代价值。其中，"崇正义"讲的是关于"义"的精神追求。"崇"有追求、推崇、向往、仰慕等意思，是一个动词。"正"有正当、公正、符合等意思，是关于状态的形容词；含有褒扬的意思，与"邪"相反。"义"是名词，表示一种观念。"崇"和"正"都是关于"义"的修饰，不能单独讲；只有"义"可以单独讲。显然，在"崇正义"这个短句中，关键词是"义"字。"义"的繁体字为"義"，"从我、羊"（《说文·我部》）。这个字在甲骨文和金铭文中都出现过，原意是指个人的威仪、美善、适宜，引申开来有"应该"的意思。在价值观上，所谓"义"，是指组建社会群体必不可少的价值共识。倘若没有这样一种共识，社会群体既无法组建，也无法运行。先哲对这个道理看得很清楚，但他们对"义"的理解，各不相同。尽管对于"义"的看法有差异，但皆强调社会群体必须符合"义"，要求每个成员都把正义原则当成精神追求的目标，从而建设其心目中的理想社会。所谓"正义精神"，就是"以义为正"的精神，要求每个社会成员皆以价值共识为尺度，评判自己的行为正当与否。"崇正义"是先哲一贯的精神追求。

一、 义利之辨与正义追求

"正义"一词在现代汉语中常用，在古汉语中不常用，但偶尔也会出现。《荀子·正名》写道："正利而为谓之事，正义而为谓之行。"这句话意思是说，仅体现功利价值的行为，叫作"事"，而体现道德价值的行为，才可以叫作"行"。"事"的价值，是相对于个体而言的；"行"的价值，是相对于群体而言的。先哲在谈到关于正义的话题时，往往只用一个"义"

字，而省去那个"正"字。在谈论"义"的时候，先哲通常还会把"义"同其他观念联系在一起讲。例如，同"道"联系在一起讲，叫作"道义"。《周易·系辞上》写道："成性存存，道义之门。"李大钊有楹联写道："铁肩担道义，妙手著文章。"这都是把道义合在一起使用。在中国传统哲学中，哲学家通常以"义"来表示做人应该认同的价值共识，表示做人应该具备的道德意识，表示人在精神方面的理想追求。《礼记·中庸》的解释是："义者，宜也，尊贤为大。"意思是说，追求正义就是要使人人各得其宜，要把敬重贤人摆在首位。贤人作为价值共识的倡导者，有资格成为众人效法的楷模。

中国哲学作为一种以人生哲学为主的哲学理论形态，不像西方哲学那样关注"世界是什么""知识从哪里来"之类的问题，也不像宗教哲学那样关注彼岸世界与此岸世界的关系，而是特别关注如何做人。人在精神方面有理想追求，这在中国哲学中叫作"正义"，简称为"义"。人在生存方面有物质利益需求，这在中国哲学中叫作"利"。"利"是利益原则的简称，指的是人用来满足生存欲望的物质需求。先哲在解释何谓"正义"的时候，常常涉及如何对待"利"的问题。社会群体就是"大我"，每个社会成员就是"小我"。每个社会成员都应当以大我为重，而不以小我为重。当大我与小我的利益发生冲突时，大我的利益应当放在首位，甚至是牺牲小我的利益也在所不辞。正义作为价值共识，应以大我为价值主体，不能以小我为价值主体。要把理想的价值目标转化为现实，首先遇到的问题是：如何摆正理想的价值追求与现实的利益需求之间的关系？如何处理群体与个体之间的关系？在中国传统哲学中，这些问题都归结为义利关系问题，遂使义利之辨成为中国哲学在价值观方面所探讨的主要问题之一。

义利之辨关涉理想与现实的关系问题。基于"以人为本"和"内在超越"的哲学精神，中国哲学家没有把理想与现实对立起来，没有在彼岸世界设置超验的价值目标。在中国哲学中，圣人就是理想的人格，就是正义的化身，就是做人应该追求的终极价值目标。"崇正义"与"做圣人"其实是一回事。圣人对于凡人来说，无疑是一种超越，但这是哲学意义上的内在超越，而不是宗教意义上的外在超越。就圣人高于凡人这一点来说，"义"理所当然地被摆在了首要的位置，"利"被摆在了从属的位置。然而，圣人与凡人又属于同类，不能脱离现实，因此还必须正视现实的人的正当的物质利益需求。这样一来，如何在人生实践中处理好义利关系问题，便成为中国哲学不能不深入研究的重要问题了。

义利之辨关涉群体与个体之间的关系问题。"义"是一个关于群体性原则的哲学理念，"利"是一个关于个体性原则的哲学理念。在中国哲学中，群体性原则高于个体性原则，与此相关，"义"理所当然地被摆在了首要的位置，"利"被摆在了从属的位置。对于现实的人来说，不仅需要理想价值方面的精神追求，同时也不可能离开实际的生存条件和利益的需求；个体离不开群体，有维护群体价值共识的责任，反过来说，群体也应当为维护个体利益提供保障。中国哲学家认为，正确处理义利关系或理欲关系，乃是人生中的头等大事之一，所以他们花费很大的气力来探讨这个问题。有的人主张"义者，利也"，有的人主张"正其谊（义）不谋其利"，有的人主张"存天理，灭人欲"，有的人主张"理寓于欲中"。有的人强调"义高于利"，理想主义和非功利主义的色彩比较重；有的人强调"义利统一"，现实主义和功利主义的色彩比较重。总的看来，中国哲学家比较看重"义"，而不太看重"利"，从而表现出强调群体价值、忽视个体价值的倾向，表现出强调道德价值、忽视功利价值的倾向。他们通过研讨义利关系，弘扬正义精神。

哲学家们把"义利之辨"视为人生哲学的重要话题。关于这个话题的讨论，可以说贯穿中国传统哲学的全过程。先秦时期就涉及这个问题，一直到清末，哲学家们仍然余兴未尽。对于这一问题，哲学家们提出了各种不同的看法，形成各种义利观。每种义利观都既有合理内核，也有思想局限。哲学家从各自的义利观出发，以自己的方式弘扬正义精神。

二、 从先秦儒家义利观看

先秦儒家的义利观属于理想主义类型，主张重义轻利，把"义"摆在首要的位置，倡导"正义至上"原则。儒家对正义精神的倡导，对中华民族精神世界的影响之大，超过先秦任何一家。

先秦儒家崇尚正义的精神传统，由儒家创始人孔子率先开启。孔子把"义"摆在至高无上的位置，主张"君子义以为上，君子有勇而无义为乱，小人有勇而无义为盗"(《论语·阳货》)。他把奉行正义原则视为君子必备的品格，强调"君子义以为质"（《论语·卫灵公》），"君子之于天下也，无适也，无莫也，义之与比"（《论语·里仁》）。在他看来，重利还是重义，乃是小人和君子的分水岭："君子喻于义，小人喻于利。"（《论语·里仁》）他主张"见利思义"，反对见利忘义，教导弟子做一个重"义"的君子，而不做重"利"的小人。他还把"义"与"礼"联系在一起，主张"礼以行义，义以生利，利以平民，政之大节也"（《左传·成公二年》）。孔子虽然把正义摆在首位，但并没有把义和利截然对立起来。他提出"先富后教"的主张，大力倡导"见利思义"（《论语·宪问》）、"义然后取"（《论语·宪问》）、"因民之所利而利之"（《论语·尧曰》）等原则，对"利"的诉求表示宽容。

孔子最突出的理论贡献在于，把正义原则概括为一个"仁"字，找到了表达中华民族价值共识的核心范畴。在《论语》中，"仁"字出现了109次之多，可见，"仁"在孔子思想体系中占有多么重要的地位。关于"仁"的话题，孔门师生经常讨论。"樊迟问仁。子曰：'爱人。'"（《论语·颜渊》）在孔子关于"仁"的种种说法中，这一条最简洁，也最深刻。所谓"爱人"，也就是主张把他人当作自己的同类来看待，注重人所共有的、最一般的、最普遍的正义原则，以此沟通人我关系，结成人类社会群体。孔子发现了人的类存在，主张用仁爱原则协调人际关系，实行所谓"忠恕之道"。何谓"忠恕之道"？从消极的意义来说，是"己所不欲，勿施于人"《论语·颜渊》；从积极的意义来说，是"己欲立而立人，己欲达而达人"（《论语·雍也》）。在他看来，仁就是人的本质规定，做人就是把自然人（"己"）提升到"真正的人"（与"己"相对的人）的高度，在躬行仁道的道德实践中，成就理想人格，落实正义原则。

在孔子心目中，"真正的人"就是圣贤、君子。要成就这样的人格，完全是一种自觉、自愿的理性选择，"我欲仁，斯仁至矣"（《论语·述而》）。人在"修己求仁"时表现出一种主动性，无须外在的约束与强制。孔子把"仁"视为人之所以为人的根本，视为价值共识或正义原则的担保，这对于中华民族搭建精神世界具有重大的理论意义。从哲学人类学的意义上看，任何社会组织必须有一套全体社会成员达成基本共识的主流价值观念和伦理规范，这是每个民族所必不可少的正义诉求，其可以采用宗教的形式表达正义诉求，也可以采用非宗教的形式表达正义诉求。大多数民族采用宗教的形式来表达，如伏尔泰所说，一个民族即便没有神，也要造出一个神来。中华民族则采用非宗教的形式，这就是孔子提出的仁德观念以及以此为核心形成的儒学。儒学是世界上少有的以非宗教的、内在超越的方式安顿精神世界的成功模式（有别于基督教、佛教、伊斯兰教）。儒学有效地组织社会、安顿人生，已形成中国人的文化基因，具有强盛的生命力。它是中华民族凝聚力的核心，有力地提升了全体民族成员的认同感，有如一条无形的纽带把大家联系在一起。倘若没有这样一种共识，中华民族就不可能成为世界上最大的民族。在孔子的人道学中，"仁"是人生的最高价值追求，比人的生命还重要；为了体现仁德，哪怕献出生命也在所不辞。这就叫作"杀身成仁""守死善道"。仁德观念培育出无数的志士仁人、无数的民族英雄，他们是中华民族的脊梁。

在孔子那里，正义原则指的是"人之所以为人者"，更准确地说，是指"君子之所以为君子者"，含义比较宽泛。继孔子之后，孟子从内圣学的角度发展了孔子的义利观，把正义原则具体化，同"仁"紧密地联系在一起。他常常是仁义并举，以仁义作为正义原则的基本内涵。在孟子的眼里，"仁"是终极的价值目标，是个体的价值安顿之所，侧重于内在性；"义"是价值实现的途径，是群体价值共识的表达，侧重于普遍性。由于政治生活是一种群体生活，因此，仁政不能直接建立在"仁"的基础之上，而是必须以正义为中介。执政者的责任就是管理社会群体，就是办理公共事务。因此，他应当站在社会群体的立场上施政，而不能站在个人的立场上施政。执政者必须出以公心，秉持正义原则，为民众着想。他说："仁，人心也；义，人路也。"（《孟子·告子上》）"仁"是做人的根本，理应放在首位；"义"是体现"仁"的途径，通过"义"把"仁"落实到人生实践中。"仁"和"义"其实是同等程度的观念，只不过侧重的角度不同而已。孔子主张"杀身成仁"，孟子主张"舍生取义"，其实都是以追求道德价值为正义原则。

对于"利"，孟子也讳莫如深。他到魏国去，梁惠王问他："你能给魏国带来什么好处？"他回答："王，何必曰利？亦有仁义而已矣。"（《孟子·

梁惠王上》）不过，孟子也指出，对于有德君子可以不言利，而对于普通人则不能不言利。他说："民之为道也，有恒产者有恒心，无恒产者无恒心。苟无恒心，放辟邪侈，无不为己。"（《孟子·滕文公上》）执政者必须使普通民众的生活条件有基本保障，方能推行教化；倘若离开物质前提，空谈王道教化，显然无济于事。孟子的主张是："百亩之田，勿夺其时，数口之家可以无饥矣。谨庠序之教，申之以孝悌之义，颁白者不负戴于道路矣。七十者衣帛食肉，黎民不饥不寒，然而不王者，未之有也。"（《孟子·梁惠王上》）

在孟子那里，正义原则以"仁义"为内涵；而"仁义"的理论支柱，就是性善论。孟子指出，人性善正是人与动物的本质区别之所在。"人之所以异于禽兽者几希，庶民去之，君子存之。"（《孟子·离娄下》）孟子在这里强调的是"人之所以异于禽兽者"，而不是"人异于禽兽者"。"人异于禽兽者"属于现象上的差异，这是很容易发现的；而"人之所以异于禽兽者"属于本质上的差异，这就不容易发现了，故说"几希"。孟子认为，人与禽兽的根本区别，就在于人能达成求善的价值共识，而禽兽不可能达成任何共识。人性善是指人所共有的类本性，是相对于兽性而言的；只要是人，必有人性，必有善性。人向善处走，有如水往低处流。

不过，人性善只是一种理论上的可能性，并不意味着每个人在事实上都是善的。由于每个人保留善性的程度不一样，遂形成"存之"和"去之"的差异，从而形成人格上的差异，形成君子与庶人之别。孟子指出，这种情形并不能推翻人性善的结论。他辩解说，山性按道理应该是郁郁葱葱的，可是牛山变得光秃秃的，这岂是山性所致？原本郁郁葱葱的牛山上，树木被人砍光，青草被牛羊吃光，才成了现在的样子。同样的道理，人性本来是善的，可是小人受到物欲戕害之后，背离了善。性善论不是关于人性的事实判断，而是关于人性的价值判断，只是说人可以是善的，应该是善的。正是因为人性善，人才有达成价值共识的可能，才会形成正义观念；正是因为人性善，每个人都有成为圣人的可能。按照孟子的说法，叫作"人皆可以为尧舜"。

为了培养正义精神，孟子要求每个社会成员皆以"天爵"自律。"有天爵者，有人爵者。仁义忠信，乐善不倦，此天爵也；公卿大夫，此人爵也。

古之人修其天爵，而人爵从之。今之人修其天爵，以要人爵；既得人爵，而弃其天爵，则惑之甚者也，终亦必亡而已矣。"（《孟子·告子上》）人生价值不能定位在"人爵"上，而应当定位在"天爵"上。一个人在社会上的角色，是由各种条件所规定，并不是自己可以随意选择的。谋事在人，成事在天，经过努力仍达不到目的，只好听天由命。至于一个人能否形成对于正义原则的认同感，则完全取决于自己的努力。"天爵"与"人爵"之间没有必然的联系，富贵者未必道德高尚，贫贱者未必道德低下。"富贵不能淫，贫贱不能移，威武不能屈，此之谓大丈夫。"（《孟子·滕文公下》）孟子评价人格的标准，不是社会地位的高低，而是对于正义原则的认同度。富贵者未必高尚，贫贱者未必低下，小人物也可以为大丈夫。这种大丈夫就是充分体现"天爵"的"天民"，就是正义原则的倡导者、推动者和实践者。

另一位先秦儒家大师荀子则从外王学的角度发展了孔子的义利观，他也把正义原则具体化，同"礼"紧密地联系在一起。他常常礼义并举，主张"统礼义""隆礼义"，以礼义为正义原则的内涵。他的理由是："国无礼则不正。礼之所以正国也，譬之犹衡之于轻重也，犹绳墨之于曲直也，犹规矩之于方圆也。"（《荀子·王霸》）倘若一个国家不设立礼义规范，不以礼义为价值共识，便不可能形成正常的社会秩序。礼义是人类结成群体、组织社会、维持秩序的必要设施。荀子提出一个有趣的问题：人的气力不如牛大，奔跑不如马快，但人却能够驾驭牛马，这是什么缘故呢？他认为奥秘就在于人能够结成群体。人之所以能够结成群体，是因为人类创造了一套用来协调人与人之间关系的礼义制度。"故义以分则和，和则一，一则多力，多力则强，强则胜物。"（《荀子·王制》）人的生理结构同动物相比，并没有什么优势可言；然而，人是有价值共识的社会群体性存在，以智慧的方式谋生存。如何使群体社会有效地运作起来？那就必须有礼义规范，有社会分工，有社会秩序。有秩序方能有分工，方能有和谐。荀子关于"礼"的看法是很务实的，比孟子的人性善更为深刻地看到人的社会群体性。荀子指出，正因为人类创造了礼义制度，所以才会取得"最为天下贵"的地位。孟子以"仁义"为正义，强调价值共识在社会组织中的作用，着眼于理想性；荀子则以"礼义"为正义，强调价值共识在社会运转中的作用，着眼于操作性。

荀子也主张"先义而后利"（《荀子·王霸》）。尽管他对"利"的态度比孔、孟宽容得多，但仍然是把"义"放在第一位。不过，他并没有因此而漠视社会成员的实际利益。在荀子看来，"义与利者，人之所两有也"（《荀子·大略》），二者皆不可偏废。他写的《富国》篇，主张大力发展生产，"养人之欲，给人之求"（《荀子·礼论》），用以满足人们的物质需求，改善人们的生存条件。

荀子认为，崇尚礼义应当成为适用于全体社会成员的主流价值观，"虽王公士大夫之子孙，不能属于礼义，则归之庶人。虽庶人之子孙也，积文学，正身行，能属于礼义，则归之卿相士大夫"（《荀子·王制》）。孟子仁义并举，突出"义"的道德哲学意涵；荀子则礼义并举，突出"义"的政治哲学意涵。孟子看重自律，荀子则主张自律与他律并重。荀子指出，礼与法都是维系社会群体的不可缺少的手段，概括出"隆礼尊贤而王，重法爱民而霸"（《荀子·强国》）的政治哲学原理。他不同意孟子"尊王贱霸"的观点，主张王霸杂用、礼法双行。"粹而王，驳而霸，无一焉而亡。"（《荀子·强国》）荀子作为儒家大师，当然不会将礼、法并列起来，等量齐观。他的王霸杂用主张，其实是以王道为主、霸道为辅，为中国古代社会的统治者所采纳。汉宣帝直言不讳地说："汉家自有制度，本以霸王道杂之。"（《汉书·元帝纪》）荀子把正义原则从理想层面落实到操作层面，使之同中国古代社会的政治实践紧密结合在一起，把"以儒治国"落到实处。

三、 从墨家义利观看

墨家的义利观属于现实主义类型，反对重义轻利的倾向，强调义利的统一关系。墨家不像儒家那样，从应然的角度思考正义原则，而是从实然的利益关系出发，思考正义原则。墨家主张"兼"，反对"别"。"兼"就是为公众着想，为大我着想；而"别"就是为小我着想，把自己置于同群体、同他人对立的位置。墨家认为，兼爱就代表着正义；弘扬兼爱精神，就是弘扬正义精神。

墨家的创始人墨翟十分看重"义"，但不像儒家那样不言"利"，而是把"利"视为正义原则中不可或缺的要素。儒家正确地认识到正义原则具有超越性，不可能诉诸个体的利益原则，故而重义轻利。但儒家的局限性在于，没有明确地把群体利益与个体利益区别开来，只是笼统地漠视利益原则。这种局限性在墨家那里得到了克服。墨翟不以个体利益为重，而是十分看重群体利益，主张"兴天下之利"。他是一个社会功利主义者，以"天下之利"为价值共识，视正义为天下之"良宝"（《墨子·耕柱》），不认同儒家对功利主义的排斥态度。正义之所以被称为"良宝"，就在于"义可以利人"（《墨子·耕柱》）。"仁人之所以为事者，必兴天下之利，除去天下之害，以此为事者也。"（《墨子·兼爱中》）墨翟认为，正义的实质就是爱人、利人、助人，遂把"兼相爱，交相利"视为最高价值共识，甚至以为连鬼神都不能违反。后期墨家则更明确地提出："义，利；不义，害。志功为辩。"（《墨子·大取》）衡量正义与否的标准，不是动机，而是效果。例如，孝敬双亲就必须尽赡养双亲的义务，让双亲生活得舒适一些。墨家的义利观虽有功利主义倾向，但不能归结为利己主义。他们看重的是"天下之大利"，而不是私利，是把利群、利他视为正义原则的内涵。在求"天下之大利"的过程中，个人利益也会得到保障，"爱人不外己，己在所爱之中"（《墨子·大取》）。墨家出于对人际关系的现实考量，得出"正义即大利"的结论。墨家虽然没有儒家那么浓重的理想主义色彩，但也是正义精神的倡导者和践行者。

墨家是利他主义者，倡导助人为乐，倡导为社会安宁而无私奉献，甚至牺牲自己的生命也在所不辞。他们的诉求是"到民间去殉道"，有别于道家"到山林去修行"，也有别于儒家"到朝廷去做官"。墨家认为，每个社会成员都应该是一个无私的奉献者。"有力者疾以助人，有财者勉以分人，有道者劝以教人。"（《墨子·尚贤下》）墨家尊重劳动，尊重人才，珍惜社会财富，维护社会秩序，反对发动战争，向往安宁、和平、和谐的社会，表达了广大劳动者的美好愿望。

儒家崇拜的圣人是周朝的文王、武王、周公，而墨家崇拜的圣人则是大禹。墨家之所以选择大禹，一是夏朝比周朝的历史更为久远，可以在气势上压过儒家；二是大禹有治水的功绩，三过家门而不入，常年在外奔波，身体偏枯，"腓无胈"，无私奉献，完全是一个刻苦自立的劳动者的形象，能够体现正义精神。

墨家的吃苦耐劳精神是令人钦佩的。墨子摩顶放踵，手足胼胝，面目黧黑，穿粗布衣服，吃粗粮，生活节俭，反对铺张浪费，贴近社会下层，是个典型的劳动者的形象。庄子虽不赞成墨家的学说，但很佩服墨子的人格。他在《天下》篇感叹道："墨子真天下之好也，将求之不得也，虽枯槁不舍也，才士也夫！"墨家是行侠仗义的力行主义者，乐于帮助弱小国家抵御、抗击外强的进攻，富有牺牲精神。"墨子服役百八十人，皆可使赴火蹈刃，死不还踵。"（《淮南子·泰族训》）有位名叫孟胜的钜子，为楚国阳城君守城，"弟子死之者百八十人"。正义精神在他们身上得到了充分体现，为后人赞佩不已。

四、 从道家义利观看

道家义利观也属于理想主义类型，但与儒家相比有很大区别。儒家义利观立足于人道学，而道家义利观立足于天道学。道家心目中的理想世界，是"损有余而补不足"的公平世界，是"无为自化"的清净世界，是"安居乐俗"的平静世界。这个理想世界超越于现实世界之上，但有别于儒家心目中那个有秩序的、与现实世界密切相关的理想世界。道家以理想世界为价值尺度，要求人们在认同理想世界的前提下达成价值共识。道家依据价值共识，批判现实社会中非正义的丑恶现象，以独到的方式彰显正义精神。

同儒家一样，道家也不认同功利主义价值观，主张淡泊名利。道家对名利的鄙视程度，甚至超过了儒家。庄子把名利比作"腐鼠"，对其不屑一顾。楚威王听说庄子很有才干，便派人带着金钱和礼物来到庄子家中，请他出山，担任楚国的宰相。但使者万万没有想到，庄子竟然一口回绝。庄子对使者说："千金的确是重利，宰相的确是尊位，但我并不稀罕。你看见那头为祭祀而豢养的牛了吗？平时它不用像普通耕牛那样到田里干活，养尊处优，就连吃的饲料也非常精细，甚至还披着绣花衣裳。可是，结局怎么样呢？还不是被杀掉，被摆在太庙的供桌上吗？到那时，它即便想当一头小猪也不可能了。你赶快走吧，别打扰我的生活。我不要千金，也不做高官，只愿像一条小鱼一样在泥水中游来游去，自得其乐。"庄子主张摆脱"名缰利锁"的束缚，做一个"彷徨乎尘垢之外""逍遥乎无事之业"的精神上的自由之人。这种人没有任何功利诉求，可称得上至人、神人或圣人。

"至人无己，神人无功，圣人无名。"（《庄子·逍遥游》）他所向往的理想世界，乃是无拘无束、自在逍遥的精神境界，同功利诉求没有任何关系。

对于儒家恓恓惶惶地推行仁义之教，道家不以为然。对此，老子的批评是："礼者，忠信之薄而乱之首。"（《老子》三十八章）在他看来，仁义、孝慈、忠臣等儒家大力倡导的观念，其实都是大道废弛以后的产物，并非正义原则本身。正义原则必须建立在大道的基础上，乃是大道的直接呈现。"大道废，有仁义。智慧出，有大伪。六亲不和，有孝慈。国家昏乱，有忠臣。"（《老子》十八章）因此，他主张"绝仁弃义"。不过，老子并不是"非道德论"者，他只是反对把道德说教仅仅挂在口头上，鄙视那些只要求别人如何如何做而自己却不去践行的伪君子。虚伪的道德说教搞乱了是非标准，颠覆了正义原则，因而毫不足取。他推崇的"上德之士"，不喜欢说教，但实行"不言之教"，以自己的行为做出奉行正义原则的表率，这就叫作"我无为，而民自化；我好静，而民自正；我无事，而民自富；我无欲，而民自朴"（《老子》五十七章）。

道家认同的正义原则，不同任何功利目的相挂钩。老子生活在乱世，对当时的社会、众生相，没有什么好感。在他看来，当时社会中奉行的"人道"已经走到了"天道"的反面："天之道，损有余而补不足，人之道则不然，损不足以奉有余。"（《老子》七十七章）"天道"是公正无私的，然而当时的社会所实行的制度却不是公正无私的，存在着贫富不均的两极分化：穷人越来越穷，以至"贫无立锥之地"；富人越来越富，甚至"田连阡陌"，显然有违于正义原则。他对社会的不公平表示抗议，赞赏天道公平，使正义原则的内涵更为丰富，增添了平等、公正等。在这一点上，道家的正义观比儒家的更为深刻。

老子认为，充分体现正义精神的社会应该是："小国寡民。使有什伯之器而不用，使民重死而不远徙；虽有舟舆，无所乘之；虽有甲兵，无所陈之。使民复结绳而用之。甘其食，美其服，安其居，乐其俗。邻国相望，鸡犬之声相闻，民至老死，不相往来。"（《老子》八十章）在这种社会里，人与自然和谐相处，与他人和睦相处；由于没有交往，因而也就没有冲突，没有君子、小人之分；大家和平相处，从来也没有战争发生。道家虽不像儒家那样积极地倡导群体观念，但他们明确地表示反对危害社会群体。如果人人都不危害社会群体，社会群体自然而然就安宁了。从表面上看，道家似乎并不积极地维系社会群体；其实，他们是运用"无为而无不为"的逻辑，以独特的方式表达了维系社会群体的正义愿望。在维系社会群体这一点上，儒、道两家的正义观可以说是殊途同归。

五、 从法家义利观看

法家的义利观属于现实主义类型。法家不买儒家的账，同墨、道两家也不一样，他们是典型的利己主义者。何谓正义？法家给出的答案是：律法就是正义；君王就是正义的代表。在法家利己主义的视域中，人们根本无法达成价值共识。否认价值共识的正当性，也就从根本上颠覆了正义原则。法家眼中的"正义"，只是君王的统治手段而已。他们并不真正认同正义原则，而是伪正义的倡导者。

对于儒家对正义做出的理想主义解释，韩非子表示反对。在他看来，儒家"去求利之心，出相反之道"的看法，不过是一种早已过时的迂腐之见。仁义之教在上古时代或许行得通，而在当今时代纯属空谈，于事无补。"上古竞于道德，中世逐于智谋，当今争于气力。"（《韩非子·五蠹》）即便在上古时代，也不是仁德决定一切，只不过那个时代"财多"罢了，没有争夺的必要；至于在当今时代，由于"财寡"，发生争夺现象必不可免。不过，在他看来，在当今时代发生争夺也不是什么卑鄙可耻的事情。在韩非子的价值观中，只有一个"利"字，并没有正义的位置。他认为人与人之间的关系，只是赤裸裸的利益关系；利害所在，无所谓道德不道德。卖棺材的人希望多死人，卖车子的人希望人人都有钱，这并不意味着卖棺材的人缺德、卖车子的人有德，而是利益原则驱使他们有如此想法。甚至连家庭也不是什么温馨之地：生个男孩，阖家欢喜；生个女孩，则高兴不起来，甚至有人会把女孩杀死。父母对子女尚且以"计算之心"相待，何况其他人！君主用人之道，不过是实行"主卖官爵，臣卖智力"（《韩非子·外储说右下》）的利益原则而已，不能指望臣子真正效忠于君主。在君臣之间，无任何道德可言。"主利在有能而任官，臣利在无能而得势；主利在有劳而爵禄，臣利在无功而富贵；主利在豪杰使能，臣利在朋党用私。"（《韩非子·孤愤》）韩非子不相信任何道德说教，主张法、术、势并重，厉行严刑峻法；主张采取强制手段协调人们之间的利益关系，依靠赏、罚两手政策来维护统治者手中的政权。

韩非子从利己主义出发，完成专制主义的制度设计。按照他的看法，必须有一个铁腕人物出面，把众多的利己主义者管束起来，方能形成社会群体。这个铁腕人物就是君王。他把君王视为"公"的化身，赋予其凌驾于万民之上的权力。"仓颉作书，自环者谓之私，背私谓之公。"他从字形上分析说，所谓"私"就是以自己为圆心。"自环"则为私，"背私"则为"公"，"私"的反面就是"公"。"公"就是对"私"加以限制，使之不得放纵。谁代表"公"？那就是君王。君王用什么手段限制"私"？那就是施行苛刑峻法。君王要么压制住万民，要么被万民推翻。按照韩非子的政治逻辑，律法就是君王意志的体现，同群体的价值共识无关。所谓正义，就是尊君守法；反之，皆属非正义。被法家诠释的"公"，其实就是君王的一己之私；被法家诠释的"正义"，其实就是无条件地服从君王的统治，而对君王没有任何约束。法家的正义观从根本上颠覆了正义精神。

在韩非子的专制主义正义观中，也包含合理内核，那就是主张万民在律法面前人人平等。韩非的名言是："法不阿贵，绳不挠曲。法之所加，智者弗能辞，勇者弗敢争。刑过不避大臣，赏善不遗匹夫。"（《韩非子·有度》）这种公正执法的诉求，有助于正义精神的弘扬。

六、 从董仲舒义利观看

在韩非子的利己主义视域中，正义原则实际上被否决了。如果每个人都是利己主义者的话，根本不可能达成价值共识，因而也就谈不上正义原则。正义原则只能立足于大我诉求，不能立足于小我诉求。董仲舒吸收韩非子的理论思想教训，重返"大我"立场，担负起重建价值共识的任务，再度弘扬正义精神。

秦王朝践行法家学理的结果，致使正义原则缺位。由于统治者与被统治者之间没有价值共识相联系，造成二者之间的尖锐对立。秦王朝"二世而亡"的历史事实证明：法家的利己主义导向，无助于建设一个稳定的、健全的社会；倘若一个社会完全抛弃了道德理性，完全背离正义原则，就不可能长治久安。实际上，对于一群极端的利己主义者来说，根本就不可能组成社会群体。如果没有正义原则作为价值导向，每个个体之间的紧张关系得不到缓解，那么社会群体的崩溃乃是不可避免的结局。

到汉代，哲学家总结秦朝迅速灭亡的历史教训，重新发现儒家义利观的价值所在，力求以此为根据重建价值共识，彰显正义精神。汉代统治者放弃了"焚书坑儒"政策，转向大力扶植儒学。在这种背景下，儒家义利观获得了进一步发展的机会，并且逐渐在意识形态领域中占据了主导地位。今文经学家董仲舒继承了先秦儒家的义利观，提出"正其谊（义）不谋其利，明其道不计其功"（《汉书·董仲舒传》）的观点，并从人性论的角度做出新的论证。他指出，人生来就有精神和物质两方面的需要，"利以养其体，义以养其心"（《春秋繁露·身之养重于义》）。从"身"这方面看，没有"利"的供养，不得其安；从"心"这方面看，没有"义"的保养，不得其乐。相比而言，心的精神需求要比身的物质需求更为重要，所以他的结论是："义之养生人大于利。"（《春秋繁露·身之养重于义》）董仲舒既接受了孟子"仁心义路"的观点，也接受了荀子"礼义并重"的说法，对"义"表示高度的重视。董仲舒敏感地意识到，任何一个社会都需要建立价值共识，都需要以正义原则作为整个社会群体的价值导向。他以尊天的方式倡导价值共识，把天看成正义原则的化身。在天的面前，无论君主还是臣民都是等值的，谁也高不过天。"天无私覆，地无私载。"大家都应当以尊天、敬天为价值共识，组成社会大家庭。天就是社会大家庭中的"家长"。

在韩非子那里，政治架构由"二维"构成：一方是君主，另一方是臣民。由于二者之间没有价值共识，常会形成紧张和对立的关系。董仲舒将此种二维架构改造为由天、君王、臣民组成的三维架构。在这个三维架构中，天处于主宰者的位置，象征着公平和正义。无论是君主还是臣民，皆在天的约束之下。君主不再拥有不受限制的权力，不再拥有至高无上的地位。在法家的眼里，君主就是老大；在董仲舒的眼里，君主不再是老大，君主的头上还有个天，他只是"天子"而已。天有如人类的曾祖父；在天的面前，人人都是后辈晚生。

即便皆为后辈，君主还是在臣民之上，处在核心的位置，因为天赋予其统治臣民的权力。君主受命于天，"立于生杀之位，与天共持变化之势"

（《春秋繁露·王道通三》）。受命于天的君王，肩负着治理国家、教化万民的神圣使命。这固然是一种君权神授的理论，不过，至少在形式上对君权做了一些限制。在法家政治哲学中，君王不受任何限制；而在董仲舒的政治哲学中，君王必须受命于天，不可以为所欲为。君王和臣民都在天的掌控之下，这意味着他们之间存在着精神上的共性。天有如一条纽带，把所有社会成员联系为一个整体。董仲舒以天作为正义的象征，以准神学的方式找到了弘扬正义精神的路径。

在法家那里，只有君本主义；而在董仲舒这里，民本主义与君本主义则联结在一起。他不像法家那样，完全为君主说法，视臣民为君主驱使的工具。他主张在维护君权的同时，也要限制君权，为民众说公道话。他借用天的名义说："天之生民，非为王也；而天立王，以为民也。故其德足以安乐民者，天予之，其恶足以贼害民者，天夺之。"（《春秋繁露·尧舜不擅移汤武不专杀》）按照这种解释，天意也就是民意，君主要维护自己的统治，首先应当做到顺从天意，体察民意，把民心向背看成政权根基是否稳固的晴雨表。如果君王不关心民众的死活，不能使民众安居乐业，他便失去了君之所以为君的资格。他说："五帝三王之治天下，不敢有君民之心。"（《春秋繁露·王道》）"五帝三王"尚且如此，后世君王就更不在话下了。

他创立天人感应说，希望借助天的权威对君权加以约束。董仲舒认为，天与人相互感应的方式有两种：一种是"符瑞"，另一种是"谴告"。符瑞表示"王者承天意以从事"（《汉书·董仲舒传》），是天为了鼓励君主而呈现出来的吉兆。他引用《尚书大传》中一些并不可靠的传闻来证明"符瑞"的灵验："周将兴之时，有大赤乌衔谷之种，而集王屋之上者，武王喜，诸大夫皆喜。周公曰：'茂哉！茂哉！天之见此以劝之也。'恐惧之。"（《春秋繁露·同类相动》）"谴告"与"符瑞"相反，它是天对君主失政发出的警戒。董仲舒认为自然灾害都是由人祸引起，都是天对君主的"谴告"。"天人相与之际，甚可畏也。国家将有失道之败，而天乃先出灾害以谴告之；不知自省，又出怪异以警惧之；尚不知变，而伤败乃至。"（《汉书·董仲舒传》）照他看来，既然天灾皆由人祸引起，那么减少天灾的最好办法就是君主修身正己，改过迁善。

董仲舒的义利观具有浓重的非功利主义色彩，同法家功利主义的义利观形成强烈的对照。董仲舒的正义观有维护封建统治秩序的作用，因而受到统治者的欢迎。在封建时代，"三纲五常"成为不容置疑的信条。不过也应当看到，他的正义观也为中华民族的形成和繁衍提供了一个理论上的凝聚点。在董仲舒那里，为帝王说话和为中华民族说话常常纠结在一起。由于受到历史条件的限制，他不可能把二者明确地区别开来。他的"不计其功"的说法，虽然加重了儒家重义轻利的趋势，但没有完全否认利益原则，至少不像宋明理学家那样偏激。

七、 从正统理学义利观看

宋明正统理学家进一步发展了董仲舒重义轻利的理论，倡导义利对立观。他们受到佛教禁欲主义的影响，把儒家的义利观极端化，提出"存天理，灭人欲"的口号。经学家和理学家都属于儒家营垒，皆以弘扬正义精神为己任，但采取的方式不同。经学家采取准神学的方式，以天意作为正义原则的担保；理学家采取哲学的方式，以天理或良知作为正义原则的担保。

朱熹从"超越"的角度出发，以理本体论为依据，论证"存天理，灭人欲"的必要性。他对"义"和"利"分别做了这样的界定："义者，天理之所宜。利者，人情之所欲。"（《四书集注·里仁》）他认为正义出于"天理之公"，利欲生于"物我之相形"。基于这种分疏，他认为人有两个选择向度：一是"循天理"，二是"殉人欲"，二者必居其一。他认为后一条路不足取，"殉人欲，则求利未得而害己随之"（《四书集注·孟子》），只有前一条路才会收到"以义制利"的效果。他把正义看成医治求利之心的刀斧，"心自有这制。制如快利刀斧，事来劈将去，可底从这一边去，不可底从那一边去"（《朱子语类》卷五十一）。朱熹把正义原则和利益原则对立起来，认为二者不容并立，"天理存，则人欲亡；人欲胜，则天理灭"（《朱子语类》卷十三），故而主张"革尽人欲，复尽天理"。

王阳明从内在性角度出发，以心本体论为依据，论证"存天理，灭人欲"的必要性。他与朱熹不同的是，王阳明认为天理不在心外，所以"存天理"也就是"存心之理"。"此心无私欲之蔽，即是天理，不须外面添一分。"（《传习录》上）他也主张理、欲不容并立，"去得人欲，便识天理"（《传习录》上）。陆王学派与程朱学派的论证方式不同，但结论却是一致的，都强调正义原则乃是对利益原则的超越，二者互不相容。的确，正义原则作为普遍性原则，不可能从利益原则中推导出来，因而对于申明"个体利益构成超越关系"这一点，正统理学家并没有错误；他们的失误在于把二者截然对立起来。正义原则诉诸价值理性，是以群体为评判主体；利益原则诉诸工具理性，既可以群体为评判主体，也可以个体为评判主体。群体的利益诉求同正义原则之间没有任何矛盾，不可能构成排斥关系；个体的利益诉求在与群体利益不发生冲突的情况下，也不会同正义原则发生冲突。所以，"灭人欲"既无必要也无可能，一个完全没有人欲的人，还能称为人吗？

正统理学家为了突出正义原则，全盘排斥利益原则，势必会使正义原则抽象化；而抽象化了的正义原则，往往会流于伪善，成为统治者手中欺骗视听的工具。我们不怀疑理学家提出"存天理，灭人欲"是出于理论上的真诚，但不能担保每个讲论者都是出于真诚。那些口唱"存理灭欲"的高调，实际上无恶不作的讲论者，大有人在。这种人被人们蔑称为"假道学"。理学家们有时也对帝王讲"存理灭欲"，寓有"格君心之非"的用意，不过是否会发生实际效用，则令人生疑。事实上，"灭人欲"只不过是一种不切实际的说法而已，谁也做不到。理学家倡导正义精神，强调社会群体以理想主义为价值导向，这无可厚非，但是他们走过了头，脱离了人生实际。由于正统理学家的"存理灭欲"理论在人生实践中的可行性问题没有得到解决，故而招致人们的怀疑和批评。

八、 从非正统派义利观看

正统理学家的理欲对立论把正义原则抽象化了，因而引起非正统派学者的不满。在他们看来，天理与人欲不是截然对立的关系，可以相互兼容。他们不认同非功利主义的正义观，提倡义利并重的正义观，强调尊重事功也是正义原则的题中应有之义。

在南宋时期，陈亮（1143—1194）等人曾对朱熹的义利对立论提出批评，在中国哲学史上被称为"事功派"。针对义利对立论，陈亮提出"义利双行，王霸并用"的主张。他在《问答·下》中说："耳之于声也，目之于色也，鼻之于臭也，口之于味也，四肢之于安佚也，性也，有命焉。出于性，则人之所同欲也；委于命，则必有制之者而不可违也。"在陈亮看来，人有欲望和利益方面的诉求，乃是一个不可掩的事实。因此，尊重正义原则未必导致否定利益原则。从人生实际出发，正视利益原则，这才符合人之常情，不会空谈高调。陈亮并非主张放纵利欲，认为对个体的利欲也有加以限制的必要。这种必要的限制就是正义。正义对于个体的利欲固然有制约关系，而于群体的利欲并不构成制约关系，完全可以统一起来：这就是他所说的"义利双行"。"义利双行"的看法同"义利对立"的看法，正好相反。朱熹从"义利对立"说引申出"王霸对立"说，陈亮则从"义利双行"说引申出"王霸并用"说。朱熹提出，三代以上天理流行，三代以下人欲横流；陈亮认为这种说法不符合历史事实。他说："诸儒自处者曰义曰王，汉唐做得成者曰利曰霸，一头自如此说，一头自如彼做；说得虽甚好，做得亦不恶：如此却是义利双行，王霸并用。如亮之说，却是直上直下，只是一个头颅做得成耳。"（《又甲辰秋书》）所谓"一个头颅做得成"，意思就是说，天理与人欲、义与利、王道与霸道等，在历史进程中都是有机地结合在一起的。如果把原本统一的两个方面截然对立起来，做厚此薄彼之分，既不符合学理，也不符合史实。

叶适（1150—1223）也强调义利的统一性，批评义利对立观。他说："'正谊（义）不谋利，明道不计功'，此语初看极好，细看全疏阔。古人以利与人而不自居其功，故道义光明。后世儒者行仲舒之论，既无功利，则道义者乃无用之虚语尔；然举者不能胜，行者不能至，而反以为诟于天下矣。"（《习学记言序目·汉书三·列传》）照他看来，完全离开利益原则，正义原则不过是一句空话而已。他还托古人之言说："故古人以利和义，不以义抑利。"（《习学记言序目·魏志》）他主张以功利充实道义的内涵，把二者有机地结合在一起，而不能像正统理学家那样，把二者对立起来。倡导正义原则理所应当，未必要以排斥利益原则为代价。

明清之际，江山易主，儒家学者痛定思痛，总结明亡的历史教训，开始纠正理学家义利观上的偏颇。从失败者的视角看，"存理灭欲"的说法，或许有助于心性的修养，却无助于能力的增长；或许有助于社会的稳定，却无助于国力的提升。偌大的朱明王朝，竟然被原本并不强大的清兵打得一败涂地，学理上的失误可能是一个重要原因。"无事袖手谈心性，临危一死报君王。"（《颜元集·学辨一》）一群无用之辈怎能敌得过山海关外的虎狼之师？清初儒学家力矫正统理学家的偏颇，重申经世致用原则，淡化了理想主义诉求，强化了现实主义诉求。

针对理欲对立论，王夫之提出"私欲之中，天理所寓"（《四书训义》）的思想。他分析说，人欲无非指饮食、男女之类，这是不可能禁绝的；离开人欲而另求天理，有违于儒家的入世原则，势必陷入佛教出世主义的歧途。"离欲而别为理，其唯释氏为然。盖厌弃物则，而废人之大伦矣。"（《读四书大全说》）他的主张是"随处见人欲，即随处见天理"（《读四书大全说》）。针对义利对立论，颜元（1635—1704）提出"以义为利"的观点。他认为这才是"圣贤平正道理"（《四书正误·卷一》）之所在。例如，儒家典籍上讲的正德、利用、厚生等，都贯穿着"以义为利"的原则。至于后儒津津乐道的"正其谊不谋其利，明其道不计其功"《汉书·董仲舒传》，并不符合儒家的本义，致使儒学流为"空疏无用"之学。他主张把这句话的意思倒过来，改为"正其谊以谋其利，明其道而计其功"（《四书正误·卷一》）。他要求变"虚学"为"实学"，把正义原则都落实到经世致用上。

九、 内圣外王弘扬模式

以上诸多关于义利关系的探讨，归结起来大体有三种类型：一是重义轻利型，道家、儒家大都属于此种类型，其中有些思想家表现出过分贬抑利益原则的倾向，把正义原则抽象化；二是重利灭义型，法家韩非属于此类；三是义利协调型，如墨子的"兼相爱，交相利"说、陈亮的"义利双行"说和王夫之等人的"理寓于欲"说，都属于此类。在这三种类型中，第一种占主导地位，社会影响力最大；第二种比较偏激，曾一度有所影响；第三种比较稳妥，可惜不占主流。在重义轻利观念的主导下，中国哲学强调正义原则的超越性、内在性和普遍性，把正义精神凝结为"内圣"二字。"内圣"虽属于精神现象，但必须落实到人生实践中，这种落实过程凝结为"外王"二字。如何弘扬正义精神？中国哲学普遍认同的模式是"内圣外王"。儒、道两家都主张运用这种模式处理动机与效果或道义与事功的关系。

"内圣外王"这个命题是庄子在《天下》篇中提出来的。他指出，自从周王朝衰落后，百家争鸣，诸说不一。各家有各家的长处，各家也都有各家的短处，都不能算作周全之道。那么，什么是周全之道呢？他给出的答案就是"内圣外王"。庄子感慨地说："判天地之美，析万物之理，察古人之全，寡能备于天地之美，称神明之容。是故内圣外王之道，暗而不明，郁而不发，天下之人各为其所欲焉以自为方。悲夫，百家往而不反，必不合矣！"（《庄子·杂篇·天下》）在这段话里，庄子提出在人生实践中应该采用的操作模式是"内圣外王之道"。这种模式具有双重的要求：一方面认同正义原则，内具圣人之德；另一方面认同利益原则，外施王者之政。前者属于"德"，后者属于"才"，"内圣外王"包含着"德才兼备"的意思。可惜庄子只是提出了这样一种关于正义精神的弘扬模式，没能展开加以充分说明。

不仅道家把"内圣外王"视为操作模式，儒家也是如此。孔子讲"为仁由己"，已论及"内圣"；讲"约之以礼"，已论及"外王"，从而形成儒家"内圣外王之道"的雏形。荀子把"内圣"与"外王"两个方面紧密联系在一起，认为治理国家应当做好教化和法治这两件大事。他主张"礼法并用""王霸双行"，实行"隆礼尊贤而王，重法爱民而霸"（《荀子·强国》）的原则。"隆礼"实质上讲的是内圣，"重法"实质上讲的是外王。荀子虽然没有使用"内圣外王"这个词，实则也主张采用这种模式处理道德建设与事功效果之间的关系。

儒家的主要经典之一《大学》，对儒家做人以及做学问的宗旨和步骤做了简要的说明，用"三纲领""八条目"展开论述"内圣外王"的弘扬模式。"三纲领"的第一条是"明明德"，主张做人或做学问首先应当彰明、发扬心中固有的道德意识，讲的是内圣；第二条"亲民"是说做君主或做官应当亲近民众，为百姓办事，讲的是外王；第三条"止于至善"是指内圣、外王两个方面都达到最完美的境地。"八条目"讲的是实施"三纲领"的八个步骤。第一步是"格物"，指读书学习。第二步是"致知"，即获得知识。这两条意思相近，都是说学习是做人的起点。第三步是"诚意"，也就是树立善恶观念，去恶就善，不能装作糊涂，自己欺骗自己。第四步是"正心"，也就是养成坚定的道德意识。这四步的意思相近，讲的都是怎样树立内圣观念。第五步是"修身"，即在道德践履中严格要求自己，化道德意识为道德行为。第六步是"齐家"，即处理好士大夫自家的事情。第七步是"治国"，即处理好诸侯国内的事情，把基层政权建设好。第八步是"平天下"，即处理好全国的事情，把中央政权建设好。这后四步讲的是怎样落实外王原则。儒家对"内圣外王"的阐释比道家的更详尽，也比道家更重视"内圣"，特别强调"内圣"对于"外王"的指导意义。

宋明理学家继承先儒的传统，也把"内圣外王"视为弘扬模式。据《宋史·邵雍传》记载："河南程颢初侍其父识雍，论议终日，退而叹曰：'尧夫（邵雍的字）内圣外王之学也。'"不过，由于理学家受到"存理灭欲"思想的限制，在处理"内圣"与"外王"关系时，常常流露出重内圣、轻外王的倾向。他们看重道德价值，而不太看重事功价值；看重动机，而不太看重效果。朱熹在同陈亮辩论应该做什么样的人的时候，陈亮仰慕英雄，朱熹仰慕圣贤而贬抑英雄。朱熹的理由是圣贤遵"王道"，由内圣开出外王，故而值得效仿；英雄呈"霸道"，内圣不足观，故而不值得称道。程朱理学派重内圣、轻外王，陆王心学也不例外。就王阳明本人的人生实践看，他倒是比较好地体现了内圣外王并重的原则；但他在学理上却是"内圣至上"论者。他认为做人如同炼金子：纯金讲究的是成色，而不是分量；做人讲究的是内圣，而不是外王。"所以为圣者，在纯乎天理，而不在才力也。"（《传习录》上）他对内圣做了平民化的解释，甚至提出"满街都是圣人"的口号，倡导"内圣面前人人平等"，但他高扬圣人、贬抑才干的错误思想也是显而易见的。

明朝灭亡以后，重视实学的思想家对理学家重内圣、轻外王的思想提出严厉的批评，嘲笑王学末流只会空谈心性，愚不可及，只有送死的本事，不过是一群无能无用之辈而已。这种人于己、于家、于国都极其不利。重视实学的思想家们重申内圣外王并重的原则，用以纠正理学家的思想偏差。王夫之说："一故备，能备者为群言之统宗，故下归之于内圣外王之道。"（《庄子解》）他所说的"一"或"备"也就是全面发展的意思，认为做人的原则应该是内圣外王并重、德才兼备，不能偏于一面。

十、 传统正义精神的现代转化

中国传统哲学中关于正义精神的论述，关于理想人格的论述，关于理想社会的论述，关于义利关系的探讨以及"内圣外王"的弘扬模式，塑造了中华民族特有的民族精神和民族性格，是先哲留给我们的宝贵的精神财富。随着历史的发展，传统正义观中的某些内容已不符合现代社会的要求，但是，我们可以对之加以批判地继承，使之实现现代转换，重新发挥积极的价值导向作用。

（一）重义轻利新解

重义轻利的提法确有片面性。凭实而论，义与利不是对立的，而是统一的。义作为道德价值共识来说，不能脱离利而孤立地存在，它实质上代表着社会群体的利益，从社会群体的角度对人们之间的利益关系加以调解，维系社会的和谐。换句话说，正义就是"大利"之所在，每个社会成员都有为社会群体谋大利的道德义务。剥削阶级只要求被剥削阶级重义轻利，而自己为所欲为，这当然是虚伪的；但是，站在祖国和人民的立场上倡导重义轻利又有什么不可以呢？这无非是要求人们把祖国和人民的利益看得高于一切，甚至为了祖国和人民的利益献出生命。在今天，每一个共产党员都应当树立党和国家的利益高于一切、党的原则高于一切的观念，这种观念同重义轻利的原则并不矛盾。在今天，实行重义轻利原则当然不是要求人们完全放弃个人利益，而是要求人们在个人利益与整体利益发生冲突时，义无反顾地牺牲个人利益，维护整体利益。我们认同重义轻利的原则，就应当发扬见义勇为、舍己救人的精神，而鄙视那些见利忘义、心中只有自己没有别人的极端利己主义者。

（二）存理灭欲新解

笼统地讲"存理灭欲"确有禁欲主义色彩，但也不是一点道理都没有。人作为动物存在，有七情六欲，这是无法禁绝的，但人同时又是社会存在，不但有物质欲求，还有精神追求。"存天理"包含着"精神追求"的意思，它教导大家要像"人"那样活着，而不能像动物那样活着。在今天，我们当然不能倡导禁欲主义，那么，难道应当倡导纵欲主义吗？显然也不能。对于"欲"，不可以"禁"，也不可以"纵"，而应当加以节制。从"节欲"的意义上说，我们为什么不提倡一点"存理灭欲"的精神呢？尤其是在商品经济的大潮中，它提醒我们要做一个堂堂正正的人，而不做一个利欲熏心的"经济动物"。那些腰里有几个钱的所谓"大款"，整天沉溺于纸醉金迷、灯红酒绿的享乐之中。对他们而言，"存天理，灭人欲"的古训不正是对症的良药吗？

（三）内圣外王新解

从狭义上说，"内圣外王"讲的是为君之道或为官之道；从广义上说，它包含着人全面发展的意思。我们要对这一原则做现代诠释，当然只能从后一种意义上切入。"内圣"是指有很高的道德素质，具有为人正直、出以公心、工作认真、敬业爱岗、勤勤恳恳、遵纪守法、勇于负责、助人为乐等美德；"外王"是指有很高的能力素质，有技术专长，有办事能力，有开拓意识和创业精神，能出主意、想办法。由此可见，"内圣外王"与"德才兼备"的意思是相通的，这难道不应当成为我们的用人之道吗？"内圣外王"的模式，既提出了道德素质方面的要求，也提出了能力素质方面的要求，对于我们的教育事业具有指导意义。它提醒我们的教育工作者要把握全面发展的原则，既要引导学生努力学习科学知识，又要帮助他们学会怎样做人，把他们培养成有理想、有道德、有文化、有纪律的跨世纪的"四有"新人，从而担负起建设具有中国特色的社会主义事业的大任。

弘扬正义精神就是培育价值共识。这个道理适用于古代社会，也适用于当今社会。按照马克思主义的价值观，人类的价值共识应该是：只有解放全人类，才能解放自己。遗憾的是，人类至今还未形成统一的社会，这种价值共识有待于在未来实现。中华民族作为一个庞大的社会群体，也需要用一种价值共识来维系，这就是当今中国社会所需要的正义精神。中国在当今社会培养正义精神，需要吸收前人的智慧，借鉴前人的教训。由于受到重义轻利传统的负面影响，我们也曾把正义原则与利益原则对立起来，提出"斗私批修"之类不切实际的口号。古人生活在自然经济时代，漠视利益原则在所难免，而我们处在市场经济时代，怎么可以漠视利益原则呢？

如果不重视利益原则，怎么可能找到发展市场经济的精神动力呢？令人遗憾的是，当我们矫正了漠视利益原则的倾向以后，另一种偏向竟出现了，那就是赤裸裸地鼓吹货币拜物教，鼓吹纵欲主义，使正义精神受到极大伤害。腐败之风、攀比之风、奢靡之风，侵蚀各级党政干部的心灵；形形色色的广告，极尽煽动物欲之能事；低俗媚俗的节目充斥荧屏，搞乱了是非观念。在当今时代，应该如何弘扬正义精神，仍然是我们需要认真思考的重大理论问题。在人类历史上，启蒙运动曾经把正义精神从神权的笼罩中解放出来；也许现在需要发动第二次启蒙运动，把正义精神从物欲的笼罩中解放出来。

（原载于《北大中国文化研究》2015 年年刊）

百年中国哲学史研究回顾

近百年来，中国哲学史研究大致经历了三个发展阶段：第一个阶段为1949 年以前，中国哲学史学科初步建立；第二个阶段为 1949 年到 1978 年，中国哲学史研究进展缓慢；第三个阶段为 1978 年以后，中国哲学史研究迎来春天。

一

在第一阶段，现代中国哲学家意识到哲学学科性质之后，便着手建立哲学学科的重要分支——中国哲学史学科，使之成为一门独立的学科，而不再湮没在学术史当中。在此之前，也有学者讲"中国哲学史"，但由于他们没有自觉的哲学学科意识，没有树立哲学观，实际上讲的是学术史。开展中国哲学史研究的前提是，必须意识到"哲学"是一门独立的学科，必须树立一种哲学观，否则无从谈起。从这个意义上说，只有哲学家才能讲出哲学史，学问家是讲不出哲学史的。五四运动前后，中国涌现出一批具有哲学学科意识的现代哲学家，他们是中国哲学史学科的奠基人。

哲学学科的自我意识在蔡元培身上得到了充分说明。他不再把哲学视为"一切学之学"。他在《简易哲学纲要》中写道："哲学是人类思想的产物，思想起于怀疑，因怀疑而求解答，所以有种种假定的学说。普通人都有怀疑的时候，但往往听到一种说明，就深信不疑，算是已经解决了。一经哲学家考察，觉得普通人所认为业已解决的，其中还大有疑点；于是提出种种问题来，再求解答。要是这些哲学家有了各种解答了，他们的信徒认为不成问题了；然而又有些哲学家看出其中又大有疑点，又提出种种问题来，又求解答。有从前以为不成问题而后来成为问题的；有从前以为是简单问题而后来成为复杂问题的。初以为解答愈多，问题愈少，哪知道问题反随解答而增加。几千年来，这样的递推下来，所以有今日哲学界的状况。"①

蔡元培所表达的哲学学科意识相当明确。他指出，在各门科学独立发展起来之后，哲学作为一门学科不再包罗万象，而是成为不断深化的思考方式，哲学研究应该突出问题意识，体现怀疑精神。这是一种理性主义的哲学观，契合"五四"时期的时代精神。他强调，哲学处在发展的过程中，不是僵化的教条。现代哲学同古代哲学的区别在于，现代哲学的发展不再受宗教的限制，甚至具有取而代之的趋势，或可曰"以美育代宗教"。概括起来，蔡元培关于哲学学科的看法有三个要点：第一，哲学是关于认识论的学问，应当诉诸理性，讲究逻辑证明，不能建立在"圣言量"上面，不能以引证代替论证；第二，哲学是关于世界观的学问，能提出一种关于世界总体的理论；第三，哲学是关于人生观的学问，能帮助人们树立一种指导人生实践的价值理念。

胡适对哲学学科的认识是："凡研究人生切要的问题，从根本上着想，要寻一个根本的解决，这种学问，叫作哲学。"② 从这种哲学观出发，他写出《中国哲学史大纲》，不过论域仅限于先秦，因而实际上是一部断代史。冯友兰对哲学学科的认识是："无论科学、哲学，皆系写出或说出之道理，皆必以严刻的理智态度表出之。""故哲学乃理智之产物；哲学家欲成立道理，必以论证证明其所成立。""欲立一哲学的道理，谓不辩为是，则非大辩不可；既辩则未有不依逻辑之方法者。"③ 依据这种哲学观，他写出的两卷本《中国哲学史》，将论域扩大到清代，成为一部比较完备的中国古代哲学史。《中国哲学史大纲》和《中国哲学史》都是标志性成果，标志着中国哲学史学科初步建立起来。

在中国哲学史研究的起步阶段，中国哲学史研究者既取得了历史性的成绩，也留下了一些遗憾：一是论域不够开阔，仅限于古代，没有把近现代纳入研究范围；二是受到单数哲学观的限制，没有充分关注中国哲学的民族性。中国早期现代哲学家都曾在西方接受哲学理论思维训练，在哲学

① 高叔平：《蔡元培哲学论著》，河北人民出版社 1985 年版，第 305 页。
② 胡适：《中国哲学史大纲》，上海古籍出版社 1997 年版，第 1 页。
③ 冯友兰：《中国哲学史》，中华书局 1961 年版，第 4—6 页。

观上不可避免地受到西方人的影响。在西方，流行这样一种观点：只有西方人会讲哲学，别的民族都不会讲哲学。受此种偏见的影响，早期中国哲学史的研究者有意无意地把西方哲学奉为圭臬，存在着以西方哲学为尺度剪裁中国哲学史的倾向。研究者大都从哲学的共性出发，借用西方哲学的研究模式来研究中国哲学，忽略了中国哲学的个性。金岳霖读了胡适的《中国哲学史大纲》，竟觉得好像是美国人写的书。冯友兰编写《中国哲学史》，也以单数哲学观为指导。他说："哲学本一西洋名词。今欲讲中国哲学史，其主要工作之一，即就中国历史上各种学问中，将其可以西洋所谓哲学名之者，选出而叙述之。"从单数哲学观来看，"所谓中国哲学者，即中国之某种学问或某种学问之某部分之可以西洋所谓哲学名之者也。所谓中国哲学家者，即中国某种学者可以西洋所谓哲学家名之者也"①。冯先生为中国哲学史学科的建设做出巨大贡献，但是他的两卷本《中国哲学史》，由于过分强调共性，难以充分展现中国哲学的个性，尚没有充分呈现出中国哲学自身的发展轨迹。

当然，有些哲学家不认同单数哲学观，他们意识到哲学应该有多种讲法。金岳霖在《中国哲学史》"审查报告"中说："我很赞成冯先生的话，哲学根本是说出一种道理来的道理。但我的意见似乎趋于极端，我以为哲学是说出一个道理来的成见。哲学一定要有所'见'，这个道理冯先生已经说过，但何以又要成见呢？哲学中的见，其理论上最根本的部分，或者是假设，或者是信仰；严格说起来，大都是永远或暂时不能证明与反证的思想。如果一个思想家一定要等这一部分的思想证明之后，才承认它成立，他就不能有哲学。这不是哲学的特殊情形，无论什么学问，无论什么思想都有，其所以如此者就是论理学不让我们丢圈子。"② 讲哲学就是讲道理，当然应该遵循理性主义的路径，对哲学结论做尽可能充分的理论论证。不过，要想做完全充分的论证是十分困难的。哲学结论作为一种整体性论断，难以从形式逻辑的角度找到充分的理由，难以形成所有人的共识，这种结论不可避免地带有假设或信仰的色彩，所以金岳霖称之为"成见"。他所说

① 冯友兰：《中国哲学史》，中华书局1961年版，第8页。
② 冯友兰：《中国哲学史》，中华书局1961年版，"审查报告二"。

的"成见"并不是贬义，而是"一家之言"的意思。既然有"成见"，那么不可避免地会出现"所见不同"的情形。这意味着哲学不可能只有一种讲法，而可以有多种讲法。梁启超在《儒家哲学》一文中写道："中国学问不然。与其说是知识的学问，毋宁说是行为的学问。中国先哲虽不看轻知识，但不以求知识为出发点，亦不以求知识为归宿点。直译的 Philosophy，其含义实不适于中国。若勉强借用，只能在上头加上个形容词，称为人生哲学。中国哲学以研究人类为出发点，最主要的是人之所以为人之道，怎样才算一个人？人与人相互有什么关系？"① 令人遗憾的是，他们的观点未能引起中国哲学界的注意，未能扭转单数哲学观占主导地位的局面。

二

在第二阶段，也就是 1949 年新中国成立后，讲哲学的语境发生了巨大的变化。来自苏联的哲学教科书开始影响主流话语，讲哲学要遵循哲学教科书的统一口径。单数哲学观的控制力愈演愈烈，致使中国哲学史研究进展缓慢。

1947 年，苏共中央书记处书记日丹诺夫在讨论亚历山大洛夫所著《西欧哲学史》一书的会上说："科学的哲学史，是科学的唯物主义世界观及其规律的胚胎、发生与发展的历史。唯物主义既然是从与唯心主义派别斗争中发生和发展起来的，那么，哲学史也就是唯物主义与唯心主义斗争的历史。"

在"两军对战"模式的影响下，中国哲学史研究者需要给哲学家做唯物或唯心的区分，但操作起来相当困难。研究者常常遇到这样的困惑：某位哲学家的上句话可能很唯物，下句话又很唯心。例如，有人觉得老子是唯心论者，有人觉得老子是唯物论者，双方争论不休，莫衷一是。受教条主义影响，中国哲学史研究有三个"不到位"。一是"不够中国"。由于采用外来的方法、外来的问题裁剪中国哲学史，势必脱离中国哲学史实际。打个比方，就像用解剖学讲中医学，根本无法讲出中医学的精髓。二是"不够哲学"。由于缺少中国哲学自身的问题意识，只介绍古人的言论，却

---

① 《梁启超哲学思想论文选》，北京大学出版社 1984 年版，第 488 页。

不会做哲学分析、哲学诠释，于是，讲者往往只讲知识、不讲思想，用大量引文充斥篇幅。三是"不够历史"。由于找不到中国哲学自身的逻辑脉络，只能按朝代顺序罗列人名。朝代更迭可以作为古代政治史的"路标"，却不能作为古代哲学史的"路标"。道理很简单，讲中国哲学史应当以"中国哲学"为主语，而不是朝代更迭。

三

在第三阶段，也就是党的十一届三中全会以后，中国哲学史研究者开始思考如何摆脱"两军对战"模式，回到中国哲学史自身。1979 年，在太原召开中国哲学史学会成立大会暨第一届年会，发出"使中国哲学史研究科学化"的倡议。1981 年，在杭州召开第二届中国哲学史学会年会，继续探讨改变中国哲学史研究现状的办法。在新时期思想解放潮流的推动下，中国哲学史研究者尝试突破"两军对战"模式，树立起学术自信心，找到了中国哲学史自身的正确方向。冯友兰在《中国哲学史新编》中颇有感触地说："路是要自己走的；道理是要自己认识的。学术上的结论是要靠自己的研究得来的。一个学术工作者所写的应该就是他所想的。不是从什么地方抄来的，不是依傍什么样本摹画来的。"① 这句话道出了广大中国哲学史研究者的心声。

在新的历史时期，研究者突破"哲学只有一种讲法"的观念，树立起中国哲学家的哲学观。冯契主张化理论为方法，认为"德性"这一中国哲学范畴具有普遍的哲学意义。冯友兰把哲学定位为精神现象学，而不再定位为自然现象学。他说："哲学是人类精神的反思。所谓反思就是人类精神反过来以自己为对象而思之。人类的精神生活的主要部分是认识，所以也可以说，哲学是对于认识的认识。对于认识的认识，就是认识反过来以自己为对象而认识之，这就是认识的反思。"② 按照这种说法，不应该再把哲学视为解释世界的"物学"，而应当视为人类自我反思的"人学"。如果把哲学视为"物学"，尚可归结为"一"，因为人类住在同一个地球之上；而

① 冯友兰：《中国哲学史新编》第 1 册，人民出版社 1982 年版，第 2 页。
② 冯友兰：《中国哲学史新编》第 1 册，人民出版社 1982 年版，第 9 页。

把哲学视为"人学",由于反思的主体各不相同,就只能归结为"多"了。哲学的主题是人,而不是物。至于哲学的功用,冯友兰认为应当有两个:"一是锻炼、发展人的理论思维能力,一是丰富、提高人的精神境界。"[①] 中国哲学的贡献,不在前者,而在后者。"用中国的一句老话说,哲学可以给人一个'安身立命之地'。就是说,哲学可以给人一种精神境界,人可以在其中'心安理得'地生活下去。"[②] 在新哲学观的指导下,冯友兰写出多卷本《中国哲学史新编》,冯契写出三卷本《中国哲学的逻辑发展》和《中国近代哲学的革命进程》。他们的著作称得上标志性成果。

目前,中国哲学史研究状况也有不能令人满意的地方。第一,虽枝繁叶茂,但根干不壮。研究者大都喜欢从事个案研究或专题研究,取得的成果也颇为丰硕;至于综合性研究,则很少有人问津。除了《中国哲学史新编》和《中国哲学的逻辑发展》之外,鲜有佳作问世。第二,从事综合性研究的学者仍旧沿用多人集体编写哲学史的老办法。哲学史的书写应当有研究者的心得,体现研究者的个性,在这一点上,跟写小说有些相似。多人合写的小说不堪卒读,多人合写的哲学史同样不堪卒读。黑格尔、罗素、文德尔班、梯利等人的哲学史都是独自完成的,至今仍然拥有广大的读者群。多人合作编写哲学史的做法,是我们从苏联人那里学来的。事实证明,这种"学术合作社"生产出来的东西,是有局限性的。

(原载于《高校理论战线》2012 年第 12 期)

---

① 冯友兰:《中国哲学史新编》第 1 册,人民出版社 1982 年版,第 27 页。
② 冯友兰:《中国哲学史新编》第 1 册,人民出版社 1982 年版,第 27 页。

中国哲学史学科建设的回顾与前瞻

1916 年，蔡元培出任北京大学校长，在中国历史上真正建立了第一个哲学系。在这近百年来的历史时段，中国哲学史学科建设的历程，可以概括为三个发展阶段：第一个阶段止于 1949 年，中国哲学史学科初步建立；第二个阶段为 1949 年到 1978 年，中国哲学史学科建设落入低谷；第三个阶段为 1978 年以后，中国哲学史学科建设迎来春天。总的来看，呈现出马鞍形轨迹。

一

在"五四"时期，现代中国哲学家自觉意识到"哲学"是一门独立学科之后，便着手建立哲学学科的重要分支——中国哲学史学科，使之不再湮没在学术史当中，与哲学同时成为一门独立的学科。在此之前，也有学者讲"中国哲学史"，但由于他们没有自觉的哲学学科意识，没有树立哲学观，实际上讲的是学术史。建立中国哲学史学科的前提，是必须意识到"哲学"是一门独立的学科，必须树立一种哲学观，否则无从谈起。从这个意义上说，只有哲学家才能讲出哲学史，而学问家讲不出哲学史。五四运动前后，中国涌现出一批受过哲学理论思维训练的学者，他们担当起建设中国哲学史学科的重任。

蔡元培是中国最早使用"哲学"术语的学者之一，可是起初他并没有意识到哲学的学科性质，将哲学理解为"一切学之学"或"综合之学"。在"五四"时期，他从德国留学回来以后，对哲学有了新的认识，达到了对于哲学学科性质的自我意识。他在《简易哲学纲要》中写道："哲学是人类思想的产物，思想起于怀疑，因怀疑而求解答，所以有种种假定的学说。普通人都有怀疑的时候，但往往听到一种说明，就深信不疑，算是已经解决了。一经哲学家考察，觉得普通人所认为业已解决的，其中还大有疑点；于是提出种种问题来，再求解答。要是这些哲学家有了各种解答了，他们的信徒认为不成问题了；然而又有些哲学家看出其中又大有疑点，又提出种种问题来，又求解答。有从前以为不成问题而后来成为问题的；有从前以为是简单问题而后来成为复杂问题的。初以为解答愈多，问题愈少，哪知道问题反随解答而增加。几千年来，这样的递推下来，所以有今日哲学界的状况。"①

在这里，蔡元培放弃了广义哲学观，树立了一种狭义哲学观：哲学是一门独立的学科，是关于世界观和人生观的学问。他清楚地意识到，在各门学科皆成为独立学科之后，包罗万象的哲学不复存在，哲学只是不断深化的思考方式。哲学研究者应该突出问题意识，体现怀疑精神。作为学科的哲学有别于古代哲学，其发展已不再受宗教的限制，甚至具有取而代之的趋势。他提出"以美育代宗教"的主张，实际上表达了以哲学代宗教的诉求。蔡元培关于哲学学科有三点看法：第一，哲学是关于认识论的学问，应当诉诸理性，讲究逻辑证明，不能建立在"圣言量"上面，不能再像古代哲学那样以引证代替论证；第二，哲学是关于世界观的学问，任务在于建构一种关于世界总体的理论，有别于任何实证学科；第三，哲学是关于人生观的学问，能帮助人们找到一种正确的价值理念，指导自己的人生实践。蔡元培自己虽没有写出一本中国哲学史，但他是中国哲学史学科建设的第一个推动者。

胡适对哲学学科的认识是："凡研究人生切要的问题，从根本上着想，要寻一个根本的解决，这种学问，叫作哲学。"② 从这种哲学观出发，他写出《中国哲学史大纲》，不过论域仅限于先秦，因而实际上是一部断代史。尽管如此，《中国哲学史大纲》依旧是中国哲学史学科建设的第一块基石。冯友兰对哲学学科的认识是："无论科学、哲学，皆系写出或说出之道理，皆必以严刻的理智态度表出之。""故哲学乃理智之产物；哲学家欲成立道理，必以论证证明其所成立。""欲立一哲学的道理，谓不辩为是，则非大

---

① 高叔平：《蔡元培哲学论著》，河北人民出版社 1985 年版，第 305 页。
② 胡适：《中国哲学史大纲》，上海古籍出版社 1997 年版，第 1 页。

上篇　中国哲学要论

115

辩不可；既辩则未有不依逻辑之方法者。"① 依据这种哲学观，他写出的两卷本《中国哲学史》，将论域扩大到清代，成为一部比较完备的中国古代哲学史。胡著和冯著都可以称为标志性成果：标志着中国哲学史学科在中国初步建立起来了。

中国哲学史学科在初建阶段既取得了历史性成绩，也留下了一些遗憾：一是论域不够开阔，仅限于古代，还没有把近现代纳入其中；二是受到单数哲学观的限制，没有充分关注中国哲学的民族性。中国早期现代哲学家都曾在西方接受哲学理论思维训练，不可避免受到西方哲学观的影响。在西方，流行这样一种观点：只有西方人会讲哲学，别的民族都不会讲哲学。受此种偏见的影响，早期中国哲学家不同程度地存在着以西方哲学为尺度剪裁中国哲学史的倾向。哲学史家大都从哲学的共性出发，对中国哲学的个性重视不够。金岳霖读了胡适的《中国哲学史大纲》，竟觉得好像是美国人写的书。冯友兰编写《中国哲学史》，也有这种倾向。他说："哲学本一西洋名词。今欲讲中国哲学史，其主要工作之一，即就中国历史上各种学问中，将其可以西洋所谓哲学名之者，选出而叙述之。""所谓中国哲学者，即中国之某种学问或某种学问之某部分之可以西洋所谓哲学名之者也。所谓中国哲学家者，即中国某种学者可以西洋所谓哲学家名之者也。"② 冯先生为建设中国哲学史学科做出巨大贡献，这是有目共睹的。不过，我们也不必"为尊者讳"。他编写的两卷本《中国哲学史》，由于过分强调共性，难以充分展现中国哲学的个性，尚没有充分呈现出中国哲学自身的发展轨迹。

在现代中国，也有些哲学家不认同单数哲学观，意识到哲学应该有多种讲法。金岳霖在冯友兰著《中国哲学史》"审查报告"中说："我很赞成冯先生的话，哲学根本是说出一种道理来的道理。但我的意见似乎趋于极端，我以为哲学是说出一个道理来的成见。哲学一定要有所'见'，这个道理冯先生已经说过，但何以又要成见呢？哲学中的见，其理论上最根本的部分，或者是假设，或者是信仰；严格说起来，大都是永远或暂时不能证明与反证的思想。如果一个思想家一定要等这一部分的思想证明之后，才

① 冯友兰：《中国哲学史》，中华书局 1961 年新 1 版，第 4—6 页。
② 冯友兰：《中国哲学史》，中华书局 1961 年新 1 版，第 8 页。

儒学转型与中国哲学精神

承认它成立，他就不能有哲学。这不是哲学的特殊情形，无论什么学问，无论什么思想都有，其所以如此者就是论理学不让我们丢圈子。"① 讲哲学就是讲道理，当然应该遵循理性主义的路径，对哲学结论做尽可能充分的理论论证。不过，要想做完全充分的论证是十分困难的。由于哲学结论乃是一种整体性论断，便难以从形式逻辑的角度为其找到充分的理由，难以形成所有人的共识。任何哲学结论都不可避免地带有假设或信仰的色彩，故而金岳霖称之为"成见"。他所说的"成见"并不是贬义，而是"一家之言"的意思。既然有"成见"，那么不可避免地会出现"所见不同"的情形。这意味着哲学不可能只有一种讲法，而可以有多种讲法。他还把哲学比作"概念的游戏"，说明哲学讲法的多样性。游戏规则可以有多种预设，下中国象棋不必遵循国际象棋的规则。梁启超也意识到哲学讲法的多样性，不同意把中国哲学等同于西方哲学。他在《儒家哲学》中写道："中国学问不然。与其说是知识的学问，毋宁说是行为的学问。中国先哲虽不看轻知识，但不以求知识为出发点，亦不以求知识为归宿点。直译的 Philosophy，其含义实不适于中国。若勉强借用，只能在上头加上个形容词，称为人生哲学。中国哲学以研究人类为出发点，最主要的是人之所以为人之道，怎样才算一个人？人与人相互有什么关系？"② 令人遗憾的是，他们的复数哲学观未能引起中国哲学界的注意，未能动摇单数哲学观的主导地位。

二

在第二阶段，也就是1949年新中国成立后，讲哲学的语境发生了巨大变化。一方面，学者们在中国哲学史学科初建阶段取得的成果被贴上"资产阶级学术"的标签，变得一文不值，被无情地抛弃了；另一方面，来自苏联的哲学教科书在哲学界掌控了主流话语。讲中国哲学史也必须按照哲学教科书的口径讲，不容许出现任何不同的声音。单数哲学观的控制力非但没有减弱，反倒愈演愈烈。"两军对战"模式使中国哲学史学科建设偏离了正轨，跌入了低谷。

---

① 冯友兰：《中国哲学史》，中华书局1961年新1版，"审查报告二"。
②《梁启超哲学思想论文选》，北京大学出版社1984年版，第488页。

"两军对战"模式来自苏联。1947 年，苏共中央书记处书记日丹诺夫在讨论亚历山大洛夫所著《西欧哲学史》一书的会上发言说："科学的哲学史，是科学的唯物主义世界观及其规律的胚胎、发生与发展的历史。唯物主义既然是从与唯心主义派别斗争中生长和发展起来的，那么，哲学史也就是唯物主义与唯心主义斗争的历史。""各种哲学派别在这本书中是一个一个先后排列或比肩并列的，而不是互相斗争的。"这一发言稿于 1948 年开始在解放区用中文发行，到 1954 年止，共出 11 版，总印数达 8 万册左右。据《新建设》报道，从 1949 年 5 月到 1950 年 3 月，北京哲学界曾多次组织学习这段发言，灌输"两军对战"的观念。在这种情势下，哲学理论工作者不得不表示接受。1950 年，冯友兰在《中国哲学的发展》中写道："中国哲学发展的历史，也如欧洲哲学一样，是唯物论与唯心论的斗争史。这样的斗争史就是中国历史中各时代的阶级斗争在思想上的反映。"

"两军对战"模式之所以使人难以拒斥，是因为它打着恩格斯的旗号，以所谓"哲学基本问题"为依据。我觉得，所谓"哲学基本问题"，实则是对恩格斯的论断做了教条主义的误读。恩格斯确实说过，思维与存在的关系问题是"全部哲学的基本问题"，但那是在评述德国古典哲学时讲的，并非涵盖一切哲学。恩格斯没有系统地研究过中国哲学，也没有系统地研究过埃及哲学、印度哲学等，否则绝不会那么武断地下结论。从形式上看，恩格斯似乎是做了"全称判断"，实则是"特称判断"，特指德国古典哲学，充其量也超不出西方哲学的范围。请不要忘记，恩格斯的这一论断出现在《路德维希·费尔巴哈和德国古典哲学的终结》一书，并非泛论各种哲学形态。他仅以西方哲学史为例说明他的论断，并没有论及其他民族哲学史。在西方中世纪，基督教神学长期占统治地位，创世说的思想影响很大。正是针对这种情况，哲学家们才把"精神和自然界何者为本原"的问题提出来，当作哲学基本问题来思考。在中国古代社会，根本就没有这样的语境，中国哲学家怎么可能像西方近代哲学家那样关注"何者为本原"的问题呢？

在"两军对战"模式的误导下，中国哲学史工作者能做的最主要的事情，就是给哲学家"戴帽子""划成分"，区分谁是唯物论者，谁又是唯心论者。可是，中国哲学史根本就没有这么一回事，所以操作起来相当困难。

大家常常遇到这样的困惑：某位哲学家的上句话可能很唯物，可是下句话又很唯心。例如，有人觉得老子是唯心论者，有人觉得老子是唯物论者，双方争论不休，莫衷一是。其实，这原本就是一个假问题，怎么会有正确答案呢？

教条主义学风给中国哲学史学科建设造成了灾难性影响，具体表现为三个"不到位"。一是"不够中国"。由于采用外来的方法、外来的问题裁剪中国哲学史，势必脱离中国哲学史的实际。打个比方，就像用解剖学讲中医学，根本无法讲出中医学的精髓。无论多么高明的解剖师都无法在人体上找到经络和穴位。二是"不够哲学"。由于缺少中国哲学自身的问题意识，只介绍古人的言论，却不会做哲学分析、哲学诠释。讲者往往只讲知识、不讲思想，不得不用大量引文充斥篇幅。三是"不够历史"。由于没找到中国哲学自身的问题意识和逻辑脉络，只能按朝代顺序罗列人名。"中国哲学"并没有真正成为中国哲学史的主语。

三

在第三阶段，也就是 1979 年党的十一届三中全会以后，中国哲学史工作者才开始思考如何回到中国哲学史自身的问题上来，要求摆脱"两军对战"模式的束缚。长期以来，"两军对战"模式就像魔咒一样套在中国哲学史工作者的头上，使我们不敢思、不敢想，不敢去摸索、探讨中国哲学自身的基本问题，使我们久久找不到真正打开中国哲学史之门的钥匙。在新时期思想解放潮流的推动下，中国哲学史工作者终于鼓起勇气，尝试打破这个魔咒，逐步树立起学术自信心，寻找自己认准的路径。冯友兰在《中国哲学史新编》中颇有感触地说："路是要自己走的；道理是要自己认识的。学术上的结论是要靠自己的研究得来的。一个学术工作者所写的应该就是他所想的。不是从什么地方抄来的，不是依傍什么样本摹画来的。"[1]这句话道出了广大中国哲学史工作者的心声。

1979 年，在太原召开中国哲学史学会成立暨第一届年会，提出"使中国哲学史研究科学化"的倡议，委婉地发出解放思想、解除魔咒的呼声。

---

[1] 冯友兰：《中国哲学史新编》第 1 册，人民出版社 1982 年版，第 2 页。

1981 年，在杭州召开第二届中国哲学史学会年会，继续探讨开创新局面的办法。会上有人发言，批评"两军对战"模式，但遇到了很大的阻力，迫使他不得已收回自己的发言。1985 年，在广州召开第三届中国哲学史学会年会，又有人发言批评"两军对战"模式，居然不再有人出来反对。

在新的历史时期，中国哲学史工作者试图突破教科书上的哲学观念，对哲学学科做出中国式定位。冯契认为哲学研究有两大任务：一是化理论为方法；二是化方法为理论。他把"德性"这一中国传统哲学范畴，运用于现代中国哲学研究。冯友兰把哲学定位为精神现象学，而不再定位为自然现象学。他说："哲学是人类精神的反思。所谓反思就是人类精神反过来以自己为对象而思之。人类的精神生活的主要部分是认识，所以也可以说，哲学是对于认识的认识。对于认识的认识，就是认识反过来以自己为对象而认识之，这就是认识的反思。"[1] 按照这种说法，哲学不应该被视为解释世界的"物学"，而应当被视为人类自我反思的"人学"。如果把哲学视为"物学"，尚可归结为"一"，因为人类住在同一个地球之上；而把哲学视为"人学"，由于反思的主体各不相同，就只能归结为"多"了。哲学的主题是人，而不是物。至于哲学的功用，冯友兰认为应当有两个："一是锻炼、发展人的理论思维能力，一是丰富、提高人的精神境界。"中国哲学的贡献，不在前者，而在后者。"用中国的一句老话说，哲学可以给人一个'安身立命之地'。就是说，哲学可以给人一种精神境界，人可以在其中'心安理得'地生活下去。"[2]

在中国式哲学观的指导下，冯友兰写出多卷本《中国哲学史新编》，冯契写出三卷本《中国哲学的逻辑发展》和《中国近代哲学的革命进程》。他们的著作称得上新的历史时期的标志性成果。

四

目前中国哲学史学科建设，取得了令人可喜的成绩，这在郭齐勇主编、问永宁副主编的《当代中国哲学研究》一书中有系统的梳理，我不必赘谈。

---

[1] 冯友兰：《中国哲学史新编》第 1 册，人民出版社 1982 年版，第 9 页。
[2] 冯友兰：《中国哲学史新编》第 1 册，人民出版社 1982 年版，第 27 页。

我想说的是，中国哲学史研究仍旧存在一些不尽如人意的地方，尚有待纠正。

第一，最突出的问题是"枝繁叶茂，根干不壮"。在量化考核指挥棒的引导下，中国哲学史工作者大都喜欢从事个案研究或专题研究。为了多出成果、快出成果，必须把题目弄得小一些、专一些、偏一些，很少有人愿意从事费力不讨好的综合研究。许多博士论文的选题，常常瞄准那些不知名的二三流的学者来研究，并不考虑这种研究对学科建设有多大意义，只求顺利毕业，拿到学位。教师和科研人员功利化的写作倾向也相当严重，往往只是为晋升职称而写作，并非出于促进学科建设的目的。在综合性研究方面，除了两部冯著之外，至今鲜有佳作问世。

第二，即便从事综合性研究，仍旧沿用集体编写哲学史的老办法，无法开创新局面。多人合作、集体编写的做法，是我们从苏联人那里学来的。事实证明，这种"学术合作社"生产出来的东西不会有生命力。这种东西除了可以应付考试之外，难以发挥启迪心智的作用。哲学史的书写应当有研究者的心得，体现研究者的个性，在这一点上，跟写小说有些相似。多人合写的小说不堪卒读，多人合写的哲学史同样不堪卒读。黑格尔、罗素、文德尔班、梯利、冯友兰、冯契、劳思光等人的哲学史著作都是独自完成的，至今仍然拥有广大的读者群。这就说明：有个性、有见识的哲学史著作才会受到欢迎。

第三，陷入"方法论焦虑"，质疑"中国哲学合法性"，人为设置思想障碍。近年来，有些人提出所谓"中国哲学合法性"问题，这是十足的糊涂观念。"合法性"同"哲学"毫不相干。哲学原本是"无法无天"的学问，根本不存在合不合法的问题。"合法性"一词可以用于政治、用于法律，但不能用于哲学。有如我们可以讨论鸟的飞翔性，但不能讨论狗的飞翔性。

至于研究方法，并不是抽象的，而是具体的。方法同研究内容、研究过程相统一，没有脱离研究内容和研究过程的、屡试不爽的、现成的研究方法。每个研究者都有自己的研究方法，甚至每个研究课题都有独特的研究方法。可操作的研究方法是研究者在研究过程中自己摸索出来的。当然，他可以学习和借鉴别人的方法，但是学习和借鉴不能代替自己的独立探索，想从别人那里找到现成的方法是不可能的。抱有这种念头的人，恐怕已陷入方法论的误区，只能被"方法论的焦虑"折磨得焦头烂额，不会有什么收获。鲁迅先生说得好，作家未必先要把《写作方法》《创造大全》之类的书都读透了才动笔，而是要在创造过程中体味自己适用的写作方法。研究中国哲学史恐怕也得如是。"鸳鸯绣了从教看，莫把金针度与人。"我觉得这并不是嘲笑绣花师傅太保守、太小气，而是嘲笑徒弟的期望值太高。因为"金针"确实难为不知者道。徒弟要想掌握刺绣的方法，只能在刺绣的实践中去摸索，用心揣摩师傅绣出的"鸳鸯"，不能指望师傅告诉你绣出鸳鸯的现成方法。方法主要不是学来的，而是靠自己悟出来的，"如人饮水，冷暖自知"。指望从别人那里得到现成的方法，恐怕只会落得邯郸学步者的结局。

五

我认为，推进中国哲学史学科建设，应当从纠正上述三种倾向入手。理想的中国哲学史学科不仅应当"枝繁叶茂"，而且应当"根干苗壮"。我们不能只关注专题研究、个案研究，更应关注综合性研究，因为这才是学科建设的基础工程。至于如何从事综合性研究，没有现成的"范式"可以遵循，需要我们自己去摸索。首先应当排除"质疑中国哲学合法性"的干扰：你还没有迈入综合研究领域就疑虑重重，怎么能指望有所成就？

近年来，学术界关于中国哲学史的研究方法议论颇多，流行着一种说法，即反对"以西范中"（或称"中话胡说"）范式，认为应当回归"以中释中"（或称"中话中说"）范式。对此，我不敢苟同。先说"以西范中"。西方哲学史家写的哲学史都有鲜明的个性，并不存在所谓"范式"。"西学范式"其实是我们自己的想象。既然"西学范式"子虚乌有，那又何言"以西范中"？在中国哲学史学科初建时期，学者固然会借鉴西方某些哲学家的方法，但也有努力捕捉中国哲学的个性特征。若把他们的方法完全归结为"以西范中"范式，实属以偏概全，并不公平。长期以来，在哲学史界流行的方法，并不是什么"以西范中"，而是"以苏联哲学教科书范中"。再说"以中释中"。前文已述，哲学史是哲学学科的分支，只有从自觉哲学学科意识出发才能将其梳理出来。不以自觉的哲学学科意识为前提，可以写学术史，但写不出哲学史。在中国，学科自觉意识的出现是在现代，那么前现代的"中"，又怎么可能成为现代"中"的话语方式？在所谓"以中释中"的诉求中，隐含着以学术史取代哲学史的倾向。

我认为"以西范中"和"以中释中"皆没有可行性，唯一可行的选择是"不中不西，亦中亦西，综合创新，学贵自得"。我们不能照搬西方人的方法，但不能拒绝西方人的智慧；我们不能照搬古人的方法，但也不能拒绝古人的智慧。我们要从两种智慧中获取启迪，融会贯通，推陈出新，创造自己觉得可行的办法。如何研究中国哲学史？这本是一个无尽的话题，谁也给不出终极答案，没有现成的范式可以遵循。走自己的路，才是明智的选择。我们尊重前人，但不迷信前人。借用亚里士多德的话说："吾爱吾师，吾尤爱真理。"

为了推进中国哲学史学科建设，我认为应当遵循"百花齐放，大胆创新，言之成理，持之有故"的方针，鼓励个人从事中国哲学史的综合研究。本着这种想法，我在多年教学和研究的基础上，以一己之力完成中国哲学通史的书写。不过，我没有采用"中国哲学史"作为书名。我把中国哲学史划分为古代、近代、现代，分别采用不同的表述方式。我认为古代哲学史是比较完整的断代史，以天人关系为基本问题，经历"百家争鸣"的奠基期、"三教并立"的发展期和"理学行世"的高峰期。我在写中国古代哲学史的时候，采用广义哲学史的表述方式，形成两本专著。一本题为《薪尽火传：宋志明中国古代哲学讲稿》，全书采用较口语的表达方式，共计40万字，2010年已由北京师范大学出版社出版。另一本题为《中国古代哲学发微》，采用书面语言的表达方式，共计30.6万字，2012年已由中国人民大学出版社出版。这两本书的基本观点是一致的，相当于中国哲学史上册。我认为中国近代哲学史处于过渡阶段，表现为历史观、本体论、知行观、人学观四个转向。中国现代哲学史以中国马克思主义哲学、中国实证哲学、现代新儒学三大思潮为基本内容。在这一阶段，哲学已成为独立学科，我采用狭义哲学史的表述方式，把近现代合在一起，写成《中国近现代哲学四论》一书。全书共计47.5万字，得到国家社科基金后期资助，2012年已由中国社会科学出版社出版。这本书相当于中国哲学史下册。

此外，还有一部关于中国哲学的通论，书名为《中国传统哲学通论》，

2012 年由中国人民大学出版社推出第 3 版，篇幅增加到 33.2 万字。我从事中国哲学史综合研究，吸收了他人的成果，但主要是自己的研究心得。作为我见，当然避免不了"解释学的偏差"：也许是对的，也许是错的；也许是成功的，也许是失败的。是功是罪，任由时贤和后人评说。

（原载于《江汉论坛》2013 年第 7 期）

中国哲学史学科的奠基石

在中国哲学史学科初建阶段，胡适的贡献在于开风气。他只留下一部中国古代哲学史的残篇《中国哲学史大纲》（卷上），并未搭建起中国古代哲学史大厦。胡适自己也意识到了这一点，希望有人能沿着他开辟的道路走下去。他坚信："以后无论国内国外研究这一门学问的人，都躲不了这一部书的影响，凡不能用这种方法和态度的，我可以断言，休想站得住。"冯友兰继胡适之余绪，运用自己摸索到的方法，率先完成了全部中国古代哲学史的书写。

冯友兰从 1927 年 9 月开始系统研究中国哲学史，大约用了 7 年时间，写出两卷本《中国哲学史》。从 1923 到 1926 年，冯友兰本想向中国介绍和传播西方哲学，客观的机缘使他做了向西方介绍中国哲学的工作，以研究中国哲学史为专长。这个机缘就是 1927 年他初到燕京大学，领受了讲授中国哲学史课程的任务。因为要讲中国哲学史，就得先研究中国哲学史。由于找不到合适的教材，他只能研究一章，再在课堂上讲一章。这样，他的研究便按照历史的顺序，逐渐推进。1928 年，冯友兰从燕京大学转到清华大学，仍然承担中国哲学史课程的教学任务，仍然用逐步延伸的方法进行讲授。1929 年，他写成《中国哲学史》上卷，分赠师友征求意见。1931 年 2 月，《中国哲学史》上卷（即上古哲学）作为清华大学丛书之一，由上海神州国光社出版。1932 年，由神州国光社再版。经过不懈的努力，1933 年 6 月，冯友兰写成《中国哲学史》下卷。1934 年 9 月，两卷本《中国哲学史》作为大学丛书之一，由上海商务印书馆出版，1935 年再版，1941 年出长沙版，1944 年出赣县版，1946 年出重庆版，1947 年 10 月增补后出第 8 版，1961 年 4 月在北京由中华书局出新 1 版，后又多次印刷。

一、 哲学观

　　冯友兰是北京大学哲学系第二批学生，不过他的哲学训练主要还是在美国哥伦比亚大学研究院攻读哲学博士学位期间完成的。他的导师是实用主义大师杜威，可是对他影响最大的却是新实在论。美国新实在论者蒙塔古把哲学分为三部分，即方法论、形上学和价值论。

　　冯友兰借鉴蒙塔古的观点，形成了自己的哲学观。他认为，哲学是哲学家有系统的思想，是哲学家对于宇宙、人生所立的道理。哲学的特点有二。一是系统性。"凡真正哲学系统，皆如枝叶扶疏之树，其中各部，皆首尾贯彻，打成一片……其实各大哲学系统，皆有其一以贯之。"他所说的"系统"是指实质上的系统，不仅仅指形式上的系统。对于中国哲学来说，可能没有形式上的系统性，但存在着实质上的系统性则不容置疑。二是充分的说理性。从逻辑的观点看，任一哲学都包括两部分：一是最终的断案；二是所以得此断案的根据，或者叫此断案的前提。任一哲学的断案固须是真的，然并非断案是真即可了事，还必须找到证据，有所说明。哲学的研究范围包括三大部分：一是宇宙论，"目的在求'对于世界之道理'"；二是人生论，"目的在求'对于人生之道理'"；三是知识论，"目的在求'对于知识之道理'"。

　　至于研究哲学的方法，冯友兰不认同直觉法，主张诉诸理性原则。在20世纪初，中国有些学者认为，研究哲学所用的方法与研究科学所用的方法不同：科学的方法是逻辑的、理智的；哲学的方法是直觉的、反理智的。冯友兰对此不以为然。他并不否认直觉的价值，不过认为直觉虽然可以使人得到一种神秘的经验，却不能成立一个道理、建立一种哲学。哲学的方法，不能是直觉的，只能是逻辑的、科学的。他说："无论科学、哲学，皆系写出或说出之道理，皆必以严刻的理智态度表出之。"在他看来，各种学说（包括哲学）的目的都不在于叙述经验，而在于成立道理，所以其方法必然都是逻辑的、科学的。"所谓科学方法，实即吾人普通思想之方法之较认真，较精确者，非有若何奇妙也。"因此，"科学方法，即是哲学方法，与吾人普通思想之方法，亦仅有程度上的差异，无种类上的差异"。冯友兰强调哲学的方法是科学的、逻辑的方法，选择了理性主义进路。

关于哲学形成的原因，冯友兰提出如下观点。第一，哲学是理智的产物。哲学家要成立一种哲学观点，必须采用逻辑的方法，为此观点所以能够成立找到理由，遵循"由前提推出断案（结论）"的程序。第二，哲学是时代的产物。"一时代之哲学即其时代精神之结晶也"，换句话说，"历史影响哲学"。时代的情势和各方面的思想状况，对一哲学家的哲学思想皆有影响。"知人论世"才能进行哲学研究。第三，哲学是哲学家人格的体现。"一哲学家之哲学，与其自己之人格（即一人之性情气质经验等之总名）或个性有大关系。"哲学家的人格对于思想方向、哲学问题的产生及解决影响很大，"有些思想，只能在某种心理状况中发生"。他援引美国实用主义者詹姆士的话说，"威廉·詹姆士谓：依哲学家之性情气质，可分其为二类：一为软心的哲学家；其心既软，不忍将宇宙间有价值的事物归纳于无价值者，故其哲学是唯心论的，宗教的，自由意志论的，一元论的。一为硬心的哲学家；其心既硬，不惜下一狠手，将宇宙间有价值的事物概归纳于无价值者，故其哲学是唯物论的，非宗教的，定命论的，多元论的"。在研究哲学家的思想时，必须先研究其人格或个性，然后才是研究其所处时代之情势及各方面的思想状况。的确，哲学家的性格或个性对其哲学思想有很大影响；抓住他的性格、气质的特点，有助于显示他哲学思想的独特色彩。遗憾的是，冯友兰对此做了不适当的夸大。

二、哲学史观

何谓"历史"？冯友兰的理解是："所谓历史者，或即是其主人翁之活动之全体；或即是历史学家对于此活动之纪述。若欲以二名表此二义，则事情之自身可名为历史，或客观历史；事情之纪述可名为'写的历史'，或主观的历史。"所谓"客观的历史"，是指历史事件本身，"于写的历史之外，超乎写的历史之上，另有历史之自身，巍然永久存在，丝毫无待于吾人之知识"。客观的历史具有一维性，"历史之活动的事情，既一往而永不再现"。至于后人写的历史，可称为"主观的历史"。"写的历史"是历史学家对于历史事件的记述。这种记述的好坏，全在于其记述之内容是否真实，是否贴近客观历史。当"写的历史"与历史实际相符合，就叫作"信史"。

冯友兰从唯物史观得到启发，坚信历史是不断进步的发展历程。1934

年，他从欧洲回国时专门到苏联实地考察，接受了唯物史观的影响。这种影响在他的《秦汉历史哲学》一文中表现明显。在这篇文章中，他强调历史的变动性，认为无论何种社会政治制度，都将因"穷"而生变；至于生变的原因，乃非取决于精神的力量，而是取决于经济的力量：社会经济制度一旦发生变化，其他方面的制度也一定会跟着变化。社会经济制度的变化，要靠一种生产工具的发明；在西方倘若没有机器的发明，便不能形成近代工业经济。因此，历史的演变不是循环的，而是进步的、辩证的。历史的大势所趋，不是人力所能终止或转移的，不过人力可以加速或延缓这种趋势。冯友兰认为，离开历史环境，抽象地批评某种社会经济制度的好坏没有意义；因为每一种社会政治经济制度都各有其特定的历史使命。

基于上述历史观，冯友兰又形成自己的哲学史观，认为"哲学史亦有'哲学史'与'写的哲学史'之分"。"哲学史"是指哲学自身的历史，具有客观性；"写的哲学史"是对客观的哲学史的记述，具有主观性，避免不了解释学的偏差。由于受到语境的限制，"写的哲学史"不可能完全符合客观的哲学史，所以"写的哲学史"须不断地重写，力求尽量贴近客观的哲学史。

关于中国哲学史，冯友兰的界定是，"中国哲学史一辞有二义：一是指中国历代哲人从事创造哲学之全部活动之自身，一是指哲学史家对于中国历代哲人从事创造哲学之全部活动之纪述"。他认为，前者可名为客观的、没有写成文字的中国哲学史；后者可名为主观的、写成文字的中国哲学史。在他看来，二者有明显的差别：前者是实际的事情，后者是语文的表达；前者无所谓好坏、对错，后者才有好坏、对错之分；前者是后者之对象，后者是前者之写照。中国哲学史的研究任务，就是要努力贴近事实真相，写出客观的、符合中国哲学史实际的"信史"。

三、 释古态度

冯友兰把近代以来史学家们研究史学的态度概括为三种类型，并明确表示认同释古的态度。

一是信古的态度。信古派认为凡古书所说的都是真的，对之信而无疑。冯友兰认为这种态度最缺乏批判精神，是把古书教条化，迷信权威，对此应该予以拒斥。他说："信古一派，与其说是一种趋势，毋宁说是一种抱残守缺的人的残余势力，大概不久即要消灭；即不消灭，对于中国将来的史学也是没有什么影响的。"

二是疑古的态度。疑古派走向信古派的反面，认为古书所记载的事情大都不可信。代表人物是胡适、顾颉刚等人，钱玄同甚至把自己的名字改为"疑古"。疑古派热衷于辨伪，胡适提出的口号是"宁可疑古而失之，不可信古而失之"，锋芒直接指向信古派。顾颉刚编《古史辨》，高扬疑古旗帜。他们致力于辨伪，此举具有破除迷信权威的积极意义，但也流露出怀疑一切、抹杀一切的虚无主义倾向。冯友兰充分肯定了疑古派对信古派的批评，肯定了疑古派在审查史料方面"对于史学也不无有所相当的贡献"；但也指陈疑古派的缺陷。他认为，疑古派站在消极的立场上，抹杀一切，否定一切，其效果是不能令人满意的。在他看来，"信古和疑古两者都是偏于极端方面的，信古的态度自然不免陷于盲目，而纯粹的疑古态度仍不能离其'怀疑主义'错误的势力圈外"。

三是释古的态度。如果说信古派是正题，疑古派是反题，那么，释古派可以说是合题。释古派既不像信古派那样迷信古书，也不像疑古派那样全盘否定一切。释古派认为，古书虽然不可全信，也不能一点不信。人们可以借助古书了解古代社会的真实情况。在冯友兰看来，所谓"释古"便是这两种态度的折中，是比较有科学精神的。释古作为"合题"，"用一种批判的精神，向可疑与可信的各方面探讨，兼有疑古和信古的两种精神"。正是由于冯友兰坚守释古立场，才在撰写《中国哲学史》时取得了显著的成就。

从释古派立场出发，冯友兰在研究中国哲学史时抱着一种"同情的了解"的心态。所谓"同情的了解"，就是"一个好的哲学史家，在讲那一家哲学的时候，就要站在这一家的立场，把它的思想用同情的态度重想一遍，然后不增不减地加以叙述"。出于"同情的了解"的心态，哲学史家应当善于发现古人在想什么、说什么，发现他思想中的理论性和逻辑性，看其是否见他人所未见，能否自圆其说。哲学史家把古人的独到见解、一贯系统，如实地写出来，就是对学术的贡献。

冯友兰研究中国哲学史，抱有强烈的时代感和使命感。正如他自己所说，这两卷本《中国哲学史》是"20世纪早期中国社会的产物"。他在内忧外患、民族矛盾日益加深、中华民族情势危急的语境中写成此书。1933年6月，他在该书的"自序"中慨叹："此第二篇稿最后校改中，故都正在危急之中。身处其境，乃真知古人铜驼荆棘之语之悲也。值此存亡绝续之交，吾人重思吾先哲之思想，其感觉当如人疾痛时之见父母也。吾先哲之思想，有不必无错误者，然'为天地立心，为生民立命，为往圣继绝学，为万世开太平'，乃吾一切先哲著书立说之宗旨……此书能为巫阳之下招欤？是所望也。""自序"中引用"铜驼荆棘"的典故，绝非夸大其词。1927年国共两党的分裂及其之后中共反对蒋介石政权的军事斗争；1930年蒋与阎、冯、李的"中原大战"；1931年日军发动"九一八"事变，入侵东北三省；1932年日军发动"一·二八"事变，入侵上海；1933年日军大举进犯热河，攻陷承德，迫使中国签订《塘沽协定》……这样一系列重大事件接二连三地发生，使当时的中国确实处在"岌岌乎殆哉"的亡国边缘。古都北京竟然化为边城，日军的飞机可随意在市区低空盘旋。机翼上鲜红的日本徽志，刺伤了每一个中国人的心，其中就有爱国学者冯友兰。在国家危难之际，冯友兰撰写此书，是想以之为国家的文化建设和民族振兴准备条件。可见，《中国哲学史》既是一部学术著作，又不是一部单纯的学术著作。

四、宏观概括

　　胡适在《中国哲学史大纲》（卷上）中曾把中国哲学史分为古代哲学、中世哲学和近世哲学三个阶段，可是他在写完卷上之后，便匆忙宣布"古代哲学之中绝"，再也没有了下文。冯友兰不认同胡适的断言，他认为中国古代哲学并没有"中绝"，而是仍然保持着与中国历史同步发展的态势。他指出，在中国历史上有过两次社会大转变：一次是从春秋战国到"大一统"局面形成，另一次是从清代闭关锁国到中外交通。与此相应，中国哲学史应分为古代和近代两大阶段。由于中国近代哲学尚处在变化过程中，一时还难以盖棺论定，因此尚不具备写出"中国近代哲学史"的条件，故而《中国哲学史》的研究范围只能暂时限于古代。"中国古代哲学史"被他区分为两个段落："子学时代"和"经学时代"。

（一）"子学时代"概况

"子学时代"是指自春秋战国至汉初诸子"百家争鸣"时期。阴阳、儒、墨、名、法、道等家，充分发表各自的见解，以平等资格相待，互相辩论，不承认有所谓"一尊"，没有哪一家可以"独大"。冯友兰极为推崇这一时期，认为这是思想自由、言论自由、学术热情最高涨的时代。"子学"的特点表现为富于创新、标新立异、生动活泼、横向发展。

关于中国哲学史的开端，冯友兰与胡适的看法亦不同。胡适认为中国哲学的开山鼻祖是老子；而在冯友兰看来，应该是孔子。冯友兰的理由是：哲学乃是有系统的思想，必须通过私人著述的形式表达出来；在孔子之前，没有出现私人著述，所以哲学也就无从谈起。他指出，孔子本人虽没有写出专著，但他首开私人讲学之风气，通过其门人、弟子所记述的《论语》表达出系统的哲学思想，所以"中国哲学史"应当从孔子写起。"由斯而言，则在中国哲学史中，孔子实占开山之地位。后世尊为唯一师表，虽不对而亦非无由也。以此之故，此哲学史自孔子讲起，盖在孔子以前，无有系统的思想，可以称为哲学也。"冯友兰认同"《老子》晚出"说，认为《老子》一书成于战国时期，比《论语》晚得多，所以他坚信中国哲学的开山鼻祖是孔子，而不是老子。

至于中国哲学发端的原因，冯友兰与胡适的看法也不同。胡适把中国哲学的起因归结为"政治那样黑暗，社会那样纷乱，贫富那样不均，民生那样痛苦。有了这种时势，自然会生出种种思想的反动"。冯友兰认为此种解释不能成立，因为胡适所述的那种情形任何时候都可能出现，并不能构成哲学问世的理由。哲学问世的真正原因在于"自春秋迄汉初，在中国历史中，为一大解放之时代。于其时政治制度，社会组织，及经济制度，皆有根本的改变"。贵族政治衰落了，原有的社会制度崩塌，依附于贵族的专门人才流落民间，成为形形色色的"士"。他们靠自己的知识和才能在社会上自谋生计、自找门路、自发议论。这样发展下去就出现了各家各派，形成了诸子蜂起、百家争鸣的局面。冯友兰从分析春秋时期政治、社会、经济情况入手，说明哲学发端的原因，比胡适的笼统解释深刻得多。

冯友兰认为，秦王朝建立，中国古代哲学并没有宣告终结。由于秦亡极速，尽管实行"焚书坑儒"政策一度阻碍了学术发展，但并未完全消灭各家学说。事实上，在汉初诸家之学仍盛而不衰，如文帝好黄老之学，为政以慈、俭为宗旨；淮南王刘安延客著书，杂取各家之说。至汉武帝采纳董仲舒"罢黜百家"的建议，才推明孔氏，定于一尊。"董仲舒之主张行，而子学时代终。"不过，子学时代虽告终结，但并不意味着中国古代哲学"中绝"，仅表明进入经学时代。

（二）"经学时代"概况

按照冯友兰的界定，所谓"经学"就是"将古代的东西作经典，对它只能做字面的解释，别的都不能动"。经学以《易》《诗》《书》《礼》《乐》《春秋》为基本文献。自汉朝始，有哲学意味的"经学"依次为：今文家之经学、古文家之经学、考据家之经学、经世家之经学、清谈家之经学、理学家之经学。

"经学时代"始于汉武帝时期。冯友兰说："自汉武用董仲舒之策，'诸不在六艺之科，孔子之术者，皆绝其道，勿使并进'，于是中国大部分之思想统一于儒，而儒家之学，又确定为经学。自此以后，自董仲舒至康有为，大多数著书立说之人，其学说无论如何新奇，皆须于经学中求有根据，方可为一般人所信受。经学虽常随时代而变，而各时代精神，大部分必于经学中表现之。故就历史上中国学术思想变迁之大概言之，自孔子至淮南王为子学时代，自董仲舒至康有为则经学时代也。"他所讲的中国哲学史上的经学时代，从时间维度来看，是指从汉朝中叶至清朝末年这一漫长的历史时期；从学术思想的演变来看，是指从董仲舒的今文经学开始，中经魏晋玄学、隋唐佛学、宋明道学，到清末康有为和廖平的新今文经学思想的发展过程。在经学时代，儒家的典籍已成为"经"，于是为人们的思想立了限制、树了标准、建了框框。人们的思想只能在"经"的范围之内活动。即使有一点新的见解，也只能用注疏的方式体现。人们已习惯于依傍古人的思想，即使像王夫之那样富有变革精神的思想家，也不能离开"四书五经"而独立地发表自己的见解，宣称"六经责我开生面"。至于如何推倒"经"的权威，恐怕王夫之连想也没有想过。

经学时代为什么会存在和延续那么长时间呢？据冯友兰分析，那是由于封建主义的政治经济制度和社会组织没有发生根本变动。他说："盖人之思想，皆受其物质的精神的环境之限制。春秋战国之时，因贵族政治之崩坏，政治经济社会各方面，皆有根本的变化。及秦汉大一统，政治上定有规模，经济社会各方面之新秩序，亦渐安定。自此而后，朝代虽屡有改易，然在政治经济社会各方面，皆未有根本的变化。各方面皆保其守成之局，人亦少有新环境、新经验。以前之思想，其博大精深，又已至相当之程度。故此后之思想，不能不依傍之也。"由于从秦汉到清朝末年，中国的社会政治经济制度并没有发生根本性变动，故而哲学思想只能限制在经学时代。

在经学时代，中国哲学是否有进步呢？冯友兰对此的解释是肯定的。他指出，尽管哲学受到经学的束缚，但还是有所前进的。例如，自汉以后，学者们讲孔子、讲老子、讲庄子以及讲其他古代哲学家的哲学，其理论比孔子等原来的理论，实较明晰清楚；汉以后的哲学家所依据的事实，亦比以前的丰富；哲学家的新见解亦屡屡出现。另外，汉以后的中国哲学融入一种全新的成分，即外来佛学。当然，无论是新见解还是新成分都不太多，并且采取了旧瓶（经学）装新酒（新见解）的形式。如果说子学时代的思想是横向发展比较显著的话，那么，经学时代的思想则是纵向发展比较显著。前者重在创新，后者重在引申和发挥，这正是两个时代的差异之所在。

经学时代的终结，以康有为等人的新今文经学为标志。冯友兰说："中国与西洋交通后，政治社会经济学术各方面皆起根本的变化。然西洋学说之初东来，中国人如康有为之徒，仍以之附会于经学，仍欲以旧瓶装此绝新之酒。然旧瓶范围之扩张，已达极点，新酒又至多至新，故终为所撑破。经学之旧瓶破而哲学史上之经学时期亦终矣。"然而，经学时代终结之日，也正是中国哲学新时代开始之时。"所谓'贞下起元'，此正其例也。不过此新时代之思想家，尚无卓然能自成一系统者。故此新时代之中国哲学史，尚在创造之中；而写的中国哲学史，亦只可暂以经学时代之结束终焉。"冯友兰承认中国哲学的发展已经突破经学时代，不过若作为哲学史话题，仍为时尚早。对后经学时代，他只能存而不论。

五、 研究方法

1937 年，冯友兰与孙道升合著《怎样研究中国哲学史》一文。在文中，冯友兰把他的中国哲学史研究方法归纳为以下六条。

一是钻研西洋哲学。冯友兰指出，中国哲学史的研究者首先应当树立自觉的哲学学科意识。鉴于当时中国哲学尚未成为一门独立学科，因而研究者若要树立哲学学科意识，就必须下功夫研究西方哲学。在这一点上，他同胡适和蔡元培的看法一致。他认为，中国哲学史研究者要做的事情，乃是"就中国历史上各种学问中，将其可以西洋所谓哲学名之者，选出而叙述之"。冯友兰的这种表述很容易让人产生误解，以为他主张以西方哲学为尺度剪裁中国哲学，故而招致许多中国哲学研究者的批评。其实，冯友兰只是主张通过钻研西方哲学来树立哲学学科意识。研究中国哲学史、借鉴西方哲学史研究方法可，照搬照抄西方哲学史研究模式则不可。

他已经注意到，西方哲学史的写法同中国传统的学术史写法不一样。西方人所写的哲学史，大多是叙述式写法，作者的评述较多，引用史料较少。这种写法的优点是有理论深度，缺点是读者不能与史料直接接触，容易受作者观点的左右。中国学者写学术史，大多采用选录式写法，如黄梨洲等人写的《宋元学案》《明儒学案》。选录者的选材不可避免地带有主观色彩，不过读者可以直接与史料接触，因而更容易得到较为准确的知识。这种写法的缺点是读者不容易了解哲学史家的见解。在权衡二种写法的利弊之后，冯友兰找到第三种写法，即把叙述式和选录式写法结合起来。他说："本书试为兼用上述两种方式，或者可得较完善之结果。"他所采用的写作方法，既不是西方式的，也不是中国传统式的，而是两种方法的有机结合，带有创新性。我们不能把冯友兰中国哲学史的写作方法草率地归结为"以西范中"模式，归结为"英美哲学影响下的范式"，归结为"反向格义"模式。

二是搜集哲学史料。上一条可以说是研究中国哲学史之前的理论准备，这一条才真正进入研究过程。冯友兰指出，研究中国哲学史要做的第一件事情，就是用哲学的眼光从浩繁的史料中选取可靠的思想材料，并且充分理解和占有这些材料，夯实进一步研究的基础。这就叫作"解其言"。为了写好中国古代哲学史，冯友兰确实下了苦功夫：他读了大量的原著，从中选取有用的素材，严格遵循"论从史出"的原则，绝不空发议论。

在重视史料的甄别和考辨方面，冯友兰不亚于胡适，但又不像胡适那样过分偏重于汉学的方法。在冯友兰看来，中国传统的治学方法虽然有汉学和宋学之分，但二者并不构成对立关系，而是构成互补关系，既各有所长，也各有所短。汉学的方法重考证和训诂，解释文字是其所长；宋学的方法不注重文字的考证、训诂，注重对文字所表示义理的了解和体会是其所长。从事中国哲学史研究，宋学的方法显然比汉学的方法更为重要。倘若只停留在哲学家著作的语言文字上面，而不能了解、体会其义理，怎么可能写出符合哲学史本来面目的信史呢？

在冯友兰看来，胡适写的《中国哲学史大纲》既有汉学的长处，又有汉学的短处。长处在于文字的考证、训诂比较详细，短处在于对义理的了解、体会比较肤浅，可以说没有抓住古人哲学思想的实质。胡适著《中国哲学史大纲》中，关于资料的真伪、文字的考证占了较多的篇幅，而对于思想内涵则讲得既不透又不细。胡适的经验教训使冯友兰在写《中国哲学史》的时候，把重点放在了对哲学家思想实质的了解和体会上面，而不再放在文字的考证、训诂上面。他宣称："吾非历史家，此哲学史对于'哲学'方面，较为注重。"正因为如此，此书的质量才超过了胡适著《中国哲学史大纲》。

三是详密规划迹团。上一条讲的是如何"解其言"，这一条讲的是如何"知其意"。冯友兰指出，哲学史家研究古代哲学家，其重点不能只放在"言"上，还应当放在"意"上。"书不尽言，言不尽意。"作者通过文本说的话，总是比他想表达的意思少。研究者要善于捕捉"弦外音，味外味"，用心体会思想实质。所谓"详密规划迹团"，就是概括出哲学家的思想架构，搞准他在哲学史上的位置。例如，他在介绍朱子哲学那一章时，分为理·太极、气、天地人物之生成、人物之性、道德及修养之方、政治哲学、对于佛家之评论等七节，节与节之间相互联系，以"理"为核心范畴逐步展开，清晰地勾勒出朱子的哲学思想画面。冯友兰所说的"知其意"，同胡适所说的"明变"意思相近，但比胡适讲得更为透彻、更为具体，更有可操作性。

四是探索时代背景。这一条是对胡适"求因"法的展开。冯友兰指出，在哲学史研究过程中，不能孤立地看待所研究的人物，必须将其置于特定的历史环境之中，摸清楚他所处的时代背景，讲清楚他思想沿革与变迁的原因。例如，在"清代之今文经学"这一章里，冯友兰先用一节的篇幅讲"清末之立教改制运动"，然后再对康有为、谭嗣同、廖平做个案研究。

五是审查哲人身世。这一条是对胡适"求因"法的展开。冯友兰认为，中国人做学问讲究知人论学，把为学与为人联系在一起。这一良好的传统应当在中国哲学史研究中发扬光大。他在对中国哲学史中的主要人物做个案研究时，都会用相当多的篇幅对其生平、著述做比较详细的介绍，然后再展开他的思想画面。

六是评述哲人哲学。冯友兰把这一条称为"明其理"，是对胡适"评判"法的展开。他指出，研究哲学史的目的并非报道哲学家的思想情况，而是推动哲学理论思维水平的提升。研究者不应该是一个旁观者，而应当是一个同先哲进行对话的参与者。研究者不能抹杀先哲的理论贡献，也不必讳言先哲留下的遗憾。研究哲学史的宗旨就是"明其理"，而"明其理"是一个不断深化的过程，永远不会完结。理是客观的，任何人对理的认识都是主观的，同客观的理总会有一定的距离。明白了这个道理，才不至于被先哲所误导。研究者不能没有自己的看法，这种看法当然也免不了主观色彩，也不可能完全合乎客观的理，但研究者可在与先哲对话的过程中互相比较，互相补充，互相纠正，从而形成一个比较正确的认识。冯友兰把评述哲人哲学看作"六经注我"和"我注六经"的统一："自己明白了那些客观的道理，自己有了意，把前人的意作为参考，这就是'六经注我'。不明白那些客观的道理，甚而至于没有得古人所有的意，而在语言文字上推敲，那就是'我注六经'。只有达到'六经注我'的程度，才能真正地'我注六经'。"

上述这些方法，可以说是冯友兰在20世纪30年代研究中国哲学史实践经验的结晶和升华，至今仍有不可忽视的学术价值。他的理论贡献曾被误解为"资产阶级学术思想"，这个冤案该推翻了。

（原标题为《中国哲学史学科的奠基石——重读冯友兰著两卷本〈中国哲学史〉》，原载于《社会科学战线》2014年第2期）

中国哲学史学科发展的引擎

张岱年是"横向研究进路"的发明者。此进路就是把中国古代哲学当成完整的断代史看待，只做综合性研究，不做个案研究，通过专题论述的形式展开中国哲学史的内容。这是一种史论型研究进路，采用这种进路，他留下名著《中国哲学大纲——中国哲学问题史》。张岱年受冯友兰影响较大，他们之间有同也有异。他特别尊重冯友兰在中国哲学史研究方面取得的成果，曾表示："1931 年，冯友兰先生的《中国哲学史》上卷，考察之精，论证之细，使我深深敬佩！"① 不过，他还是辟出与冯友兰不同的研究进路。

一、哲学观

张岱年承认自己在中国哲学史研究方面是冯友兰的同调，但不认为自己在哲学方面是冯友兰的同调。他明确表示："我在哲学思想方面，与吾兄申府是同调；在中国哲学史研究方面，则与冯友兰先生是同调。"② 他不认同冯友兰"哲学是讲出一种道理来的道理"的说法，提出了与冯友兰不同的哲学观。他在《中国哲学大纲》"序论"中写道："哲学是研讨宇宙人生之究竟原理及认识此种原理的方法之学问。"③ 张岱年的哲学观包含以下几层意思。

第一，把"宇宙"和"人生"两个话题联系在一起相提并论，不再把哲学研究的课题定位于"形而上学"，不再定位于抽象的本体论。把宇宙与人生联系在一起，意味着哲学并不关注与人无关的世界，只关注属于人的

---

① 《张岱年全集》第 8 卷，河北人民出版社 2007 年版，第 504 页。
② 《张岱年全集》第 8 卷，河北人民出版社 2007 年版，第 463 页。
③ 张岱年：《中国哲学大纲》，中国社会科学出版社 1982 年版，第 1 页。

世界。这就突破了传统西方哲学解释世界的视域，认同马克思主义哲学观；也以"天人合一"为底色，认同中国的哲学传统。

第二，"究竟原理"及其认识方法都是开放性的话题，需要不断地"研讨"。迄今为止，没有哪个哲学家可以对此给出终极性结论。以往哲学家的观点都是阶段性成果，后来的哲学家可以吸收前人的理论思维成果，但不必拘守其结论。研讨"究竟原理"及其认识方法，常讲常新，应当鼓励另辟蹊径。

第三，哲学是"学问"，而不是"道理"。按照"道理"说，哲学被视为一种确切的知识，指的是柏拉图所说的理念。"道理"说虽不排除讲法的多样性，但强调"道理"是一个，实质上是一种单数哲学观。按照"学问"说，哲学并不是常量，而是变量；不是知识，而是活动。时代变化了，做"哲学"这门学问的方式也是随之变化的。所以，哲学不能归结为对某种"道理"的诉说。"学问"说与金岳霖提出的"成见"说类似，都倾向于复数哲学观，而不再认同单数哲学观。

依据"学问"说，张岱年承认哲学具有普遍性，但不承认哲学具有单一性。他说："我们也可以将哲学看作一个类称，而非专指西洋哲学。"① 西方哲学只是一种特殊的哲学理论形态，不能完全等同于哲学的普遍性。从"学问"说出发，张岱年找到了中国哲学之所以能讲的充分理由。从哲学的特殊性来看，哲学的讲法是"多"，而不是"一"。西方哲学是一种特殊哲学，中国哲学也是一种特殊哲学，二者之间具有相似性，但不具有相同性。不能说西方哲学是哲学，中国哲学不是哲学。"有一类学问，其一特例是西洋哲学，这一类学问之总名是哲学。如此，凡与西洋哲学有相似点，而可归入此类者，都可叫作哲学。以此意义看哲学，则中国旧日关于宇宙人生的那些思想理论，便非不可名为哲学。中国哲学与西洋哲学在根本态度上未必同；然而在问题及对象上及其在诸学术中的位置上，则与西洋哲学颇为相当。"② 尽管在中国学术史上没有出现"哲学"这一术语，但不妨碍中国哲学在事实上成为一种哲学理论形态。先秦所说的"学"相当于古希腊

① 张岱年：《中国哲学大纲》，中国社会科学出版社1982年版，第2页。
② 张岱年：《中国哲学大纲》，中国社会科学出版社1982年版，第2页。

人所说的"哲学";先秦的诸子学、道学、义理之学、理学等,讲的都是中国哲学。

二、 中国哲学特色

冯友兰基于"道理"说,比较看重中西哲学的共性,而对中国哲学的特殊性关注不够。这种偏向在张岱年那里得到纠正。他从"学问"说出发,把中国哲学的特点概括为以下六条。

(一) 合知行

张岱年把中国哲学归结为实践哲学,以示同思辨哲学有区别。"中国哲学在本质上是知行合一的。思想学说与生活实践,融成一片。中国哲人研究宇宙人生的大问题,常从生活实践出发,以反省自己的身心实践为入手处;最后又归于实践,将理论在实践上加以验证。即是,先在身心经验上切己体察,而得到一种了悟;了悟所至,又验之以实践。要之,学说乃以生活行动为依归。"由于中国哲学属于实践型,而非思辨型,故而并不专门研究知识是如何形成的问题,而特别关注知行关系问题。"知行合一"的命题虽出于王阳明之口,但也代表了大多数中国哲学家注重实践的共识。张岱年在广义上使用"知行合一"这个术语,赋予其现代哲学的意涵,即理论与实践统一。

张岱年以孔子、孟子、荀子、惠施、庄子、周敦颐、程颐、张载为例证,认为:"中国哲学中有许多名词与理论,都有其实践的意义;离开实践,便无意义。想了解其意义,必须在实践上做功夫,在生活上用心体察。"[①] 他注意到,中国哲学的"实践"与辩证唯物论所说的"社会实践"不完全是一个意思,中国哲学的"实践"主要是指个人日常活动,但他没有像教条主义者那样把二者截然对立起来,不排除二者有融会贯通的可能性。

张岱年以"合知行"概括中国哲学"重实践"的特点,而这种特点表现在知识论态度上,便形成中国哲学家特有的进路,那就是"在方法上更

极注重道德的修养，以涵养为致知之道"。"中国哲人，都以为欲求真知，须有一种特殊的修养。穷究宇宙人生的真际，要先在德行实践上做功夫。"①正是因为中国哲学有合知行、重修养的特点，所以研究中国哲学也必须找到相应的方法，而不能简单地套用思辨哲学的研究方法。

（二）一天人

由于中国哲学具有实践哲学的特点，故而在哲学思维方式上也独具一格。"中国哲学有一根本观念，即'天人合一'。认为天人本来合一，而人生最高理想，是自觉达到天人合一之境界。物我本属一体，内外原无判隔。但为私欲所昏蔽，妄分彼此。应该去此昏蔽，而得到天人一体之自觉。中国大部分哲学家认为天是人的根本，又是人的理想；自然的规律，亦即当然的准衡。而天人之间的联系者，多数哲学家认为即是性，人受性于天，而人的理想即在于尽性；性即本根，亦即道德原则，而道德原则乃出于本根。"② 中国哲学从不怀疑此岸世界的真实性，不预设超越的彼岸世界，不认同"本体真而不实，现象实而不完全真"的二分观念。

在中国哲学视域中，人天本属一体，物我本属一体，世界只有一个。"天人既无二，于是亦不必分别我与非我。我与非我原是一体，不必且不应将我与非我分开。于是内外之对立消弭，而人与自然，融为一片。西洋人研究宇宙，是将宇宙视为外在的而研究之；中国人则不认宇宙为外在的，而认为宇宙本根与心性相通，研究宇宙亦即研究自己。"③ 西方哲学从自然哲学的视角看宇宙，探究自然的奥秘，把主体与客体区别开来，选择分析的进路；中国哲学从人生哲学的视角看宇宙，讲究合内外之道，选择综合的进路。按照中国哲学的进路，人在认识自然的同时，也在认识人自己；人认识自己的同时，也在认识自然：两者无法分开。哲学思考只能以属于人的宇宙为对象，不能以不属于人的、纯客观的宇宙为对象。

---

① 张岱年：《中国哲学大纲》，中国社会科学出版社 1982 年版，第 6 页。
② 张岱年：《中国哲学大纲》，中国社会科学出版社 1982 年版，第 6—7 页。
③ 张岱年：《中国哲学大纲》，中国社会科学出版社 1982 年版，第 7 页。

（三）同真善

从实践哲学的视角看，本真与至善是同一的，存在本体与价值本体是分不开的。"中国哲人认为真理即是至善，求真乃即求善。真善非二，至真的道理即是至善的准则。即真即善，即善即真。从不离开善而求真，并认为离开求善而专求真，结果只能得妄，不能得真。为求知而求知的态度，在中国哲学家甚为少有。中国思想家总认为致知与修养乃不可分；宇宙真际的探求，与人生至善的达到，是一事之两面。穷理即是尽性，崇德亦即致知。"在西方哲学中，求真与求善是两个话题，哲学只讲究"爱智"，只讲究求真，而不必与求善相关联。在中国哲学中，研究哲学的目的在于"问道"。"道兼赅真善：道是宇宙之基本大法，而亦是人生之至善准则。求道是求真，同时亦是求善。真善是不可分的。"

以上是张岱年概括的中国哲学的主要特点。除此之外，他认为中国哲学还有以下三个特点。

（四）重人生而不重知论

中国哲学把人生论同知识论合在一起讲，但重点放在人生论方面。"中国哲人，因思想理论以生活实践为依归，所以特别注重人生实相之探求，生活准则之论究。"① 在"天人合一"的哲学思维框架中，没有把主观与客观区分开来，不会专门探讨主客观之间的关系问题，没有像西方哲学那样关注知识论话题。

（五）重了悟而不重论证

同中国哲学不重视单纯的知识论研讨相关，"中国哲学不注重形式上的细密论证，亦无形式上的条理系统"。"中国哲学只重生活上的实证，或内心之神秘的冥证，而不注重逻辑的论证。"② 中国哲学家往往直抒胸臆，写出所悟所见，并不做系统的逻辑论证。西方哲学家往往以系统的方式表达

---

① 张岱年：《中国哲学大纲》，中国社会科学出版社 1982 年版，第 8 页。
② 张岱年：《中国哲学大纲》，中国社会科学出版社 1982 年版，第 7 页。

自己的哲学观点；而中国哲学家往往以非系统的方式表达自己的哲学观点。西方人的哲学论著有形式上的系统；而中国哲学家的哲学论著没有形式上的系统，常常是思想断片的汇集。中国哲学缺少形式上的系统，并不等于没有实质上的系统。对于系统论证，中国哲人"是不为也，非不能也"。他们认为，烦琐的论证非但没有必要，反而会成为赘疣。

（六）既非依附科学亦不依附宗教

以重实践、合知行、一天人、同真善为特色的中国哲学，贯彻"以人为本"的原则，在类型上属于人生哲学，既有别于宗教哲学，也有别于自然哲学。中国哲学从来没有成为宗教的婢女，"从无以证明神的存在为务者"，始终保持独立发展的态势，指导中国人精神世界的搭建。中国哲学讲究"天人合一"，不以解释自然为主题，"所以根据科学研究以成立哲学系统的情形，在以前的中国亦是没有"。

在现代中国，大多数学者比较看重中国哲学的人类性，而遮蔽了中国哲学的民族性。展开论述中国哲学特色的学者，恐怕张岱年是第一人。在中国哲学史研究的进程中，胡适和冯友兰比较关注"在中国的哲学"，打破了"哲学只在西方"的谬见。在此基础上，张岱年又向前走了一步，研讨"有中国特色的哲学"。关于中国哲学六个特点的概括，他本人并不满意。他在"附注"中表示："中国哲学的特点是一个比较艰深的问题。此处所论，简而未晰，今后当另撰专文论述。"① 令人遗憾的是，自 20 世纪 50 年代以后，哲学界教条主义盛行，已被打成"右派"的张岱年无法继续从事关于中国哲学特色的研究。

三、 方法新探

依据"学问"说，张岱年把中国哲学的研究重心由普遍性转到特殊性，在研究方法上也相应提出独到的见解。关于哲学史研究方法，胡适概括为"明变、求因、评判"三条；冯友兰归纳为"钻研西洋哲学、搜集哲学史料、详密规划迹团、探索时代背景、审查哲人身世、评述哲人哲学"等六

① 张岱年：《中国哲学大纲》，中国社会科学出版社 1982 年版，第 9 页。

儒学转型与中国哲学精神

条，张岱年则主张以下四条。

（一）审其基本倾向

这一条可以叫作概观法。其意思是说，研究者首先应当树立一种总体观，从大局着眼，紧紧抓住总体特征，做出综合判断。只有把握大局，才能按照从总体到具体的进路，步步深入，全幅展现中国哲学的丰富内涵。

从宏观上说，"审其基本倾向"是指把握中国哲学某方面的总体特征。例如，在宇宙论方面，中国哲学选择的思路同西方哲学选择的思路不一样，"如不知道中国哲学不做非实在的现象与在现象背后的实在之别，便不能了解中国哲学中的宇宙论"。在人生论方面，中国哲学选择的思路同西方哲学选择的思路也不一样，"不知道中国大部分哲学家以天人合一为基本观点，则不会了解中国的人生论"①。换句话说，"审其基本倾向"就是从中国哲学的实际出发，而不是用外来的范式剪裁中国哲学、曲解中国哲学。这一条十分重要，如果不先对中国哲学基本倾向有充分的了解，便不会对哲学家的学说有深刻的了解。要做到这一条并非易事，因为基本倾向往往是哲学家默认的共识，很难辨别，需要研究者具备很强的理论思维能力。

（二）析其辞命意谓

这一条讲的是解析法。上一条讲的是从大处着眼，这一条讲的是从小处入手。"审其基本倾向"有如画家打轮廓，"析其辞命意谓"有如画家一笔一笔地精描细画。哲学思想史由命题与范畴构成，对其意涵必要讲清楚。"对于过去哲学中的根本概念之确切意谓，更须加以精密的解析。""对于中国哲学之根本观念之意谓加以解析，这可以说是解析法（analytic method）在中国哲学上的应用。"② 研究中国哲学不是传述古代哲学家的言论，而是要挖掘其中的道理。因此，研究者不能不运用解析法。张岱年研究中国哲学，可谓是运用解析法的高手。例如，对于"天人合一"这个命题，他做了这样的解析："中国哲学中所谓天人合一，有二意谓：一、天人本来合

---

① 张岱年：《中国哲学大纲》，中国社会科学出版社 1982 年版，"自序"第 18 页。
② 张岱年：《中国哲学大纲》，中国社会科学出版社 1982 年版，"自序"第 18 页。

一，二、天人应归合一。天人关系论中之所谓天人合一，乃谓天人本来合一。关于天人本来合一，有二说：一、天人相通，二、天人相类。所谓天人相通，如解析之，其意义可分为两层。第一层意义，是认为天与人不是相对待之二物，而乃一息息相通之整体，其间实无判隔。第二层意义，是认为天是人伦道德之本原，人伦道德原出于天。"他条分缕析，娓娓道来，把诸多意谓讲得清清楚楚、明明白白。

（三）察其条理系统

这一条可以简称为系统法。张岱年同意冯友兰的说法，中国哲学没有"形式上的系统"，但有"实质上的系统"。有无"形式上的系统"，可以说是中西哲学的差别之所在。不能以西方哲学为标准衡量中国哲学，武断地做出"中国没有哲学"的结论；也不能用西方哲学家的研究模式曲解中国哲学。"求中国哲学系统，又最忌以西洋哲学的模式来套，而应当细心考察中国哲学之固有脉络。"① 研究中国哲学的目的，在于把"实质上的系统"揭示出来。

（四）辨其发展源流

除了概观法、解析法、系统法之外，张岱年主张把辩证法应用于中国哲学研究。他指出，每种学说或每位哲学家都不是孤立的点，因此应当用发展的观点、普遍联系的观点、对立转化的观点来考察，展现中国哲学的动态画面。"发展或历史的观点，是永远有用的；想深切了解一个学说，必须了解其发展历程，考察其原始与流变。而在发展历程之考察中，尤应注意对立者之互转，概念意谓之变迁与转移，分解与融合；问题之发生与发展，起伏及消长；学说之发展与演变，在发展中，相反学说之对转，即学说由演变而转入于其相反：这都是应注意审勘的。考察概念学说之发展与其对立互转，这可以说是辩证法（dialectical method）在中国哲学研究上之应用。"②

---

① 张岱年：《中国哲学大纲》，中国社会科学出版社 1982 年版，第 19 页。
② 张岱年：《中国哲学大纲》，中国社会科学出版社 1982 年版，第 19 页。

上述张岱年提出的概观法、解析法、系统论、辩证法等四条方法论原则，无论在理论视野上还是在理论深度上，都超过了胡适和冯友兰，有力地推进了中国哲学史学科建设。

四、 解释框架

张岱年把握相似性与差异性相统一的原则，或者人类性与民族性相统一的原则，从世界观、人生观、知识论三个方面综论中国哲学，创造出一套有特色的解释框架。这是他对中国哲学史学科建设最突出的贡献。

（一）宇宙论

这是《中国哲学大纲》的第一部分，由《引端：中国宇宙论之发生》以及两篇构成。第一篇《本根论》，相当于西方哲学中的本体论。张岱年没有使用"本体"一词，而是别出心裁，从《庄子》一书找到"本根"一词。在西方哲学中，"本体"真而不实，仿佛在万物之外；在中国哲学中，"本根"既真且实，与万物同在，有如树干与树根、树枝、树叶同在。本根虽不是万物之中任何一物，但不能脱离万物单独存在。关于中国哲学中的本根论，张岱年强调有三个特点："一、不以唯一实在言本根，不以实幻说本根与事物之区别。二、认本根是超乎形的，必非有形之物，而寻求本根不可向形色中求。三、本根与事物有别而不相离，本根与事物之关系非背后实在与表面假象之关系，而乃是原流根枝之关系。"① 在中国哲学中，没有西方哲学或印度哲学中的那种本体论观念，没有把宇宙"二重化"，而是始终认定宇宙只有一个，"本根"与万物不二。

第一篇《本根论》是关于宇宙的总体性思考，而第二篇《道论》则是关于宇宙的动态性思考。大多数中国哲学家认同动态的、有机的宇宙观，认为一切事物皆在变易之中，称之为"大化"。中国哲学家没有像某些西方或印度哲学家那样认为变动是虚幻的，他们从不怀疑变动的真实性。

在这一篇里，张岱年介绍了中国哲学关于变易与常则关系问题、大化的动因问题、两一关系问题、大化是否有始终的问题、有无关系问题、坚

① 张岱年：《中国哲学大纲》，中国社会科学出版社1982年版，第16页。

白同异关系问题、形神关系问题研讨的情况，并且与西方哲学做了比较研究，得出了结论：第一，有些西方哲学家认为变动是假象，中国哲学家认为变易作为现象，本身就是实在；第二，中国哲学中反复两一理论与西方哲学中的辩证法相似，但没有像某些西方哲学家那样将其倒置；第三，"在西洋哲学，大化论之中心问题是目的论与机械论之争。在中国既无纯粹的目的论，亦无纯粹的机械论……最发达的是一种非机械论的自然论，即神化论"①。

（二）人生论

这是《中国哲学大纲》的第二部分，由《引端：人生论在中国哲学中之位置》以及四篇构成。中国哲学通常把宇宙论与人生论合在一起讲，并且以人生论为主题。总体思路是：先讲宇宙的普遍道理，接着讲宇宙与人生的关系或天与人的关系，然后论及人的本性，最后谈到人生的最高理想。第一篇《天人关系论》首先涉及人在宇宙中是否具有特殊地位的问题。少数哲学家表示否定，多数哲学家表示肯定，"天地之性人为贵"的说法得到普遍的认同。由于肯定人在宇宙中的特殊地位，进而形成有中国特色的、作为主流的"天人合一"说。"中国哲学之天人关系论中所谓天人合一，有二意义：一、天人相通，二、天人相类。"② 张岱年认为"天人相通"强调天道乃是人伦道德的根源，具有合理性，也具有局限性；而"天人相类"则是一种牵强附会的思想。对于非主流的天人关系论，他也做了介绍和叙述。

第二篇《人性论》讨论人对人自身的认识。由于受到时代的限制，受到学术立场的限制，哲学家们不可能达成共识。在先秦时代，出现性善、性恶、性无善恶、性超善恶、性有善有不善、有性善有性不善等不同观点；西汉学者多主性有善有恶论；从东汉到唐代，"性三品"说比较流行；北宋以后，"性两元"论掌控主流话语，并且深入至研讨性与心之间的关系问题；到明、清两代，有些学者试图推翻"性两元"论的话语权，提出"性

① 张岱年：《中国哲学大纲》，中国社会科学出版社 1982 年版，第 162 页。
② 张岱年：《中国哲学大纲》，中国社会科学出版社 1982 年版，第 173 页。

一元"论与之抗衡。张岱年认为，古人在讨论人性论时，因过于重视修养、教育、政治等具体问题，对人性的内涵反而认识不到位。在他看来，人性的内涵应当包括以下三条：一是生而自然的生理性征；二是人之所以为人而有别于兽性的本质性征；三是证成人生之究竟的根据。

第三篇《人生理想论》论述哲学家关于人格的构想。中国哲学家关于实然人性的看法不一致，关于应然人格的构想也不一致，被张岱年归纳为"九说"：仁说、兼爱说、无为说、有为说、诚说、与天为一说、与理为一说、明心说、践形说。仁说最早由孔子提出，主张"泛爱众"；墨子把仁说推向极端，提出兼爱说；道家批评儒、墨两家，主张顺其自然，倡导无为说；由对无为说的批评，反弹出有为说；作为无为说和有为说的合题，便形成诚说，又有与天为一说；由与天为一说而分裂，出现与理为一说和明心说，以穷理尽性为趣旨；最后出现践形说，以经世致用为趣旨。

第四篇《人生问题论》是在前三篇论述宏观话题的基础上，探讨人生论中的具体问题。张岱年提炼出九个问题：关于义与利的问题、关于命的问题、关于兼与独的问题、关于自然与人为的问题、关于损与益的问题、关于动与静的问题、关于欲的问题、关于情的问题、关于死与不朽的问题。他发现了一个有趣的现象：在前八个问题中，皆形成三种观点，其中有两种趋于极端，有一种取乎中道。例如，在关于兼与独的问题上，杨朱讲"为我"，偏于独；墨子讲"为天下"，偏于兼；而儒家主张"穷则独善其身，达则兼济天下"，取法乎中道。他对中道的观点表示认同，特别指出"王船山、颜习斋、戴东原的学说可以说是比较精湛，比较契合实际的"①。

（三）致知论

这是《中国哲学大纲》的第三部分，由《引端：中国哲学中之致知论》以及两篇构成。这部分相当于西方哲学中的知识论，但与之又有区别，故而张岱年没用使用"知识论""方法论"之类的术语。他利用《大学》提供的资源，创造出"致知论"这一中国哲学特有的术语。他承认，中国哲学的确没有把研究重点放在知识问题上，但不能认为中国哲学完全不讲知

---

① 张岱年：《中国哲学大纲》，中国社会科学出版社 1982 年版，第 494 页。

识论和方法论。

第一篇《知论》论述中国哲学关于知识性质的看法。大多数中国哲学家认为，所知先于能知，客观先于主观。至于知识的来源，在中国哲学中约有三说：一是知由感官而来；二是知由内心自发；三是认为感官是知的一源，知还有别的来源。"三说虽异，而皆认为知与行有密切关系，此实中国哲学之基本倾向。"① 有些哲学家认为知识存在着限度，但这种观点没有形成西方哲学的那种不可知论。至于检验真知的方法，则有墨子"三表法"、荀子"解蔽"说、韩非子"参验"说、王充"效验"说、张载"共见共闻"说等理论的提出。

第二篇《方法论》论述中国哲学关于求知之道的看法。张岱年把中国哲学家使用的方法归纳为六种：一是验行，以墨子、颜元为代表；二是体道，以老子、庄子为代表；三是析物，以惠施、公孙龙为代表；四是体物或穷理，以荀子、张载、朱熹为代表；五是尽心，以孟子、陆九渊、王阳明为代表；六是两一或辩证，以老子、庄子、张载为代表。这些方法有时单用，有时联用。中国哲学方法论有两个特点：一是注重致知与道德修养的关联，甚至认为二者为一事；二是比较注重直觉的作用。真知是否可以用名言来表达呢？道家持否定态度，儒家和墨家持肯定态度，并且对名辩理论做了深入的探讨。名家对于名辩理论也颇有贡献。

五、 进展与遗憾

在中国哲学史学科初建阶段，张岱年和胡适、冯友兰一样，都是大师级的哲学史家。他的突出贡献有以下几点。

第一，对哲学学科性质有了更深刻的认识。

胡适对哲学学科性质的认识有些片面。他的定义是："哲学是研究人生切要的问题，从意义上着想，去找一个比较可普遍适用的意义。"② 按照这种定义，哲学似乎与宇宙观无关，只同人生观有关。我们可以把他的哲学观简称为"意义"说。冯友兰对哲学的认识比胡适要全面一些，他没有把

---

① 张岱年：《中国哲学大纲》，中国社会科学出版社 1982 年版，第 497 页。
② 胡适：《哲学与人生》，《东方杂志》第 20 卷 23 期。

宇宙观排除在哲学之外。他的说法是："哲学是说出或写出之道理。"这个道理是抽象的，"只对于真际有所肯定，而不特别对于实际有所肯定"。[①] 我们可以把他的哲学观简称为"道理"说。"意义"说和"道理"说都是一种单数哲学观，中西哲学的差异被遮蔽了，中国哲学的特色被遮蔽了。张岱年突破了单数哲学观，对哲学学科性质有了新的认识。他提出的"学问"说，比胡适的"意义"说和冯友兰的"道理"说都更为深刻，不再认为哲学是单数，强调哲学是复数：哲学作为"类称"，不可能单独存在，要借助各种理论形态表现出来。西方哲学是一种具体的哲学理论形态，中国哲学也是一种具体的理论形态，二者可以有相似性，但不必有相同性。因此，研究中国哲学没有必要套用西方哲学的研究模式。

第二，把研究重点移向中国哲学特色。

从"学问"说出发，张岱年找到了讲中国哲学的新方向，那就是关注中国哲学的特色之所在。他把中国哲学的特色概括为合知行、一天人、同真善、重人生而不重知论、重了悟而不重论证、既非依附科学亦不依附宗教等六条，皆发人所未发，真正贴近了中国人的精神世界。如果不关注中国哲学的特点，可以讲"在中国的哲学"，但讲不出"有中国特色的哲学"。中国哲学研究者的任务不能仅限于前者，更重要的在于后者。

第三，做出关于哲学史方法的新概括。

胡适把哲学史方法论原则概括为明变、求因、评判等三条，为开展中国哲学史研究奠定了理论基础，真正启动了中国哲学史学科建设工程。他撰写的《中国哲学史大纲》（卷上），虽不完整，但毕竟是学科建设的第一个成果。冯友兰在胡适的基础上，进一步提出钻研西洋哲学、搜集哲学史料、详密规划迹团、探索时代背景、审查哲人身世、评述哲人哲学等六条原则。他是系统梳理中国古代哲学史的第一人，完成了学科建设的基础工程。张岱年吸收胡适和冯友兰的研究成果，对哲学史方法做出新的概括，归纳出"审其基本倾向"的概观法、"析其辞命意谓"的解析法、"察其条理系统"的系统法、"辨其发展源流"的辩证法等四条。从胡"三条"到冯"六条"再到张"四条"，显示出中国哲学史学科不断发展的轨迹。

① 冯友兰：《贞元六书》上，华东师范大学出版社 1996 年版，第 9、11 页。

第四，创横向论述中国哲学的框架。

胡适著《中国哲学史大纲》（卷上）和冯友兰著两卷本《中国哲学史》都是按历史线索写中国哲学史，而张岱年创造出另一种写法。他把中国古代哲学作为一个整体的研究对象，从横向的角度概述中国哲学的问题意识、基本内容和理论特质。他没有照搬西方哲学的研究模式，而是创造出宇宙论、人生论、致知论三部分，由此组成横向表述框架。他创立的这种模式，对后来的研究者启发很大。方立天著《中国古代哲学》、李存山著《中国传统哲学纲要》、笔者著《中国传统哲学通论》都采用了横向研究的思路。

第五，开中国哲学范畴研究的先河。

张岱年从宏观的角度把中国古代哲学概括为三个组成部分，又从微观角度将其细化为若干范畴构成的画卷。他对道、太极、气、理气、变易与常则、反复、两一、大化、始终、有无、坚白、形神、性善与性恶、心、仁、兼爱、无为、有为、诚、与理为一、明心、践形、义与利、命与非命、兼与独、自然与人为、损与益、动与静、欲与理、情与无情、人死与不朽、志功、名与辩等范畴或命题都做出明白的诠释。张岱年开启的范畴研究模式，对后世影响也很大。在20世纪末，中国哲学史界曾掀起中国哲学范畴研究的热潮，涌现出一批成果，其中有张立文著《中国哲学范畴发展史》（天道篇、人道篇）、张立文主编《中国哲学范畴精粹》丛书、钟肇鹏选编《中国哲学范畴》丛刊、人民出版社编《中国哲学范畴集》、葛荣晋著《中国哲学范畴通论》，皆同张岱年的方法创新有直接的关系。

由于中国哲学史学科处在初建阶段，张岱年著《中国哲学大纲》不可能一步到位，留下一些遗憾不可避免。

一是历史感不够强。由于采用横向综论的进路，固然避免了纵向表述进路的局限性，但也失掉了此种进路的优点。张岱年把中国哲学视为一个完整的系统，没有对其做阶段性划分，难以呈现哲学思想发展的过程性。沿着横向综论的进路，可以写"中国哲学论"，却不能写"中国哲学史"。如何把两种进路有机结合起来，使二者互相补充、相得益彰，恐怕还是一个需要进一步研究的课题。

二是问题意识不够突出。此书的副标题是"中国哲学问题史"，本应该对中国哲学家如何提出哲学问题、如何回答问题、如何转变提问题的方式等有所交代。但令人遗憾的是，此书恰恰在这一方面做得尚不到位。此书的基本架构"宇宙论、人生论、致知论"三大部分，其实很难被称为"问题"，称其为"专题"倒更为贴切。

三是对不同类型哲学之间的交流解释得不够充分。张岱年把哲学界定为"类称"，认为此"类称"涵盖中国哲学、西方哲学、印度哲学三种类型。他看到三者之间的差异，却对三者之间相互影响、相互交流的方面研究不够。事实上，中国哲学并没有完全独立发展。佛教传入中国后，已经同原有哲学融会贯通，成为中国化的佛学，成为中国哲学的组成部分。张岱年把中国化的佛学置于中国哲学论域之外，似乎不妥。

从 1919 年到 1949 年，中国哲学史学科在中国初步建立起来。谢无量、陈黻宸等人，写中国哲学史或讲中国哲学史，拉开了学科初建的序幕；胡适完成对先秦哲学史的断代梳理，取得了第一项成果；冯友兰撰写两卷本《中国哲学史》，搭建起整个中国古代哲学史的大厦，成为名副其实的学科建设奠基人；张岱年对中国哲学做横向考察，撰写《中国哲学大纲》，成为综论中国哲学的第一人。致力于学科初建的前辈们，有成功的经验，也有令人遗憾的教训。无论是经验还是教训，都弥足珍贵，值得我们回味、总结、借鉴。

（原标题为《中国哲学史学科发展的引擎——简论张岱年横向研究进路》，原载于《中州学刊》2013 年第 6 期）

儒学转型与当代价值

国学、儒学与哲学

一

　　就中国学术传统来讲，可以"国学"来统揽所有的中国学问。历史地看，"国学"一词出自 20 世纪初叶西学东渐时期，它是一个与诸种"外学"相对而生的概念。就其内涵来讲，凡是中国的语言文字、文学艺术、历史地理和风俗习惯等都涵盖于"国学"名下。关于这一点，邓实曾说："国学者何？一国所自有之学也。有地而人生其上，因以成国焉，有其国者有其学。学也者，学其一国之学以为国用，而自治其一国者也。"① 同时，在西学东渐的过程中，还形成了"汉学"概念。所谓"汉学"，指国外学界对中国文化研究所形成的学问，它大致相当于前述所谓的"国学"。② 关于"汉学"，李学勤曾说：

　　　　汉学一词，英语是 Sinology 或 Chinese studies，而前者的意味更古典些，专指有关中国历史文化、语言文学等方面的研究。汉学的"汉"，是以历史上的名称来指中国，和 Sinology 的词根 Sino- 来源于"秦"一样，不是指一代一族。汉学作为一门学科，词的使用范围本没有国别的界限。外国人研究中国历史文化是汉学，中国人研究自己的历史文化也是汉学。因此有人把中国人讲的"国学"就译作"Sinology"。……实际上，按照国内学术界的习惯，汉学主要是指外国人对中

---

① 邓实：《国学讲习记》，《国粹学报》1906 年第 19 期，第 4 页。

② 在清乾隆年间，学界形成了重考据的朴学，即"汉学"。它主要分为两支：一支称"吴派"，成于惠栋，主张收集汉代经师注解，加以疏通，以阐明经书大义；一支称"皖派"，成于戴震，主张从音韵、训诂、历算、地理、制度等方面，阐明经典大义。这两派主要以汉儒经说为宗，推崇东汉许慎、郑玄之学，所以也称之为"汉学"。皮锡瑞对清朝的学术曾总结道："国朝经学凡三变。国初，汉学方萌芽，皆以宋学为根柢，不分门户，各取所长，是为汉、宋兼采之学。乾隆以后，许、郑之学大明，治汉学者已鲜。说经皆主实证，不空谈义理。是为专门汉学。"（参见皮锡瑞著，周予同注释：《经学历史》，中华书局 1959 年版，第 341 页。）本文所谓"汉学"非此"汉学"。

国历史文化的研究而言。①

如果依照思想类型划分，"国学"可分为"先秦诸子"或儒、道、释三家等；如果依照科目划分，可依《四库全书》分为"经""史""子""集"四部，但以"经""子"两部为重，尤以"经"部为重点。很显然，无论是上述哪种划分方式，其分类均与现代学科的分类不同。

毋庸置疑，儒学乃中国"国学"的重要内容甚或主流。不过，关于儒学，有一种观点认为其为宗教，原因在于儒家思想"渗透"并导引着中国人的实际生活，此与宗教的功能非常类似，因此历史上才出现了"儒、释、道三教并立"的说法。例如，宋代张商英即从宗教的角度来论说儒学。他说："群生失真迷信，弃本逐末者，病也。三教之语，以驱其惑者，药也。儒者使之求为君子者，治皮肤之疾也；道书使之日损，损之又损者，治血脉之疾也；释氏直指本根，不存枝叶者，治骨髓之疾也。"不过，这样一种观点是站不住脚的，根本原因在于任何宗教都有一个超越的崇拜对象。在儒家，虽然有孔子这样的崇拜对象，但孔子并不是超越的崇拜对象，而是作为"至圣先师"之"人间智者"的圣人。此外，儒家"四书"诚然是儒者的"圣经"，但是"四书"里没有"创世纪"式的宇宙论，也没有"天堂""地狱"式的"彼岸世界"。由此来讲，尽管儒学与宗教的功能类似，但不能认为儒学是宗教。对此，熊十力曾说：

> 中国古无宗教之名，晚周诸子各以学术称专家，如孔氏之徒曰儒家，老氏之徒曰道家是也。自印度佛教入，而世俗始以儒、道与佛并称三教。然儒、道二家之学者并不自承为宗教也。……故以中国之儒、道、佛并称为教，此乃世俗相沿之失，而非学术界所认可，不能无辨（民初有以儒家孔子为教主请定为国教者，时士论大哗，皆谓孔学非宗教云）。②

既然儒学不是宗教，那么它与哲学是什么关系呢？所谓"儒学"，是指以"仁"为核心进行研究而展开的学问。所谓"哲学"，是指对于"事实"和"价值"进行超越研究的学问。在此，就外延来讲，"儒学"大于"哲

① 李学勤：《国际汉学著作提要》"序"，江西教育出版社1996年版，第1—2页。
② 萧萐父：《熊十力全集》第4卷，湖北教育出版社2001年版，第226页。

学"，即"儒学"包含"哲学"。因此，"儒学"当中有诸多内容并非"哲学"，就如同"国学"当中有诸多内容并非"儒学"。不过，"哲学"乃"儒学"内容的核心，此相类于"儒学"乃"国学"内容的核心。因此，在儒学当中亦存在"哲学"，而此"哲学"称为"儒家哲学"。历史地看，面对东周末年"礼坏乐崩"的情形，孔子认为，"礼"并非不好，也不是人们不知"礼"，而是知"礼"却不去行"礼"，原因在于没有行"礼"的内心基础。于是，他借鉴历史上已有的相关概念，将这个内心基础定义为"仁"，进而创立了关于"仁"的学说，并由此奠定了儒家学说的基础。由于这个学说对于"治疗"当时的文化疾患产生了"疗效"，故被社会所接受并且传衍下来。更为重要的是，由于学说的内在价值和多种外在机缘，儒学曾长期居于中国文化的主流，甚至被多个朝代确定为官方意识形态。由此讲来，儒学不仅历史悠久，而且影响深远，堪称一个大学派。

历史地看，儒学起源于东周春秋时期，与道家、墨家、法家、阴阳家等诸子百家为同时。不过，与其他许多流派消逝于历史长河之中不同，尽管儒学从内容、形式到功能在不断地变化，但它绵延至今已有两千五百余年的历史。概括地讲，就内容、形式和功能等方面综合考察，儒学经历了三种比较大的理论形态，即先秦至汉唐时期的"实存道德描述形态"、宋明时期的"形上学形态"、明末清初以来的"形上道德实践形态"。① 所谓"实存道德描述形态"，是以对实存道德现实的描述和对道德理想的设计为内容骨干，以形上、形下内容交融于一个理论整体之中为特征，它在形上探讨方面处于起步阶段。所谓"形上学形态"，其以建构"本体论"形上学体系为内容，以汲取佛、道精华之后为儒学奠定形上基础为特征，它在儒学"哲学化"方面迈上了一个大台阶。所谓"形上道德实践形态"，是以对于前两个阶段的超越为内容；它以"形上学形态"为形上基础，结合了西方哲学的挑战，在更高层面实现了对"实存道德描述形态"的回归。这样一个过程，可依由"具体"到"抽象"再到"具体"的过程来理解。当然，与前一个"具体"相比，后一个"具体"在内容上更丰富，在层次上亦更高超。而且，所谓"更丰富"和"更高超"，是就"哲学化"的意义

---

① 参见程志华：《"中断性"语境下的儒学发展"三期说"》，《学习论坛》2006 年第 10 期。

下篇 儒学转型与当代价值

来讲的。很显然，这样三种形态之演变，反映了儒学历史实乃"哲学化"不断深化的过程。

的确，中国古代未曾创立"哲学"这一概念，也没有出现过独立的哲学学科。不过，并不能因此而否定中国存在"哲学"这门学问，因为"国学"中存在现代学科的相关内容。例如，"国学"包括社会科学、人文学科甚至自然科学等诸多学科的内容，其中符合哲学特征的内容即为"哲学"。历史地看，尽管"哲学"之名来自西方，但中国人其实很早就开始运用自己的方式"述说"哲学了。之所以如此说，在于"追求超越"是人类的本性，中国人也并不是这种追求的例外。具体来讲，"追求超越"表现为两种形式：一为宗教；二为哲学。尽管中国的宗教并不发达，但中国人亦有本土宗教；同样，尽管中国的哲学没有"哲学"之名，但中国人亦有本土哲学内容。冯友兰认为，虽然中国人不关心宗教，但却"极其关心"哲学。他说："他们（指古代中国人——引者）不大关心宗教，是因为极其关心哲学。他们不是宗教的，因为他们都是哲学的。他们在哲学里满足了他们对超乎现世的追求。他们也在哲学里表达了、欣赏了超道德价值，而按照哲学去生活，也就体验了这些超道德价值。"① 因此，如果否认中国哲学的存在，其实是否认中国人对于"超越"的追求。

关于中国是否存在"哲学"，美国老一代汉学家德效骞（Homer H. Dubs，1892—1969）认为，希腊哲学与中国哲学存在相似性，而相似性缘于共同的"人性"，因为"人性"是相同的，而哲学乃"人性"的"产品"，故希腊哲学与中国哲学便可能相似。质言之，因为"人类的统一性"，中国与希腊一样，亦发生了哲学。他说："在中国，我们发现了出现在希腊的同样的哲学问题，以及很多同样的答案。这证明了人类的统一性及其生存环境的相似。"② 然而，尽管希腊哲学与中国哲学存在相似性，但中国哲学确实有自己的特点。在此意义下，冯友兰认为，中国缺乏"哲学"的形式，但具有"哲学"的内容。他说："所谓系统有二：即形式上的系统与实质上的系统。……中国哲学家之哲学之形式上的系统，虽不如西洋哲学家；

---

① 冯友兰：《中国哲学简史》，涂又光译，北京大学出版社 1985 年版，第 8 页。

② Homer H. Dubs: "A Comparison of Greek and Chinese Philosophy", *The Chinese Social and Political Science Review* 2 (1933): 327.

但实质上的系统，则同有也。讲哲学史之一要义，即是要在形式上无系统之哲学中，找出其实质的系统。"① 基于此，他与胡适等人在中国哲学"实质的系统"之上建构了"形式的系统"，从而建构起中国哲学学科。学科建立的标志是胡适于 1919 年出版的《中国哲学史大纲》（卷上）、冯友兰于1931 年出版的《中国哲学史》等著作。此外，谢无量和钟泰也在同期先后出版了相关著作。

二

哲学作为一门追求智慧的学问，其实只是一种"哲学原型"。所谓"哲学原型"，指哲学作为超越地研究事实与价值的学问，它乃是所有已有的和新开出的哲学学说的根据。换言之，"哲学原型"是指：以"哲学"概念为普遍性的定义，每种哲学学说则为具体性的表现。正是在此意义下，康德说：

> 哲学乃一切哲学的知识之体系。吾人若以哲学指评衡"一切哲学化企图"之原型而言，又若此种原型为评衡各种主观的哲学（此种哲学之结构，往往分歧繁复而易于改变）之用，则此种哲学必须视为客观的哲学。所视为客观的（原文有一"之"字，疑为衍字——引者）哲学，乃一可能的学问（非具体的存在）之纯然理念，但吾人由种种不同途径努力接近此种理念，直至最后发现为感性产物所掩蔽之唯一真实途径，以及迄今无成之心象能与此原型相类（在人力所能及之限度内）为止。②

因此，尽管中西哲学存在诸多差异，但它们始终遵循共同的基本脉络，即"由形而下到形而上"或"由形而上到形而下"。质言之，无论是西方哲学家，还是中国哲学家，他们的工作不外乎两个方面：其一，通过绝对的"形而上者"解释相对的"形而下者"；其二，通过相对的"形而下者"建构绝对的"形而上者"。概括地讲，前者属于"本体论"范畴，后者则属于"认识论"范畴。由此来讲，中西哲学之别在于建构了不同的"形而上者"：

---

① 冯友兰：《中国哲学史》，中华书局 1947 年版，第 13—14 页。
② ［德］康德：《纯粹理性批判》，蓝公武译，商务印书馆 2017 年版，第 624 页。

在西方，柏拉图建构的是"理念"，基督教建构的是"上帝"；在中国，程、朱建构的是"理"，陆、王建构的是"心"……总之，"哲学"属于一个"原型"范畴，而所有哲学学说则是一种"家族相似"①，二者乃普遍性与特殊性即"理一分殊"②或"月印万川"③的关系。

大致来讲，哲学可分为"知解的形上学"和"实践的形上学"两种类型。所谓"知解的形上学"，指依思辨理性而建构的形上学，即以认识对象为旨归的形上学。所谓"实践的形上学"，指依实践理性而建构的形上学，即由人的实践来建立的形上学。具体来讲，"知解的形上学"是以探讨"事实"为核心的哲学，其核心内容是"事实本体论"，即以某种"事实"作为本体进行探讨；它起源于对外在世界的探寻，它关注的是自然存在，回答的是"知识之源"的问题。在此意义上，哲学实为一种"最高的知识"。蔡元培说："哲学为学问中最高之一境，于物理界及心理界之知识，必不容有所偏废。"④ 傅泛际（Francisco Furtado，1587—1653）也说，哲学，"译名，则言知之爱；译义，则言探取凡物之所以然，开人洞明物理之识也"⑤。就哲学史来看，古希腊哲学、经验论和唯理论、德国古典哲学都属于"知解的形上学"的典型形态。"实践的形上学"则不同，它是以"价值"为核心的哲学，其核心理论是"价值本体论"，即以某种"价值"作为本体进行探讨；它肇端于对生命存在及其意义的探寻，它关注的是人的存在，回答的是"价值之源"的问题。在此意义上，哲学实为一种"最高的价值"。因此，胡适说："凡研究人生切要的问题，从根本上着想，要寻一个根本的解决，这种学问，叫作哲学。"⑥ 就哲学史来看，中国哲学之儒、释、道三家都属于"实践的形上学"的典型形态。

---

① 维特根斯坦的"家族相似性"（Family Resemblance）认为，"范畴成员"不必具有该"范畴"的所有属性，而是 AB、BC、CD、DE 式的"家族相似关系"；"范畴成员"的特性不一定完全相同，它们靠"家族相似性"归属于同一范畴。参见维特根斯坦：《哲学研究》，汤潮等译，生活·读书·新知三联书店1992 年版。

② 朱熹说："盖能于分殊中事事物物，头头项项，理会得其当然，然后方知理本一贯。不知万殊各有一理，而徒言理一，不知理一在何处。圣人千言万语教人，学者终身从事，只是理会这个。"黎靖德编，王星贤点校：《朱子语类》第 2 册，中华书局 1986 年版（下同），第 678 页。

③ 朱熹说："本只是一太极，而万物各有禀受，又自各具一太极尔。如月在天，只一而已；及散在江湖，则随处而见，不可谓月已分也。"黎靖德编，王星贤点校：《朱子语类》第 6 册，第 2409 页。

④ 高平叔：《蔡元培全集》第 2 卷，中华书局 1984 年版，第 347 页。

⑤ 《名理探》，傅泛际译，商务印书馆 1935 年版，第 16 页。

⑥ 胡适：《中国哲学史大纲》，东方出版社 1996 年版，第 1 页。

不过，尽管儒、释、道三家皆为"实践的形上学"，但三家却遵循不同的理路。就对人生的态度来讲，哲学可分为"出世哲学"和"入世哲学"两种理路。佛、道两家的哲学，无论是"求寂"还是"求止"，均以"否定"现实为出发点，故属于"出世哲学"。例如，佛家认为，生是人生痛苦的根源，因此，人要得到真正的"解脱"，就必须脱离社会甚至脱离"生"；道家认为，"有为"乃诸多问题的根源，要解决这些问题就必须清心寡欲、自然无为；儒家哲学则认为，要化解世间问题，人应"参赞天地之化育"，积极从事社会人伦事务，进而通过日用修养以实现理想。因此，相较而言，佛、道两家所注重者是宇宙，是彼岸世界和人的来世；儒家所注重者则是社会，是此岸世界和人的今生。很显然，儒家哲学属于"入世哲学"。因此，当学生问起关于"死"的问题时，孔子回答："未知生，焉知死？"①关于"出世哲学"与"入世哲学"两种理路，冯友兰说："从入世的哲学的观点看，出世的哲学是太理想主义的，无实用的，消极的。从出世的哲学的观点看，入世的哲学太现实主义了，太肤浅了。"②尽管从"出世哲学"的角度看，"入世哲学"亦有缺欠，但实际上，所谓"缺欠"恰恰是其优长之处。换言之，"出世哲学"否定现实，即从负面言说，而从负面言说不可能直接实现"超越"；只有肯定现实，即从正面言说，才可真正直接实现"超越"。由此来讲，佛、道两家实为"实践的形上学"的旁枝，唯有儒家哲学方为真正的"实践的形上学"。牟宗三说：

> 道德是大宗，但还有两个旁枝，一是道家，一是佛教。从道德上说智的直觉是正面说，佛家道家是负面说，即从对于不自然与无常的痛苦感受而向上翻求"止"求"寂"以显示。但这都是从人的实践以建立或显示智的直觉：儒家是从道德的实践入手，佛、道两家是从求止求寂的实践入手。其所成的形上学叫作实践的形上学：儒家是道德的形上学，佛、道两家是解脱的形上学。③

既然为"入世哲学"，又为真正的"实践的形上学"，故相对佛、道两

---

① 何晏注，邢昺疏，朱汉民整理，张岂之审定：《论语注疏》，北京大学出版社1999年版，第146页。
② 冯友兰：《中国哲学简史》，涂又光译，北京大学出版社1985年版，第10—11页。
③ 牟宗三：《智的直觉与中国哲学》，第447页，载《牟宗三先生全集》20，台湾联经出版事业股份有限公司2003年版。

家哲学，儒家哲学更具"人文性"。由此来讲，儒家哲学即可谓"人文哲学"。历史地看，儒学从创立时起一直到现代，所关心者并非"来生""天堂""上帝"等问题，而主要是社会、人生、现世等问题。因此，孔子不仅将"死"的问题推开，亦将"鬼神"的问题推开。他说："务民之义，敬鬼神而远之。"① 进而，儒家认为，人乃万物之灵，人乃天地之中心。孔子说："天地之性人为贵。"② 荀子也说："水火有气而无生，草木有生而无知，禽兽有知而无义，人有气、有生、有知，亦且有义，故最为天下贵也。"③ 因此，儒家关注人在天地间的地位，围绕"人"的问题而立论。《周易》说："刚柔交错，天文也。文明以止，人文也。观乎'天文'，以察时变；观乎'人文'，以化成天下。"④ 质言之，儒学强调以人为本，追求人生意义和价值，从而成就君子人格，进而提升社会文明。例如，孔子"己欲立而立人，己欲达而达人"⑤ "己所不欲，勿施于人"⑥ 的君子品格，孟子"富贵不能淫，贫贱不能移，威武不能屈"⑦ 的"大丈夫"精神，荀子"权利不能倾也，群众不能移也，天下不能荡也"⑧ 的君子情操，都是儒家哲学"人文性"的体现。

然而，只说儒家哲学为人文哲学，仍然显得过于笼统，因为"人文"的范围很广泛，它包含艺术、文学、道德等诸多领域，而且佛、道两家亦具"人文性"而同为人文哲学。因此，要把握儒家哲学的人文性，还需要进一步比较儒、释、道三家。经过比较可以看到，相对于佛、道两家而言，儒家哲学的人文性落实为"道德主义"。所谓"道德主义"，亦可称为"宗法伦理中心主义"，指基于血缘关系以道德伦理为中心的学说。例如，孔子说"仁者，人也"⑨ "仁者爱人"⑩，就是讲"仁"乃人之为人的根本；孟子

---

① 何晏注，邢昺疏，朱汉民整理，张岂之审定：《论语注疏》，北京大学出版社 1999 年版，第 79 页。
② 李隆基注，邢昺疏，邓洪波整理，钱逊审定：《孝经注疏》，北京大学出版社 1999 年版，第 28 页。
③ 王先谦撰，沈啸寰等点校：《荀子集解》，中华书局 1988 年版，第 164 页。
④ 王弼注，孔颖达疏，李申等整理，吕绍纲审定：《周易正义》，北京大学出版社 1999 年版，第 105 页。
⑤ 何晏注，邢昺疏，朱汉民整理，张岂之审定：《论语注疏》，北京大学出版社 1999 年版，第 83 页。
⑥ 何晏注，邢昺疏，朱汉民整理，张岂之审定：《论语注疏》，北京大学出版社 1999 年版，第 214 页。
⑦ 赵岐注，孙奭疏，廖名春等整理，钱逊审定：《孟子注疏》，北京大学出版社 1999 年版，第 162 页。
⑧ 王先谦撰，沈啸寰等点校：《荀子集解》，中华书局 1988 年版，第 19 页。
⑨ 郑玄注，孔颖达疏，龚抗云整理，王文锦审定：《礼记正义》，北京大学出版社 1999 年版，第 1440 页。
⑩ 何晏注，邢昺疏，朱汉民整理，张岂之审定：《论语注疏》，北京大学出版社 1999 年版，第 168 页。

162

儒学转型与中国哲学精神

说"人之异于禽兽者几希"①，强调的是人之有善性、有道德的特征。概括地讲，儒家伦理以血缘关系为基础而推及夫妇关系和君臣关系，从而建构起"三纲"的伦理关系，实现了理论上的"家国同构"。历史地看，这样一种理论不仅成为儒学区别于其他学派的重要标志，而且因衍射到中国文化的许多方面而成为整个中国文化的显著特征。质言之，儒学的根本特征是"道德主义"。关于此，孔子曾说：

德之不修，学之不讲，闻义不能徙，不善不能改，是吾忧也。②

就儒学作为"道德主义"来讲，其所追求的理想是"内圣外王"。"内圣"，是就道德修养的成就而言；"外王"，是就社会功用而言。因此，所谓"内圣外王"，指有最高道德精神成就的人应该为王。具体来讲，人之为人，所应有的最高成就是成为"圣人"，而"圣人"即指"内圣外王"的理想人格。就地位来讲，儒家的"圣人"相当于佛教中的"佛"和西方宗教中的"神"。不过，儒家的"圣人"并非超越者，而是人间的智者。既然"圣人"的人格是"内圣外王"，那么儒家哲学的宗旨便是要帮助实现这种人格，儒家哲学的主要内容便是"内圣外王"之道。进而，"内圣外王"之道包括道德修养和政治思想两方面：既讲道德修养，亦讲治国、平天下。正因为如此，孔子讲"修己以敬""修己以安人""修己以安百姓"③；后儒也讲"内圣外王"④"修己治人"⑤。总之，在儒家，"内圣"与"外王"对列、并举、互动：既由内向外，也由外而内；"内圣"必须经由"外王"而得到安顿，"外王"必须由"内圣"获致恰当方向。

三

上述是程志华教授历时十年完成的《中国儒学史》（上下卷）⑥的前提

---

① 赵岐注，孙奭疏，廖名春等整理，钱逊审定：《孟子注疏》，北京大学出版社1999年版，第223页。
② 何晏注，邢昺疏，朱汉民整理，张岂之审定：《论语注疏》，北京大学出版社1999年版，第84页。
③ 何晏注，邢昺疏，朱汉民整理，张岂之审定：《论语注疏》，北京大学出版社1999年版，第204页。
④ 荀子说："圣也者，尽伦者也；王也者，尽制者也。两尽者，足为天下之极矣。"王先谦撰，沈啸寰等点校：《荀子集解》，第407页。
⑤ 许衡说："及其十有五岁，自天子之元子众子，公卿大夫元士之适子，与凡民之俊秀者，皆入大学，教之以穷理、正心、修己、治人之道。"许衡著，王成儒点校：《许衡集》，东方出版社2007年版，第34页。
⑥ 程志华：《中国儒学史》上下卷，人民出版社2017年12月版。

性说明，我对此深表赞同。在他看来，近 30 年来儒学呈现出复兴态势，但这种复兴又呈现出多元化向度，相关思潮对儒学的定性并不相同，对儒学社会功能的理解也不相同。因此，在从事儒学研究前必须要对"向度"问题有一个说明，否则会让读者误读和误解。基于前述，程志华教授以厘正"国学""儒学"与"哲学"关系为前提，进而从"哲学向度"疏解了近三千年的中国儒学史。实际上，纵观全书可以发现，这样一种说明不仅是这部著作的前提性说明，也是贯穿于著作正文的主脉。因此，这部《中国儒学史》与其说是一部"中国儒学通史"，不如说是一部"中国儒家哲学通史"。不仅如此，程志华教授还认为，儒学复兴大致体现出"生活向度""意识形态向度""宗教向度""哲学向度"四种向度。所谓"生活向度"，亦称"民间儒学"，指儒学走出书斋，走向社会和民间直接指导生活实践的主张。所谓"意识形态向度"，指恢复儒学之国家意识形态主导地位的主张。所谓"宗教向度"，指将儒学视作真正宗教并致力于发展"儒教"的主张。所谓"哲学向度"，即"形上学向度"，指超越地研究事实与价值的主张。在程志华教授看来，这四种向度具有不同的前景："生活向度"不能独立存在，它的延续依赖"哲学向度"的发展；"意识形态向度""宗教向度"不可能有"光明"前景，因为无论在史实还是在学理上，它们都是不可能的；唯有"哲学向度"可有"光明"前景，因为哲学旨在为人类提供"知识之源"和"价值之源"。只有当"哲学向度"确实提供了"知识之源"和"价值之源"，儒学才会真正实现自身的"复兴"。而且，要达及此"光明"前景并非易事，它需要儒学界尤其是哲学界共同的持续的努力。[①]在此意义上，这部《中国儒学史》乃是作者之努力所完成的阶段性成果。

〔原标题为《国学、儒学与哲学——程志华教授〈中国儒学史〉的研究向度》，原载于《燕山大学学报》（哲学社会科学版）2018 年第 2 期〕

儒学转型与中国哲学精神

---

① 参见程志华：《论近 30 年来儒学复兴的四个向度》，《东岳论丛》2017 年第 10 期。

儒学的现代转型

儒学的发展历程大体上可以划分为四个阶段。第一个阶段为原典儒学，以孔子、孟子、荀子为代表，构筑起儒学的基本架构。第二个阶段为汉唐经学，是在政治学维度上发展儒学，以政治儒学为特色。第三个阶段为宋明理学，是在人学维度上发展儒学，应对佛、道二教的挑战，确立了儒学在精神生活领域中的主导地位，以人生儒学为特色。第四个阶段为现代新儒学，是在哲学维度上发展儒学，应对西方哲学的挑战，以哲理儒学为特色。这一阶段尚处在发展过程中，其发端已成为历史，但其未完全成为历史。在"五四"时期，由于哲学在中国已经成为一门独立学科，使得对儒学做哲理阐释成为可能。在古代，讲儒学可以依傍圣人的权威，可以依傍天的权威，可以依傍皇帝的权威；而在现代皆行不通了，只能靠学理说话。所以，哲理儒学可以说是现代新儒家的唯一选择。最初选择这一维度的学者，就是梁漱溟先生。称他为现代新儒学思潮的开山，可谓实至名归。他是第一个使用现代哲学话语方式讲儒学的人。

一、 "大生命"本体论

中国传统哲学本体论的思维模式与西方近代哲学不同。中国传统哲学以天人关系为基本问题，没有把主体与客体对立起来，因而几乎无人单独从存在的角度寻求本体。中国传统哲学主张"天人合一"，把宇宙、人生看作一个有内在联系的整体。与此相关，在中国传统哲学中，"本体"不仅仅是宇宙存在的哲学依据，更重要的是人生意义和价值的哲学依据。同西方哲学相比，中国传统哲学比较注重本体的价值意义。同西方近现代哲学接触以后，现代新儒家的本体论的思考方式发生了变化。他们一方面接受西方近现代哲学的影响，从主客二分的角度思考本体论问题，试图构建解释世界的存在本体论学说;一方面继承中国哲学"天人合一"的学脉,努力把存在本体论翻转为价值本体论,突显本体的价值意义。

梁漱溟从柏格森哲学中受到启发,采取"生命"的进路,从主体出发诠释儒学,这后来成为狭义新儒家的基本风格。"生命"是梁漱溟从柏格森那里接受的第一个哲学观念。从这个观念出发,他突破了"天人合一"的模式,从主客二分角度思考宇宙存在的本体论依据。他从存在论的视角考察宇宙,否认客体自身的实在性,把宇宙视为生活或生命的表现形式。他说:"在我思想中的根本观念是'生命''自然',看宇宙是活的,一切以自然为宗。"① 在梁漱溟哲学中,生活、生命、自然是同等程度的本体论观念,都是指动态的宇宙本体。他说:"照我们的意思,尽宇宙是一生活,只是生活,初无宇宙。由生活相续,故而宇宙似乎恒在,其实宇宙是多的相续,不似一的宛在。宇宙实成于生活之上,托乎生活而存者也。这样大的生活是生活的真相,生活的真解。"② 这是梁漱溟关于生命本体论的基本概括。

在他看来,宇宙作为既成的事实,并不是独立的存在,必须以生命本体为终极依据。宇宙与生命既有区别,又有联系:宇宙是现象,生命是本体;宇宙是静态的"宛在",生命是动态的"相续"。从根本上说,宇宙不过是生命的表现形式。梁漱溟的结论是:"宇宙是一个大生命。从生物的进化史,一直到人类社会的进化史,一脉下来,都是这个生命无尽无已的创造。"③ 无论是自然现象,还是社会现象,在梁漱溟看来都是生命的创造;宇宙的统一性就在于其为生命的本性的表现。梁漱溟所说的"生命",是一个哲学意义上的概念,并不是生物科学意义上的概念。在他看来,哲学意义上的生命并不依赖于载体。"生活就是'相续'。……生活与'生活者'并不是两件事,要晓得离开生活没有生活者,或说只有生活没有生活者——生物。再明白地说,只有生活这件事,没有生活这件东西。所谓生物,只是生活。生活生物非二,所以都可以叫作'相续'。"④ 按照这种解释,生命过程就是一切,实体并不存在。

---

① 梁漱溟:《朝话》,商务印书馆 1940 年版,第 135 页。
② 梁漱溟:《东西文化及其哲学》,商务印书馆 1922 年版,第 48 页。
③ 梁漱溟:《朝话》,商务印书馆 1940 年版,第 49 页。
④ 梁漱溟:《东西文化及其哲学》,商务印书馆 1922 年版,第 48 页。

生命本体论是梁漱溟对儒学做哲理阐释的本体论依据。在他看来，孔子的形而上学就是"以生活为对、为好的态度。这种形而上学本来就是讲'宇宙之生'的，所以说'生生之谓易'。由此孔子赞美叹赏'生'的话很多，像是：'天地之大德曰生'；'天何言哉，四时行焉，百物生焉，天何言哉'；'致中和天地位焉，万物育焉'；'唯天下至诚为能尽其性，能尽其性则能尽人之性，能尽人之性则能尽物之性，能尽物之性则可以赞天地之化育，可以赞天地之化育则可以与天地参矣'；'天地变化，圣人效之'；'大哉圣人之道！洋洋乎发育万物，峻极于天'；如此之类总是赞叹不止。这一个'生'字是最重要的观念，知道这个就可以知道所有孔家的话。孔家没有别的，就是要顺着自然道理，顶活泼顶流畅地去生发。他以为宇宙总是向前生发的，万物欲生，即任其生，不加造作必能与宇宙契合，使全宇宙充满了生意春气"①。我们不必考究他的这种说法是否完全符合儒学的原意，但应当承认其确有新意，那就是从现代哲学维度为儒学转型找到了切入点。传统儒家本体论的确不是实体本体论，而是动态本体论。尽管以往儒家没有把动态本体明确地归结为生命，但毕竟同生命本体论有契合之处。因此，梁漱溟的诠释也不是完全没有根据的。我们不能说梁漱溟曲解了儒家哲学，因为他是接着传统儒学讲的，并非"照着讲"，因此必须找到新的讲法。

梁漱溟在提出"尽宇宙是一生活"的论断之后，进一步探究生命的根本，做出第二个论断——"生活的根本在意欲"。梁漱溟认为，每个人所面临的宇宙都是眼、耳、鼻、舌、身、意等"六根"不断地"探问或追寻"的结果。而"在这些工具之后则有为此等工具所自产出而操之以事寻问者，我们叫它大潜力或大要求或大意欲——没尽的意欲"。按照梁漱溟的解释，所谓"大意欲"就是叔本华所说的"宇宙意志"。他说："生活就是没尽的意欲（will）——此所谓'意欲'与叔本华所谓'意欲'略相近——和那不断的满足与不满足罢了。"② 这样，他便从生命本体论过渡到意志本体论。

从梁漱溟对现象世界的发生原因的解释中，自然而然地引出主体主义的结论。他指出，无人身的宇宙意志，最终通过有人身的主体落到了实处。

① 梁漱溟：《东西文化及其哲学》，商务印书馆1922年版，第121页。
② 梁漱溟：《东西文化及其哲学》，商务印书馆1922年版，第24页。

"有一个地方是宇宙大生命的核心，这个地方就是'人'。""一切生活都由有我，必有我才活动才生活。"①梁漱溟把认知主体叫作"现在的意欲"或"现在的我"，把与主体相对的现象世界叫作"前此的我"或"已成的我"。现象世界作为客体，是由主体设定的，是主体活动留下来的陈迹。他对物质宇宙的成因所做的哲学解释是："这个差不多成定局的宇宙——真异熟果——是由我们前此的自己而成功这样的；这个东西可以叫作'前此的我'或'已成的我'，而现在的意欲就是'现在的我'。所以，我们所说小范围生活的解释即是'现在的我'对于'前此的我'之一种奋斗努力。所谓'前此的我'或'已成的我'，就是物质世界能为我们所得到的，如白色、声响、坚硬等皆感觉对他现出来的影子呈露我们之前者；而这时有一种看不见、听不到、摸不着的非物质的东西，就是所谓'现在的我'。这个'现在的我'大家或谓之'心'或'精神'，就是当下向前的一活动，是与'已成的我'——物质——相对待的。"②

至此，梁漱溟从"生命"这一根本观念出发，经由"大意欲"（宇宙意志），落实到"现在的我"，形成了以"生命——意欲——我"为骨架的宇宙观。其理论特色有如下几点：

一是自觉地贯彻主体性原则，迈入现代哲学门槛。梁漱溟作为现代中国哲学家，他已掌握了主客二分的哲学思维方式。他把物质世界视为现象意义上的存在，主张从主体来把握客体，直接面对"物质与精神的关系"这一哲学基本问题。在他看来，主体只具有精神的规定性，称其为"现在的我"；物质世界并非独立的客观的存在，可以归结为"已成的我"。以主客二分为特征的主体性原则，并不是西方哲学的专利，而是现代性的表现之一。众所周知，西方近代哲学的主体性自觉以笛卡尔提出"我思故我在"为标志，那时欧洲资本主义经济已经相当发达了。梁漱溟从"现在的我"出发解释世界，同笛卡尔提出"我思故我在"一样，标志着中国现代哲学家已达到对于主体性原则的自觉。

二是视宇宙为发展过程，具有浓重的非理性主义色彩。梁漱溟心目中

① 梁漱溟：《东西文化及其哲学》，商务印书馆1922年版，第160页。
② 梁漱溟：《东西文化及其哲学》，商务印书馆1922年版，第49页。

的主体，不是理性的概念，而是非理性的生命。他没有像西方近代理性主义者那样把宇宙本体归结为物质实体或精神实体，而是归结为生命的演化过程。他把生命本体与叔本华所说的宇宙意志联系在一起，从而同非理性主义思潮相衔接。他以生命本体诠释传统儒学"天地之大德曰生"等命题，找到儒家的动态本体论与非理性主义之间的结合部。

三是突显个体主义，强调每个人都是一个认知主体。在梁漱溟的宇宙观中，主体就是个体。每个人作为主体，都可以变现出只属于他自己的现象世界。他说："盖各有各自的宇宙——我宇宙与他宇宙非一。抑此宇宙即是他——他与宇宙非二。"① 按照这种说法，他只能承认小我，而不能承认大我。他没有为大我给出哲学依据，也没有为"公共的宇宙"给出哲学依据。

二、 "三量说"认识论

传统儒学采用"天人合一"的哲学思维模式建构本体论，并不对其做认识论上的论证。梁漱溟采用主客二分的哲学思维模式建构生命本体论，则必须要找到认识论上的根据。这个根据就是"直觉"。"直觉"是梁漱溟从柏格森那里接受的第二个哲学观念。在他看来，"直觉"也可以印证儒家思想："儒家尽用直觉，绝少来讲理智。"他把概念的认识称为"理智"，将其排除在认识本体的渠道之外。他借用佛教"唯识学"的术语，阐述直觉主义认识论。

(一) 现量—感觉论

梁漱溟把感觉叫作现量。他说："所谓'现量'就是感觉（sensation）。譬如我喝茶时所尝到的茶味，或我看桌上白布所得到的白色，都是'现量'。"② 在佛教唯识学中，"量"是计量的意思。按照唯识学的说法，感觉就是"见分"（认知主体）和"相分"（被知客体）直接发生关系。梁漱溟也是这样看待感觉的。按照他的看法，感觉既然是主体与客体直接发生关

---

① 梁漱溟：《东西文化及其哲学》，商务印书馆 1922 年版，第 48 页。
② 梁漱溟：《东西文化及其哲学》，商务印书馆 1922 年版，第 70 页。

系，那么便是瞬间发生、瞬间消失的，因而不具有把握本质的功能，只能停留在"性境"即现象的层面。例如，"看见白布的'白'即是'性境'；'白'是我的影像，我所以觉得'白'是由视神经对于外界的刺激而反射者……因为无论什么人不能不用眼睛看，用眼睛看时，所得即为我眼识之所变现，而非布之本质"①。按照他的分析，由感觉所得到的认识尽管同本质有某种对应的关系，但并不能把握本质，不过是由感官变现出来的现象而已。这样，他就在本质和现象之间划了一道不可逾越的鸿沟，否定了人通过现象认识本质的可能性。诚然，感觉的确不能直接感知事物的本质，感性认识有待于上升到理性认识，但感觉毕竟是人透过现象深入本质的桥梁。梁漱溟拆毁了这座桥梁，为他抬高"直觉"埋下了第一道伏笔。基于这样的"现量—感觉"论，梁漱溟不会像贝克莱那样选择经验主义理路，而是选择了直觉主义理路。

（二）比量—理智论

梁漱溟把概念的理性认识叫作比量。他说："'比量智'即今所谓'理智'，也是我们心理方面去构成知识的一种作用。"这种作用就是"将种种感觉综合其所同、简别其所异，然后才能构成正确明了的概念"。例如"茶"这个概念，一方面就是把红茶、绿茶、清茶、浓茶等"自相"总括为"共相"，另一方面就是同非茶的液体如白水、菜汤、油、酒等区别开来。他不否认概念的认识来源于感官认识，但不认为概念的认识能够把握所认识对象的本质。在他看来，概念的认识非但没有深入本质，反而离本质更远了。由概念得到的"独影境"，与本质并无瓜葛。"'独影境'是有影无质的；当我心中作'茶'之一念时，其所缘念亦为一影像，然此影像无质为伴而与'见分'同种生；照直说，就是非藉于客观之物才变生的，而是我心所自生私有的。"② 概念连具体事物的本质都不能认识，当然更不可能成为宇宙本体的认识途径了。

在梁漱溟看来，拘泥于概念的认识，实则构成人们疏离生命本体的认

---

① 梁漱溟：《东西文化及其哲学》，商务印书馆 1922 年版，第 70 页。
② 梁漱溟：《东西文化及其哲学》，商务印书馆 1922 年版，第 71—72 页。

识论原因。由于人们一味地诉诸理智，于是打破了"天人合一"的状态。"在直觉中'我'与其所处的宇宙自然是浑然不分的，而在这时节被他打成两截，再也合拢不来，一直到而今，皆理智的活动为之也。"① 他把理智看成对于本体的遮蔽，为抬高"直觉"埋下第二道伏笔。基于这样的"比量—理智"论，他不可能像黑格尔那样选择理性主义理路，而是选择非理性主义理路。

（三）非量—直觉论

沿着非理性主义理路，梁漱溟强调直觉在认识过程中起决定作用。他的理由是："单靠现量和比量是不成功的。因为照唯识家的说法，现量是无分别，无所得的；——除去影像之外，都是全然无所得，毫没有一点意义；如果从头一次见黑而无所得，则累若干次仍无所得，这时间比量智岂非无从施其简、综的作用？所以在现量与比量中间，另外有一种作用，就是附于感觉——心王——之'受''想'二心所。'受''想'二心所对于意味的认识就是直觉。"② 他认为直觉超越主客二分，使二者浑然一体，故称之为"非量"。他指出，由直觉所得到的是一种有情味的知识。比如，欣赏一幅书法作品，感觉所得到的是黑的笔画，理智也无从表达其中的奥妙，只有直觉才能体会其中的意味，捕捉难以言传的精神。这意味和精神"既不同乎呆静之感觉，且亦异乎固定之概念，实是一种活形势也"。

梁漱溟强调，直觉是内省的知识。"着眼研究者是内界生命，其所用是直觉。""'我'之认识，感觉所不能为，理智所不能为，盖全出于直觉所得。"③ 通过内省的直觉，可以发现内界生命与"大生命"之间的关联，证得终极本体。他的说法是："要晓得感觉与我们内里的生命是无干的，相干的是附于感觉的直觉；理智与我们内里的生命是无干的，相干的是附于理智的直觉。我们内里的生命与外面通气的，只是这直觉的窗户。"④ "直觉"是梁漱溟为其"大生命"本体论找到的唯一认识论根据，但这并不能为其

---

① 梁漱溟：《东西文化及其哲学》，商务印书馆 1922 年版，第 63 页。
② 梁漱溟：《东西文化及其哲学》，商务印书馆 1922 年版，第 72 页。
③ 梁漱溟：《东西文化及其哲学》，商务印书馆 1922 年版，第 71—74 页。
④ 梁漱溟：《东西文化及其哲学》，商务印书馆 1922 年版，第 121 页。

本体论提供充分理由。从理性主义的观点看，梁漱溟的"非量—直觉"论仍旧是一种非理性主义的独断论。

三、 "三路向"文化观

梁漱溟生活在全球化时代，比传统儒者的视野更宽广。他找到了一种关于儒学的新的诠释方式，那就是文化比较。他在论述了本体论和认识论之后，立即把话题转向文化观，提出"三路向"说。

梁漱溟的文化观念是从"大生命"本体论演绎出来的。他说："文化是什么东西呢？不过是那一民族生活的样法罢了。……通是个民族通是个生活，何以它表现出来的生活样法成了两异的彩色？不过是它那为生活样法最初本因的意欲分出两异的方向，所以发挥出来的便两样罢了。"① 他非常重视文化的民族性和差异性，但也不否认文化的普适性与可通约性。基于这种认识，他把人类的文化路向划分为意欲向前要求、意欲调和持中、意欲反身向后三种类型。

第一路向是西洋文化。西洋文化以"意欲向前要求"为基本精神，在思维方式上以崇尚理智为基本特征。这是一种功利主义的路向。他不否认西方人"向前要求的路向"有可取的一面，那就是推动了生产力的发展，在物质生活方面取得了很大的成就；但是，在精神生活方面却是失败的。由于过度的功利追求，"他们精神上也因此受了伤，生活上吃了苦，这是19世纪以来暴露不可掩的事实"②。西方的功利主义路向违背生命本性，不可能给人们带来真正的幸福。"当西洋人力持这态度以来，总是改造外面的环境以求满足，求诸外而不求诸内，求诸人而不求诸己，对着自然界就改造自然界，对着社会就改造社会，于是征服了自然，战胜了威权，器物也日新，制度也日新，改造又改造，日新又日新，改造到这社会大改造一步，理想的世界出现，这条路便走到了尽头处！"③ 梁漱溟指出，当人类社会的发展处于"人对物质的问题之时代"，西洋的功利主义路向是适用的，而今已进入"人对人的问题之时代"，这种路向也就过时了。"向者之满足求诸

---

① 梁漱溟：《东西文化及其哲学》，商务印书馆1922年版，第79页。
② 梁漱溟：《东西文化及其哲学》，商务印书馆1922年版，第63页。
③ 梁漱溟：《东西文化及其哲学》，商务印书馆1922年版，第167页。

外求诸人，这时只得还而求诸内求诸己。"他预言，西洋式的功利主义路向将为儒家一向倡导的调和主义路向所取代，人类文化的发展将由第一路向转至第二路向。

第二路向是中国文化。中国文化以"意欲调和持中"为基本精神，在思维方式上以崇尚直觉为基本特征。这是一种顺世主义的路向。按照这种路向，人们"遇到问题不去要求解决，改造局面，就在这种境地上求我自己的满足。譬如屋小而漏，假使照本来的路向一定要求另换一间房屋，而持第二种路向的遇到这种问题，他并不要求另换一间房屋，而就在此种境地之下变换自己的意思而满足，并且一般的有兴趣。这时下手的地方并不在前面，眼睛并不向前看而向旁边看；他并不想奋斗的改造局面，而是回想的随遇而安。他所持应付问题的方法只是自己意欲的调和罢了"①。西方文化把人同环境对立起来，当成改造的对象，梁漱溟称之为"有对"的文化；中国文化把人同环境调和起来，当成顺应的对象，梁漱溟称之为"无对"的文化。

梁漱溟承认中国文化存在着"早熟"的问题，即在没有解决"人对物质的问题"的情况下，过早地转向了"人对人的问题"；但也有西方文化所不及之处。他预言，西方文化的下一步发展将选择第二路向，从中国文化中获取思想资源。他断言："世界未来文化就是中国文化的复兴，有似希腊文化在近世的复兴那样。"②

第三路向是印度文化。印度文化以"意欲反身向后"为基本精神，乃是一种出世主义的路向。按照这种路向，"遇到问题他就想根本取消这种问题或要求。这时他既不像第一路向的改造局面，也不像第二路向的变更自己的意思，只想根本上将此问题取消"③。在梁漱溟看来，印度文化可以解决人的情志问题，既要求生活而又不为老、病、死所困扰。印度文化将来有可能取代中国文化，但现在还不宜在中国和世界提倡。

通过三种文化路向的比较，梁漱溟得出的结论是：不走全盘西化的老路，持排斥印度文化的态度，要"批评地重新把中国原来的态度拿出来"。

---

① 梁漱溟：《东西文化及其哲学》，商务印书馆 1922 年版，第 53—54 页。
② 梁漱溟：《东西文化及其哲学》，商务印书馆 1922 年版，第 199 页。
③ 梁漱溟：《东西文化及其哲学》，商务印书馆 1922 年版，第 54 页。

他所说的中国文化，指的就是儒学。虽然他对儒学的现代价值表示充分肯定，但并不主张把儒学原封不动地拿出来。他的"三路向"说，其实并不是实证的文化学理论，而是一种高扬儒学现代价值的特殊方式。

四、"求诸内"价值观

梁漱溟的生命观念与柏格森的生命观念并不完全一样。在柏格森那里，生命是用来揭示存在的本体论范畴，在价值上是中立的；在梁漱溟那里，生命却是价值判断的主体。梁漱溟称这种价值判断的主体为"内里的生命"。他借用"生命""直觉"等现代哲学的术语，为儒家一向重视的"我欲仁，斯仁至矣""为仁由己""反求诸己""先立乎其大""发明本心""致良知"等内在性原则找到了现代的诠释方式。同传统儒学一样，梁漱溟也以"求诸内"为其价值观的归宿。

在梁漱溟看来，价值判断与事实判断是有区别的。事实判断以主客二分为前提，他称之为"有对"。在事实判断中，主体的认识为客体所规定，与自由意志无关。价值判断超越主客二分，诉诸直觉，他称之为"无对"。由于价值判断与事实判断不同，人们的价值取向可以有两种不同的选择：一种是依据事实判断，"求诸外"；另一种是依据价值判断，"求诸内"。

沿着"求诸外"的取向，形成了功利主义、个人主义的价值观，以西方现代人为代表。抱着这种价值观的西方现代人，把自己当成主体，把自然和社会当作客体，要求通过改造客体来满足自己的愿望，把自己置于与客体相对立的位置。"西洋人所做的生活以理智为其唯一重要工具，此甚明白之事。"[1] 据他分析，理智认定是形成个体功利主义价值观的根本原因。理智"一认定，一计算，在我就失中而倾欹于外了。……制定这个是善那个是恶，这个为是那个为非，这实是大错"。抱着功利主义、个人主义价值观的人，都是自我中心主义者，都把自己与外界对立起来，把自己同他人对立起来。这种人的"小我"意识强，私心重，斤斤计较，患得患失。"自己要打量计算，就通通谓之'私心''私欲'……私心人欲不一定是声、色、名、利的欲望之类，是理智的一切打量、计较、安排，不由直觉去随

① 梁漱溟：《东西文化及其哲学》，商务印书馆 1922 年版，第 158 页。

感而应。"① 梁漱溟称这样的人生为"工于算计的人生"，并且认为这样的人生同"孔家的人生"格格不入："最与仁相违的生活就是算账的生活。所谓不仁的人，不是别的，就是算账的人。""理智为其分配、打量之便利，而假为分别的；若当作真的分别，那么，就错误而且危险了。什么错误危险？就是将整个的人生生活打成两断截；把这一截完全附属于那一截，而自身无其意味。"② 他认为西方人的这种人生态度，违背了生命本性，并不值得中国人仿效。

沿着"求诸内"的取向，形成了直觉主义、群体主义的价值观，以儒家为代表。梁漱溟认为，儒学价值观与西方功利主义、个人主义价值观的根本区别在于，它并不以主体与客体的分别为前提，而是直接建立在生命本体之上。"中国古人却正有见于人类生命之和谐——人自身是和谐的（所谓'无礼之礼，无声之乐'指此）；人与人是和谐的（所谓'能以天下为一家，中国为一人'者在此）；以人为中心的整个宇宙是和谐的（所以说'致中和天地位焉，万物育焉''赞天地之化育，与天地参'等）。儒家对于宇宙人生，总不胜赞叹。"③ 儒学价值观并不突显个体性原则，而突显合群体性原则，以和谐为核心价值。如果说西方人的功利主义、个人主义价值观是理智型的，那么，儒学价值观则是直觉型的。中国人"不像西洋有那样的知识（科学）发达成就而依之以为生活，其理智无甚作用是很明的。……他那人与自然的浑融不是由直觉吗？其社会生活上人与人的尚情感而鲜计较，不是用直觉吗？其所依以为生活之一切学术莫非玄学化、艺术化，不都是用直觉的吗"④。

依据生命主义和直觉主义，梁漱溟对儒学价值观做了新的阐发。他说："孔子就因为把握得人类生命更深处作根据，而开出无穷无尽可发挥的前途。"⑤ "他不分什么人我界限，不讲什么权利义务，所谓孝弟礼让之训，处处尚情而无我。"⑥ 他把儒学价值观的特色概括为"尚情而无我"，并展开做

---

① 梁漱溟：《东西文化及其哲学》，商务印书馆 1922 年版，第 127 页。

② 梁漱溟：《东西文化及其哲学》，商务印书馆 1922 年版，第 134 页。

③ 梁漱溟：《中国文化要义》，上海人民出版社 2005 年版，第 117 页。

④ 梁漱溟：《东西文化及其哲学》，商务印书馆 1922 年版，第 159 页。

⑤ 梁漱溟：《中国民族自救运动之最后觉悟》，中华书局 1933 年版，第 76 页。

⑥ 梁漱溟：《东西文化及其哲学》，商务印书馆 1922 年版，第 152 页。

了论述。

第一，"尚情"就是随感而应。梁漱溟指出："人自然会走对的路，原不须你操心打量的。遇事他便当下随感而应，这随感而应，通是对。""这种直觉，人所本有，并且原非常敏锐，除非有了杂染习惯的时节。你怎么能复他本然敏锐，他就可以活动自如，不失规矩。"[1] 在这里，他对儒家的性善论做了直觉主义的诠释：人性作为生命本体的体现是至善，道德价值的判断就是良知的自我发现，就是"一任直觉"。这种判断与理智的考量无关，取决于主体自身的自觉与自愿。道德价值的判断依据在于其内在性，而不是其外在性。在梁漱溟看来，程朱理学取途穷理于外，"不甚得孔家之旨"。理由是："在孔子只有所谓人生无所谓性理，性理乃宋人之言，孔子所不甚谈者。"他认为儒家伦理是一种德性伦理学，并不是程朱理学家所诠释的规范伦理学。由于受到新文化运动的影响，他对程朱理学抱着一种批评的态度，对传统礼教抱着一种批评的态度。他说："自宋以来，种种偏激之思想，固执之教条，辗转相传而益厉，所加于社会人生的无理压迫，盖已多矣。"[2] 在批判"固执之教条"这一点上，梁漱溟同新文化运动的倡导者并没有分歧。不过，他坚决反对抓住一点而不及其余，反对全盘否定儒学的价值观。

第二，"尚情"就是履行仁道。梁漱溟对儒家伦理的核心范畴"仁"做了这样的解释："孔子所谓仁是什么？此敏锐的直觉，就是孔子所谓仁。""仁就是本能，情感，直觉。""仁只是生趣盎然。"[3] 既然是这样，那么求"仁"也就是追求情感上的安慰，在"安"字上求得"仁"。"直觉敏锐且强的人要求安，要求平衡，要求调和就强，而得发诸行为，如其所求而安，于是旁人就说他是仁人，认其行为为美德，其实他不过顺着自然流行求中的法则走而已。"[4] 追求情感上的安慰的过程，也就是向内心探索、体验生命本性的过程。梁漱溟由此得出结论："孔家情志安定都为其生活重心在内故也。""孔家所以值得特别看重，越过东西一切百家的，只为唯他圆满了

① 梁漱溟：《东西文化及其哲学》，商务印书馆 1922 年版，第 125—126 页。
② 梁漱溟：《东西文化及其哲学》，商务印书馆 1922 年版，第 150 页。
③ 梁漱溟：《东西文化及其哲学》，商务印书馆 1922 年版，第 134 页。
④ 梁漱溟：《东西文化及其哲学》，商务印书馆 1922 年版，第 127 页。

生活，恰好了生活。"① 他对儒家仁学的解释同传统儒学虽然有所不同，但他仍旧承袭了儒家历来主张"内自省""内自讼"的内在性原则。

第三，"尚情"就是自得其乐。梁漱溟指出："人生快乐就在生活本身上，就在活动上，而不在有所享受于外，试着指给大家一条大路，就是改换那求生活美满于外边享受的路子，而回头任取自身活动上的乐趣，各自找个地方去活动。人类的天性是爱活动，就在活动上而有乐趣。"② 顺着本能自觉活动，"情"安"理"得，就是"乐"；反之，就是"苦"——这就是梁漱溟对"孔颜之乐"做的新阐发。依据这种苦乐观，他得出的结论是："中国的一切起居享用都不如西洋人，而中国人在物质上所享受的幸福，实在倒比西洋人多。盖我们的幸福乐趣，在我们能享受的一面，而不在所享受的东西上——穿锦绣的未必便愉快，穿破布的或许很乐；中国人以其与自然融洽游乐的态度，有一点就享受一点，而西洋人风驰电掣的向前追求，以至精神沦丧苦闷，所得虽多，实在未曾从容享受。"③

第四，"无我"就是拒斥来自理智"小我"的干扰。"尚情"是梁漱溟从正面对儒学价值观的论述，"无我"则是他从反面对儒学价值观的说明，也就是反对以理智态度对待人生。抱着理智的态度，"开口就是权利义务，法律关系，谁同谁都是要算账，甚至父子夫妇之间也都是如此；这样生活实在不合理，实在太苦"④。"无我"才能"无欲"，因为"人在欲望中恒只知为我而顾不到对方；反之，人在感情中，往往只见对方而忘了自己"⑤。无"小我"，才会有"大我"，才会树立"仁者与万物同体"的儒者情怀。

归结起来，梁漱溟对儒学价值观的新阐发，就是解构儒家既成的伦理规范体系，保留儒学人性善的价值理念。他的第一个着眼点是论证儒家的合群体性原则，强调和谐的理念，希望以此解决当时中国社会面临破产的问题，达到中国社会重建的目的。他的这种愿望无疑是美好的，无奈在当时社会动荡的情况下，并没有可操作性。借用司马迁的话说，可谓是"迂远而阔于事情"。他的第二个着眼点是论证儒家的内在性原则，试图重建

---

① 梁漱溟：《东西文化及其哲学》，商务印书馆1922年版，第135页。
② 梁漱溟：《东西文化及其哲学》，商务印书馆1922年版，第152页。
③ 梁漱溟：《中国文化要义》，上海人民出版社2005年版，第120页。
④ 梁漱溟：《东西文化及其哲学》，商务印书馆1922年版，第152页。
⑤ 梁漱溟：《中国文化要义》，上海人民出版社2005年版，第120页。

"安身立命之地"。他肯定人的生命本性中有自我完善的终极依据，这符合儒家的一贯主张。可惜的是，他过分强调了内在性的非功利主义取向，忽视了儒家经世致用的功利主义取向，并且把这两种取向截然对立起来，未能全面把握儒家的"合内外之道"。在梁漱溟的价值观中，由于没有把内在性同经世致用联系在一起，因而显得十分抽象。他对个人主义、功利主义价值观的批评是深刻的，有力地揭示了西方现代社会中流行的"现代病"，足以使我们引以为戒，同时肯定了儒学有对治"现代病"的功效，但是他未能发掘出儒学促进现代化发展的价值。

〔原标题为《儒学的现代转型——论梁漱溟的哲学话语方式》，原载于《江南大学学报》（人文社会科学版）2013 年第 5 期〕

现代语境与新儒学的萌发

自 20 世纪 80 年代开始，"现代新儒家"成为学术研究的热门课题。以方克立、李锦全教授为负责人，成立了"现代新儒家研究"课题组，课题被列入"国家社会科学基金"重大项目，有数十位中青年学者参与研究工作。已发表的文章数以千计，出版的专著也有几十部之多。对梁漱溟、熊十力、冯友兰、贺麟、马一浮、方东美、张君劢、钱穆、牟宗三、唐君毅、徐复观、杜维明、刘述先、成中英等代表性人物，都有人做专门的研究，可谓硕果累累。本文对现代新儒学思潮得以出现的语境、内因和走向做一些考察，以就教于学界同仁。

一、 现代新儒学思潮出现的语境

任何思潮都不可能凭空出现，都是特定语境所孕育的产物。现代新儒学思潮当然也不例外。这一思潮之所以发端于"五四"新文化运动时期，首先同当时已经形成具有独立思考能力的新式知识分子队伍有密切的关系。倘若没有这样一批新人，显然不能突破传统儒学的藩篱，显然讲不出新儒学。新式知识分子是现代新儒学思潮赖以产生的社会基础，正是他们改变了中国近代以来的话语方式。自鸦片战争以来，先进的中国人抱着"向西方寻找真理"的心态，有意无意地把西学理想化，把它看成解决一切问题的"灵丹妙药"。他们常常把中学与西学对立起来，把中学等同于旧学，把西学等同于新学，对儒家思想缺少应有的同情。他们自觉或不自觉地把自己摆在"学生"的位置，把西方人摆在"先生"的位置，缺少对于本民族的文化自信。平心而论，他们之所以会有如此心态，同他们尚未形成独立的思考能力有密切关系。到"五四"时期，这种情况发生了变化。在这一时期，新式知识分子队伍无论是在数量上还是在质量上都有很大的改观。

从人数上看，此时有一大批留学欧美和日本的学人回国，同时从中国自己办的新式学校中，也走出了数量可观的毕业生。从质量上看，一批在欧美取得高学历的学人也回到了祖国。由于对西方文化了解得比较深刻，中国人发现西方文化并非尽善尽美，也存在诸多弊端。特别是经历了第一次世界大战以后，人们对这种弊端看得更加清楚，于是逐步破除了对西方文化的迷信，形成了独立思考的能力，开始重新思考中国文化的出路问题，重新看待中学与西学的关系，重新看待新学与旧学的关系，重新审视固有文化的价值。于是，从新式知识分子的群体中，涌现出一批现代新儒家学者。梁漱溟、熊十力、马一浮、冯友兰、贺麟都出自这一群体。

在"五四"时期，中国思想界关注的焦点，已由如何"破坏"中国传统社会形态转向如何"建设"中国现代社会形态。在辛亥革命以前，先进中国人关注的焦点显然是在传统社会形态的"破坏"方面，致力于推翻清王朝。辛亥革命以后，中华民国成立，废除了统治中国数千年之久的封建帝制，"破坏"的目的应该说基本达到。可是，中国的社会状况离先进中国人的期望仍相距甚远。民国建立以后，中国的情势非但没有变好，反而趋于恶化。打倒了一个清廷小皇帝，冒出了数十个土皇帝，军阀争战，接连不断。有人赋诗慨叹："无量头颅无量血，可怜购得假共和。"就连民主革命领袖孙中山也做出这样的判断："去一满洲之专制，转生出无数强盗之专制，其为毒之烈，较前尤甚。于是而民愈不聊生矣。"[1] 残酷的现实告诉人们：仅有"破坏"远远是不够的，还必须着眼于"建设"；而"建设"则是一项更为艰巨的任务。这里所说的"建设"包括多方面，其中既包括经济建设、制度建设，也包括社会建设和精神文明建设。经济建设和制度建设可以借鉴西方的成功经验，而社会建设和精神文明建设则不能效仿西方模式，因为西方的社会状况和精神文明状况并不能令人满意，中国人必须进行独立的探索。孙中山提出"心理建设"理论，是在社会建设和精神文明建设方面所做的探索；陈独秀提出"伦理的觉悟为吾人最后觉悟之最后觉悟"[2] 的说法，也是在这方面所做的探索；现代新儒家所提出的各种学

---

[1]《孙中山选集》，人民出版社 1956 年版，第 104 页。
[2]《陈独秀文章选编》上，生活·读书·新知三联书店 1984 年版，第 109 页。

说，同样属于在这方面做出的探索。

现代新儒学思潮的出现，可以说是对"五四"时期批孔思潮的反弹。自鸦片战争以来，中国知识分子把挽救中国的希望寄托在西学的引进上，并且把传统儒学视为西学引入的思想障碍，形成扬西抑中的倾向。这种倾向到"五四"时期演化为"打孔家店"的批孔思潮。在新文化运动中，激进派批判传统儒学所包含的封建主义思想因素的做法无疑是正确的，但问题在于他们把儒学完全归结为封建主义，全盘否定其正面价值，流露出民族文化虚无主义倾向。有些人甚至提出一些过火的、不切实际的主张，如废除汉字、把线装书丢到茅厕中去等，这显然有损于民族自尊心的树立和自信心的提升。正是针对激进派的这种民族文化虚无主义倾向，现代新儒学思潮兴起。从新式知识分子队伍中走出来的现代新儒家学者，认同科学与民主的价值，反对封建主义，接纳现代性，有别于守旧派。他们拒斥全盘西化论，摆脱激进情绪的困扰，以理性的眼光和同情的态度看待儒学的价值，努力推动儒学的现代转化，有别于激进派。在提升民族自尊心和自信心方面，他们是有贡献的。

现代新儒学思潮的出现，同世界性文化批判思潮也有密切的关系。自近代以来，中国哲学走向世界，世界哲学走入中国。我们考察现代新儒学思潮，既要看到它兴起的国内背景，也要看到它的国际背景。第一次世界大战爆发以后，西方资本主义社会的矛盾和危机更加表面化、尖锐化，暴露出西方资本主义现代文明的弱点，于是形成世界性的文化批判思潮。斯宾格勒在《西方的没落》一书中，用"没落"一词形容当时西方人的思想状态。梁启超考察欧洲之后，在《欧游心影录》中做了这样的描述："全社会人心都陷入怀疑沉闷畏惧之中，好像失去了罗盘的海船遇着风、遇着雾，不知前途怎样是好。"① 西方现代文明的一大问题就是工具理性与价值理性严重失衡。在现代西方思想界，批评科学主义的声音越来越强，呈现出人本主义思潮抬头的趋势。中国近代以来，先进的中国人大都把西方看成可以学习的"老师"，听到的只有赞扬西方现代文明的声音，而听不到批判的声音。梁启超把批判的声音传递到中国，自然引起极大的震动，促使人们

---

① 《梁启超哲学思想论文选》，北京大学出版社 1984 年版，第 261 页。

重新思考东西方文化关系的问题，重新审视中国固有文化的价值。西方思想界中出现的价值迷失感，为以价值理性为中心的儒学提供了发展的契机。而现代新儒家开始从非理性主义、人本主义思潮中寻找现代转化的资源，试图创立儒学的新形态。

二、 现代新儒学思潮出现的内因

上述语境是现代新儒学思潮兴起的重要原因，但还不是根本原因。现代新儒学思潮出现的根本原因，在于儒学确实有实行现代转化的可能性，能够为中国的精神文明建设提供不可或缺的宝贵资源。

儒学作为中国文化的主干，既有时代性一面，也有民族性一面。因其有时代性，传统儒学作为农业社会的产物，不能不表现出历史的局限性，甚至被帝王用来作为维护统治的工具。五四运动的倡导者所发起的对传统儒学的批判，其实并不是对儒学的全盘否定，而是把矛头指向传统儒学的历史局限性。李大钊说："故余掊击孔子，非掊击孔子之本身，乃掊击孔子为历代君主所塑造之偶像的权威也；非掊击孔子，乃掊击专制政治之灵魂也。"[①] 在这里，他把"孔子之本身"同"孔子之偶像"区分开来，明确表示只掊击后者，而不是前者。"五四"时期对传统儒学历史局限性的批判起到了思想解放的作用，有积极的意义，这是不能否定的，那种视此为"文化断层"的论点是不能成立的。实际上，新文化运动的倡导者对传统儒学既有批判，也有同情的诠释。[②] 令人遗憾的是，长期以来在"左"的话语占主导地位的情况下，人们夸大了"五四"时期"批孔"的一面，而忽视了"释孔"的一面。"五四"时期对传统儒学历史局限性的批判，贡献在于凸显出儒学实行现代转换的必要性。正如贺麟所说，五四运动破除了"儒家的僵化部分的躯壳的形式末节，及束缚个性的传统腐化部分。它并没有打倒孔孟的真精神、真意思、真学术，反而因其洗刷扫除的功夫，使得孔孟程朱的真面目更是显露出来"[③]。

由于儒学有时代性一面，必须清除历史灰尘，为适应新时代的要求而

---

① 《李大钊选集》，人民出版社 1959 年版，第 80 页。
② 参见宋志明、刘成有：《批孔与释孔：儒学的现代走向》，华东师范大学出版社 2004 年版。
③ 贺麟：《当代中国哲学》，胜利出版公司 1947 年版，第 9 页。

不断做出新的诠释，从而促使现代新儒学思潮形成。由于儒学有民族性一面，需体现中华民族的文化共识，因此如何发掘儒学中体现时代精神的正面价值，将是一个恒久的课题。从这个角度看，现代新儒学思潮的出现也是必然的。从哲学人类学的意义上看，任何社会组织都必须有一套全体社会成员达成基本共识的主流价值观念和伦理规范，这是每个民族所形成的必不可少的文化共识。这种文化共识可以采用宗教的形式来表达，也可以采用非宗教的形式来表达。大多数民族采用宗教的形式，如伏尔泰说，一个民族即便没有神，也要造出一个神来。中华民族则采用非宗教的形式，这就是儒学。儒学是世界上少有的以非宗教的、内在超越的方式安顿精神世界的成功模式（有别于基督教、佛教、伊斯兰教）。儒学有效地组织社会、安顿人生，已形成中国人的文化基因，具有强盛的生命力。儒学有深厚的历史积淀，有广泛的社会影响，并不会因新文化运动的冲击而终结。如何把握民族性与时代性相统一的原则，克服传统儒学的局限性，走出民族文化虚无主义的误区，摆脱"左"的偏见，重估儒学的价值，开发儒学资源，培育适应时代精神的中华民族精神，将是我们的一项重要的理论任务。

在启蒙主义的话语下，现代观念与传统观念之间的联系被割断了，过分强调现代对于传统的变革，而忽视现代对于传统的继承，这并不符合现代社会发展的实际。以西方发达国家为例，尽管各国都曾发生过批判基督教的启蒙主义运动，但基督教并没有因此而消失，而是实行现代转化，依然发挥着文化共识的作用，依然维系着现代西方社会的运转。在"五四"时期，中国受启蒙主义的影响，也出现过全盘否定儒学的西化思潮。基督教受到启蒙主义思潮的冲击并没有消失，而是实行了现代转化；同样，儒学受到西化思潮的冲击也不会消失，也会实行现代转化。现代新儒学思潮的出现，正是对西化思潮的反弹，体现中国文化发展的大趋势。

长期以来，在"左"的思潮主导下，儒学因被视为封建主义的意识形态而被全盘否定：儒学的历史局限性被夸大了，儒学的普适性被消解了。在传统与现代对立的思维模式下，儒学只是被驱逐的消极因素，"打倒孔家店"成为流行语。许多人把"打倒孔家店"说成"五四"时期的口号，这实际上是个误传。在"五四"时期，并没有"打倒孔家店"的提法，近似的说法是"打孔家店"。胡适曾在为吴虞的书作序时，称赞吴虞是"只手打孔家店的老英雄"，并没有用"打倒"二字。"打倒孔家店""批林批孔"等口号，都是"左"的话语，反映出全盘否定儒学的偏见。

儒学是极其复杂的民族文化现象，不能把儒学简单地等同于封建主义的意识形态。儒学与中华民族已构成共生关系，为中华民族组织社会、安顿价值提供了哲学基础。对于已经成为中国传统文化主干的儒学，至少可以从以下三个角度来把握。

第一，有作为学理的儒学。儒学是一种行之有效的社会组织原理，体现人类性或合群体性，具有普适价值。在先秦时期，孔子通过反思"礼坏乐崩"的历史现象，建立了以"仁"为核心的儒学，讲的是做人的道理、处理人际关系的准则，建立道德规范。孔子创立的儒学只是百家中的一家，并不是官方哲学。后儒讲论儒学，并不都是站在官方的立场上说话，有许多人是当作学理来研究的。虽然历代儒学家关于儒学的阐述对于我们认识儒学的社会组织原理有所帮助，但仍需要为适应现代社会发展的要求而不断做出新的阐发。从这个意义上说，儒学是一门常讲常新的学问，可以实现现代转化。

第二，有工具化的儒学。在汉武帝采纳"罢黜百家，独尊儒术"政策之后，儒学从一家之言上升为官方哲学。值得注意的是，即便儒学在意识形态领域获得主导地位之后，也并不是只有一种声音，而是存在多种声音。在儒学营垒中，有古文经学与今文经学的分疏，有宋学与汉学的分疏，有程朱理学与陆王心学的分疏。儒学内部不同学派的讨论，有助于儒学在成为官方哲学之后仍保持发展学理的活力。毋庸讳言，儒学在古代的中国社会曾经被统治者当成思想统治的工具，有禁锢思想的负面效应。随着社会的发展，这种贵族化、制度化、政治化的儒学，已经失去了存在的合理性。需要注意的是，我们在批判工具化儒学的时候，不能抹杀儒学的普适价值。

第三，有作为生活信念的儒学。先秦以后，的确有些儒者是站在官方的立场上讲论儒学，推动工具化的儒学，但并不是所有的儒者都是这样做的，仍有相当一部分儒者是站在民众的立场上讲论作为生活信念的儒学。陈献章、王艮及其从学弟子大都是抱着这种态度。在王艮的弟子中有许多人就是普通的劳动者。他们讲论儒学，不抱有任何功利目的，只是为了寻找精神上的"安命立身之地"。儒学在中国已经有几千年的历史，已经深入人民群众的精神世界和生活世界，成为中国人树立道德理念、处理人际关系、凝聚民族群体的理论依据。作为生活信念的儒学，有别于贵族化、制度化、政治化的儒学，可以称之为"民间儒学"或"草根儒学"。这样的儒学有广泛的社会基础，因而有实行现代转化的充分根据。

长期以来，有相当一部分人把君主政体看成儒学唯一的栖息地，认为随着君主政体的解体，儒学也就成为历史陈迹了。这种看法是片面的，儒学的栖息地并不是只有一个，而是至少有三个：君主政体、家庭、心灵深处。作为统治工具的儒学与君主政体是伴生的，随着君主政体的废除，它显然已经寿终正寝；可是，作为学理的儒学和作为生活信念的儒学，并不是君主政体的伴生物，绝不会因君主政体的解体而失去存在的价值。君主政体废除了，可是家庭并没有因之而废除，人们心灵深处的集体记忆并没有因之而消除。这两个儒学栖息地仍旧存在。由于失去了君主政体的维护，人们的儒学观念可能会有所淡化，不再成为主流话语，但绝不会消失。当批儒的思想风潮高涨的时候，儒学受到沉重的打击；但是风潮过后，人们冷静下来，同情儒学的思潮很快就会抬头。五四运动是这样，"文革"也是这样。笔者经历过"文革"，亲身体验到即便是在"批林批孔"的声音压倒一切的时候，人们对儒学的同情也没有完全消失。记得当年梁漱溟在"批林批孔"的高潮中勇敢地站出来为孔子辩护，许多人听到这个消息后都暗地里表示由衷的佩服。"文革"结束不久，在20世纪80年代初，同情儒学的思潮便很快就流行起来。君主政体被推翻以后，儒学的主要栖息地虽然失掉了一个，但还剩下两个。由此观之，儒学在中国仍有进一步存在和发展的可能。那种把儒学视为"游魂"的说法，笔者不敢苟同。

今日的中国是昨日中国的继续，任何不尊重历史的虚无主义观点都是站不住脚的。西方发达国家在实现现代化以后，没有抛弃有广泛社会基础的基督教，而是促使其实行现代转化；同样，中国建设现代化也不可能抛弃有广泛社会基础的儒学，也应当促使其实行现代转化。这正是现代新儒学思潮之所以能够发生的内在原因和根本原因。

三、 现代新儒学思潮的走向

"现代新儒学思潮"当然包括"现代新儒家",但研究范围不仅仅限于"现代新儒家",其外延比"现代新儒家"大得多。"现代新儒家"是指特定的学派,现代新儒学思潮是指社会思想动向。尽管二者的外延有部分重合的情况,但毕竟不是同一概念。无论站在怎样的学术立场,无论抱着怎样的学术观点,只要是立足于现代语境研究儒家思想、诠释儒家思想、发掘其时代价值的学问,都可以看成现代新儒学思潮的组成部分。何谓"现代新儒学思潮"?笔者的看法是:它是自"五四"新文化运动时期形成的中国现代学术思想的发展方向之一,以融会中西学术思想为基本特征,以发展人类精神文明为根本宗旨。它一方面面向世界,吸纳、理解、转化包括马克思主义在内的西方各种学术思想,一方面基于时代的要求,反省、充实、推进传统的儒家思想,使儒家思想在现时代获得新的表达方式,促进人类精神文明的发展,建设适应时代要求的精神家园。现代新儒学思潮发端于现代新儒家,但不限于现代新儒家。它作为中国现当代的主要社会思潮之一,其影响范围已超出少数的现代新儒家,拥有广阔的发展空间。在当今时代,许多学者并没有沿用以往现代新儒家的思维定式,而是找到了新的诠释方式。他们的研究成果,也属于"现代新儒学思潮"的范畴。

现代新儒学思潮的发展并非一帆风顺,也曾遇到种种困难,但毕竟延续至今,并且仍然保持着朝多重向度进一步发展的态势。"现代新儒家"已经成为历史,"现代新儒学思潮"正在参与创造历史。现代新儒家开启现代新儒学思潮,功不可没,但亦免不了历史的局限性。他们的局限性集中表现为两点:一是在与西方哲学的对话中侧重于纯学理的建构,而忽略了儒学的实践性,存在体强用弱的倾向;二是话语范围仅限于文化精英层面,未顾及大众文化,存在着有"文"无"化"的倾向。

在当下的语境中,现代新儒学思潮的发展已经进入"后新儒家"阶段,呈现出多元化态势,并把解决"体"强"用"弱、有"文"无"化"的问题提到议事日程上来。许多学者讲论现代新儒学,可以说是接着现代新儒家的话题讲的,但并不是照着现代新儒家的讲法讲的。他们各自有各自的讲法,目标仍旧是推动儒学的现代转化。他们基本上放弃了道统观念,不像现代新儒家那样重视本体论证明，而是试图从多重视角阐发儒学的现代价值。他们不再以"新儒家"自许，称其为"儒学解释者"似乎更为合适。

"文革"结束之后，"左"的思潮的干扰得以排除，儒学在大陆有了新的际遇，有了进一步发展的可能性。相当多的学者开始从新的视角诠释儒家思想，走出"批林批孔"的误区。著名哲学史家张岱年先生可谓是大陆现代新儒学思潮的引领者。1980年，他在《孔子哲学解析》一文中，把孔子的思想概括为十点：（1）述古而非复古；（2）尊君而不主独裁；（3）信天而怀疑鬼神；（4）言命而超脱生死；（5）标仁智以统礼乐；（6）道中庸而疾必固；（7）悬生知而重闻见；（8）宣正名以不苟言；（9）重德教而卑农稼；（10）综旧典而开新风。他曾多次在学术会议上讲到，时至今日，尊孔的时代已经过去了，批孔的时代也已经过去了，现在进入了研究孔子的新时代。他所说的"研究"，其实就是从新的视角、以同情的态度诠释儒学，就是建构同新时代相适应的新儒学。张岱年写了《关于孔子哲学的批判继承》《孔子与中国文化》《评"五四"时期对于传统文化的评论》《谈孔子评价问题》《儒学奥义论》等多篇文章，阐述他关于儒学的新见解。

张岱年不同意给孔子戴上一顶"保守主义"的帽子，他说："多年以来有一个流行的说法，认为孔子在伦理学说、教育思想方面有所创新，在政治上却是保守的，属于守旧派，他一生不得志，是由于他的政治活动是违反历史发展趋势的。十年动乱时期，'批孔'、'批儒'，更指斥孔子是一个顽固的反动派、复古派、复辟狂。时至今日，这个问题须加以认真考察，分辨清楚。"① 他充分肯定孔子对于中国文化的历史性贡献，他说："孔子有哪些主要贡献呢？第一，孔子是第一个从事大规模讲学的教育家，在客观上为战国时代的百家争鸣开辟了道路。第二，孔子提炼并宣扬了上古时代流传下来的关于公共生活规则的处世格言，提出了以'泛爱'为内容的仁说。第三，孔子重视人的问题而不重视神的问题，提倡积极有为的乐观精神，要求在日常生活中体现崇高理想，从而为中华民族的'共同心理'奠定了基础。"② 他认为，儒学的基本精神不但不是保守主义的，反而是积极

---

① 张岱年：《张岱年全集》第6卷，河北人民出版社1996年版，第114页。
② 张岱年：《张岱年全集》第5卷，河北人民出版社1996年版，第393—394页。

进取、乐观向上的。张岱年把儒学分为深、浅两个层面：维护等级制的思想，属于浅层的儒学；微言大义才属于深层的儒学奥义。这些思想是为"一般人所不易理解的，对于文化思想的发展却起了非常重要的积极作用"①。对儒学的浅层思想应当批判，而儒学深层的奥义具有普适价值。他说："儒学学说中确实具有一些微言大义。'微言'即微妙之言，'大义'即基本含义。微言大义即比较深奥精湛的思想，亦就是儒学的深层意蕴。儒学是有时代性的，时至今日，儒学的许多观点（主要是浅层思想）都已过时了，但是其中也有一些重要观点（主要是深层思想）却具有相对的'普遍意义'，虽非具有永恒的价值，但至今仍能给人们以深刻的启迪。"② 张岱年拒绝人们把他称为新儒家，但若把他的这些新见解归入"新儒学"的范围，恐怕他是不会反对的。张岱年可以说是在新的历史时期运用马克思主义观点诠释儒学的杰出代表。

李泽厚也是大陆新时期重新诠释儒学的学者之一。在 20 世纪 80 年代，他出版了《中国古代思想史论》一书。在这本书里，他把儒家思想诠释为原始的人道主义，并且表示同情的理解。他认为，儒学"在塑建、构造汉民族文化心理结构的历史过程中，大概起了无可替代、首屈一指的严重作用"③。儒学作为汉民族的集体无意识，已经渗透在人们的心理结构、行为准则、思想观念之中，变成日用而不知的基因，是无法全盘抛弃的，必须寻找促使其"转换性地创造"的途径。他不赞成港台新儒家关于儒家文化已死的论断、关于儒学发展的三期说、内圣外王说、内在超越说、"智的直觉"说、道德形上说等，强调实用理性、乐感文化、情感本体、一个世界等才是中国文化的根本特征。有些人根据李泽厚的这些看法，把他归入现代新儒家的行列。他本人对此不置可否。其实，把他看作一个儒家解释学者，恐怕更为确切。

在中国台湾，牟宗三的后学林安梧也在探索发展现代新儒学的新路径。他提出"后新儒学"的概念，对其师的"两层存有论""良知的自我坎陷""智的直觉"等观点提出批评，认为其师以形式主义的方式把儒学加以理论

---

① 张岱年：《张岱年全集》第 7 卷，河北人民出版社 1996 年版，第 1 页。
② 张岱年：《张岱年全集》第 7 卷，河北人民出版社 1996 年版，第 1—2 页。
③ 李泽厚：《论语今读》，安徽文艺出版社 1998 年版，第 3 页。

化和知识化，有意无意地造成了"道的错置"。他在《道的错置——中国政治思想的根本困结》一书中指出，现代新儒家以道德自我或良知涵盖一切，陷入了本质主义的误区，远离了生活世界。他特别强调人的经验实存性，主张回到现实的生活世界，从人的社会生活关系、互动实践角度诠释儒学的意涵，而不必拘泥于道德理想主义的立场。林安梧提出的"后新儒学"，显然已突破了"现代新儒家"的视界，进入了"现代新儒学"的论域。

像张岱年、李泽厚、林安梧这样的儒学解释者，我们可以举出很多，限于篇幅就不一一论列。这些儒学解释者有一个共同的特点，那就是超越了现代新儒家的视野，试图从新的角度发掘儒学的现代价值，提出了各自的"一家之言"，并且讲出一番道理来。笔者认为，这种儒家解释学的讲法，可能代表着今后现代新儒学思潮的发展方向。现代新儒学恐怕不会只是一种讲法，可能有多种讲法，谁都不能自封为"正统"。旧日的道统观念早已过时，不适用于现代新儒学思潮。现代新儒学容许有多种讲法，容许百家争鸣、百花齐放。各种说法相互交流，竞长增高，将为现代新儒学思潮开辟广阔的发展空间。

〔原载于《陕西师范大学学报》（哲学社会科学版）2014 年第 6 期〕

海外新儒学与伦理全球化

从 1840 年开始，中国便失掉往日的辉煌，陷入民族危机之中。中国不是主动地走向世界，而是被动地叫人家抛入世界。世界走入中国，并非中国的福音，而是苦难的开始：从此落入挨打的境地。鸦片战争先败于西方列强，甲午战争再败于曾经以中国为师的日本。中国为什么会落后挨打？国人不从政治上、经济上找原因，而是单纯从文化上找原因，将其归咎于儒学，落入文化决定论的窠臼。康有为撰写《新学伪经考》，开启"尊孔批儒"之风；五四运动变本加厉，又开启"批孔批儒"之风。胡适称赞吴虞是"只手打孔家店的老英雄"，陈独秀断言"孔子之道不适用于现代生活"。梁漱溟倒是勇敢地站出来"为孔子说话"，可惜新儒家微弱的声音不足以把国人从噩梦中唤醒。20 世纪 50 年代以后，"批儒批孔"的声浪甚嚣尘上，以致上演"儒法斗争""批林批孔"之类的闹剧。当国人沉浸在噩梦之中的时候，海外新儒家开启了把儒学推向世界的艰辛事业。本文对他们的努力进程做一简要回顾，就教于方家学者。

一、 推向世界

在当今时代，儒学已经走出了中国，走向了世界，成为全球性的文化资源。对于这种局面的形成，海外新儒家功不可没。杜维明、刘述先、成中英等人，努力在西方世界介绍和传播儒学，提升了儒学在国际上的影响力。面对西方读者，他们通常从建立全球伦理的角度开发儒学资源，阐发儒学的普适价值。在这方面，影响最大的当属杜维明和刘述先。

杜维明长期生活在美国，也经常来往于中国台湾和大陆，他著书立说，发表演讲，为彰显儒学的普适价值付出了不少精力。在学术界，许多人把他视为当代新儒家，其实他主要致力于从全球化角度凸显儒家思想的人文价值，并没有像牟宗三等人那样致力于建立现代新儒学体系。所以，称他为"儒家解释学者"，也许更为贴切。

杜维明在全球文化发展的大背景下考察儒学的发展前景，对儒学的现代价值做了充分肯定。他很欣赏雅斯贝尔斯提出的"轴心时代"的理念，并从中找到了推进儒学发展的信心。雅斯贝尔斯提出，公元前800至公元前200年之间，尤其是公元前600至前300年间，是人类文明的"轴心时代"。古代的以色列、希腊、印度、中国几乎同时进入了产生伟大哲人的时代，涌现出苏格拉底、老子、孔子、释迦牟尼、犹太教的先知等精神导师。他们都是"轴心时代"文化的开拓者。这些文化经过几千年发展，已经构成人类文化的主要精神传统，在每个民族的发展中都具有现代性。因此，在讨论人类现代文化的发展趋向时，我们不能不追溯到"轴心时代"。按照这一理论，儒学作为轴心时代所产生的文化之一，毫无疑问也具有现代性。

依据"轴心时代"的理念，杜维明推翻了马克斯·韦伯的"儒教无助于资本主义形成"的论断。马克斯·韦伯在《新教伦理与资本主义精神》等书中提出，渗透着资本主义精神的新教伦理，对于现代社会的形成与发展起了相当重要的促进作用，对于人格素质的现代化也起着不可忽视的导向作用，所以，资本主义产生在西方绝非偶然。相比之下，儒教不具备这种精神，因而资本主义不可能发生在东方。杜维明不反对马克斯·韦伯关于新教伦理同资本主义有联系的论断，但拒斥他的"儒教与资本主义不相容"的结论。杜维明指出，不单单是新教对于人格素质的现代化有导向作用，儒学也具有同样的作用。例如，日本以及东亚的"新型资本主义"之所以取得成功，同儒家伦理有着十分密切的关系。他说："这种对经济发展做出了贡献的伦理，强调指出了自我是各种关系的一个中心。他倡导的不是个人主义，而是我们对一个更大的实体的承诺，这个实体可以是我们的家庭、我们的公司、我们的集体或我们的国家。"

按照杜维明的观点，儒家伦理强调社会成员的责任感，重视团结和合作精神，对西方文化的冲击成功地做出了创造性的回应，帮助东方找到了后发优势。"这种新的儒家伦理已经把一些被想当然地认为是西方的价值糅合到它的伦理结构中去。"

杜维明指出，资本主义不是西方人的专利，在亚洲已经出现与西方不同的"儒家资本主义";同样，现代化也不是西方人的专利，实际上存在着不同类型的现代化。他在回答采访者的提问时说："现在我们所面临的问题，已经大不一样了。特别是世界近三十年的发展，多元化倾向已经很明显，至少已出现了三种或三种以上的、各不相同的工业文明的发展形态：除了西欧美国的、苏联东欧的模式外，还有东亚的，将来还可能有中东的、澳洲的、南亚的、中南美洲的、非洲的。过去那种欧洲中心主义的思考模式，已经逐渐被多元的思考模式所取代。"①

正是基于这种判断，他预言：传统的儒家思想将进入"第三期发展"，在现代思潮的发展进程中发挥重要作用。杜维明指出，现代思潮的主题是如何建立"哲学的人学"，儒家可以提供的信念是：人是由各种不同的关系网络组织而成的，但是又可以内在于这些关系网络而转化之；人可以在不断扩展的人际关系中实现自我超越，最终达到"天人合一"的境界。此种超越而内在的观念更能体现新人文主义的基本精神。

杜维明肯定儒家思想的现代性，但没有陷入"文化本位主义"的误区。他强调，在人类文化发展的进程中，儒家思想只是多元文化中的一元，它应当在与其他文化尤其是西方文化的交流中，不断地开辟自我发展的道路。他认为，儒家应当从三个方面吸收西方文化的优长：一是在超越的层面，吸收基督教的精华，使儒家"内在超越"的思路与基督教"外在超越"的思路相互补充；二是在社会政治经济的层面，追踪理论发展的前沿，吸收最新的理论成果。例如，"儒学是否能够和马克思主义进行深入的对话，并在其中找到结合点？这也是一个很重要的问题"②。三是在深度的心理学的层面，吸收弗洛伊德心理学的合理方面，以对治儒家对人性阴暗面之认识不足的缺欠。杜维明对儒学发展的前景并不十分乐观，据他估计，"大概至少也得一百年后才能看出某些比较明显的迹象"。这意味着建构现代新儒学思想体系似乎为时尚早。

二、 双向对话

自冷战结束以后，全球化进程加快。由于信息时代的到来，世界各国

① 杜维明：《儒家传统的现代转化》，中国广播电视出版社 1992 年版，第 373 页。
② 杜维明：《儒家传统的现代转化》，中国广播电视出版社 1992 年版，第 69 页。

之间的交往越来越便利，也越来越频繁。信息、交通、贸易、文化、财经等各种关系网络把世界编织成一个生命共同体。地球似乎变"小"了，被人们形象地称为"地球村"。在这种情况下，哲学思考不可能仅限制在本民族、本国家的范围内，世界化成为必然的大趋势。一些普遍令人感到困惑的全球性哲学问题吸引了全人类的目光，成为各国哲学家研究的共同课题。例如，在社会高速发展的情况下，如何处理人与自然的关系？在国际交往越来越密切的情况下，如何建立世界伦理？在科技理性与价值理性失衡的情况下，如何重建价值世界或意义世界？在生活节奏越来越快的情况下，如何排解人们在精神上的焦虑？在市场经济条件下，如何处理个体与群体的关系及个体之间的关系？如何从后现代视角看待当今社会发展中出现的问题？如何纠正科学主义的偏颇？

　　面对这些全球性话题，许多西方哲学家感觉到，原有的西方哲学思想资源已经不够用了，于是开始把目光投向中国哲学，重视对中国哲学思想资源的开发和利用，希望在双方的对话中激发出新的哲学智慧。海德格尔很看重老子的思想，他在《在通向语言的途中》一书中，对东方的"非概念性语言和思维"表示钦佩。他重新思考本源性问题，很可能就是受到老子的"无"的思想启发。环保主义者在纠正西方人"征服自然"的错误观念时，常引证中国哲学"天人合一"的理论。哈贝马斯在访问上海期间，曾向他的同行表示，希望中国哲学能为世界哲学的发展起到推动作用。

　　由于全球性话题的出现，身处外国的杜维明敏锐地感觉到，儒学在世界范围内获得了广阔的发展空间：儒学关注人生问题和价值问题，似乎更贴近现时代世界哲学的主题；儒学历来重视道德价值问题，可能有助于价值世界或意义世界的重构，可能有助于全球伦理的建构。据此，他的判断是："儒学作为中国文化的主流和作为东亚文明的体现有相当的大不同，而作为全球伦理的一个重要资源和作为东亚文明的体现，从广度而言，更是有质的飞跃。说20世纪新儒家是宋明理学的发展当然也可以，但他们对西方文化撞击的回应是一个新阶段的开始，并由此而使儒家成为建构全球伦理的一个重要资源。"① 儒学虽发端于中国，但已经成为人类的文化资源。

---

① 杜维明：《东亚价值与多元现代性》，中国社会科学出版社2001年版，第27页。

它从"中国文化的主流"进而演化为"东亚文明的体现";现在则从"东亚文明的体现"进而演化为"全球伦理建构的资源"——这正是儒学现代价值之所在。

为了建构全球伦理,杜维明从微观和宏观两个角度发掘儒学资源。从微观的角度看,儒家的一些观点可以直接拿过来使用。例如,孟子"居仁由义"的思想,可以作为世界范围内人们共同遵守的伦理准则。"居仁由义的构想可以作为我们反思存在条件的借鉴,因为孟子的价值取向正是要为个人与个人、家庭与家庭、社会与社会和国家与国家之间谋求一条共生之道。"再如,孔子提出的"忠恕之道",可以成为大家共同遵守的道德"金律"。消极地说,忠恕之道要求"己所不欲,勿施于人";积极地说,忠恕之道要求"己欲立而立人,己欲达而达人"。"这条思路比把特殊(个人、社群、国家或文化)的'真理'强加于人,更能增进人类相互之间的谅解,比利他主义更能发展责任伦理。"① 杜维明认为,儒家的忠恕之道的包容性比任何一种利他主义的伦理规则都强,丝毫没有文化霸权的色彩,可以成为比较理想的全球伦理之基本准则。

从宏观的角度看,儒学作为一种思考模式,其特点在于从对人类自身加以反思入手,提出处理群己关系、人与自然的关系、人与天的关系的准则,为建构全球伦理提供了理论基础。杜维明指出,"儒家人文主义的一个明确特征是:在我们人类境况的创造性转化中,信仰是作为对天道的一种集体式行为和对话性回应。这涉及人性的四个向度,包括自我、社群、自然和天道的有机整合"②。第一个向度是"作为创造性转化的自我"。杜维明认为,"自我"是儒家反思人类自身的逻辑起点。在他看来,儒家的思考模式如同多层次的同心圆,而"自我"则是同心圆的圆心。倘若没有"自我"的预设,"没有人和非人的分别,没有己与群的分别,就无法谈问题,不能进行思考"③。但是,在儒学中,"自我"不是指抽象的主体,而是指具体的、活生生的、不可消解的对象,并且可以从不同的角度来理解,可以克服排斥性的二分法。儒学中的"自我"也不是一个静态的结构,而是一个

---

① 《杜维明文集》第 5 卷,武汉出版社 2002 年版,第 485 页。
② 杜维明:《东亚价值与多元现代性》,中国社会科学出版社 2001 年版,第 120 页。
③ 杜维明:《东亚价值与多元现代性》,中国社会科学出版社 2001 年版,第 41 页。

不断转化的开放的系统。"为了自我实现，根植于个人价值的儒家自我寻求产生其内在的资源。作为修身之结果的自我转化，则表明了一种自我实现的过程。不过，既然缺乏与外在世界沟通的自我的理念相异于儒家传统，儒家的自我转化便不采取仅仅寻找自身内在精神性的形式。毋宁说，在儒家看来，真正的自我转化包含从积累的象征传统（文化）、社会的同情共鸣、自然的生命能量以及天道的创造力中去发掘精神的资源。"① 儒家的自我意识贴近人类的生活世界，容易被人们所认同，可以成为构建全球伦理的哲学基础。

第二个向度是"作为人类繁荣必要工具的社群"。这是以儒家的"自我"为圆心向外发散而形成的第一个圆圈，即从个体扩展到社会群体。由于儒家眼中的自我是具体的，因而不可能孤立地存在，只能借助社会群体、通过人际关系得以表现自身。"作为各种关系的中心，自我经常进入与人类各种变化形式的沟通之中。对于我们的自我实现，他者的意义是显而易见的，因为我们很少会在孤立绝缘的状态下进行修身。正是通过不断的人与人之间的互动，我们才逐渐学会欣赏作为一种转化过程的自我观念。尽管这些东西具有强烈的个人性，但作为公享之物，它们常常被更好地想起。分享的愿望使我们能够产生能动性的互换过程，首先是同我们的家人，随后是我们的相邻社群，然后是超越界。"② 简言之，从自我的个体性原则中，自然可以引申出合群体性原则，而这正是建构全球伦理不可或缺的前提。

第三个向度是"作为家园的自然"。这是以儒家的"自我"为圆心向外发散而形成的第二个圆圈，即从个体扩展到整个自然界。社会群体是个人存在的前提，而自然界则是社会群体存在的前提。儒家不把人看成万物的尺度，不把人类当成中心，不把自然界当成被征服的对象，而当成人类生存的家园——这就是儒家"天人合一"的自然观。"人类文明在时间过程中经受了诸如洪水和飓风那样的自然灾害，但是除了生存的艰辛之外，儒家发现，对于我们的生存来说，自然又是一个好客的环境。儒家庆幸得到'天时地利'以及有益健康的'风水'的庇佑。由于其慷慨宏大，自然受到

---

① 杜维明：《东亚价值与多元现代性》，中国社会科学出版社2001年版，第121页。
② 杜维明：《东亚价值与多元现代性》，中国社会科学出版社2001年版，第122页。

人们的尊敬。她的令人敬畏的临在，使我们能够欣赏我们'家园'的富饶与圣洁。"① 在全球化的进程中，人们意识到地球是我们共同的家园，意识到环境保护的必要性和紧迫性。建构全球伦理应当包括环境伦理方面的内容。儒家"天人合一"的自然观对于建构全球环境伦理来说，无疑是值得重视的思想资源。

第四个向度是"作为终极自我转化的天道"。这是以儒家的"自我"为圆心向外发散而形成的第三个圆圈，即终极的意义世界或价值的世界。杜维明认为，儒家虽然没有"上帝"之类的"人格神"观念，但儒家预设的"天道"观念是道德创造、生命价值以及终极自我转化的根源。从这个意义上说，儒学具有深刻的宗教性。"他们对于生命的崇敬、对工作的信守以及对终极自我转化的奉献，却是基于在感情的强烈和目标的严肃上可堪与世界任何伟大宗教相比肩的一种感召（calling）之上的。"② 杜维明之所以突出儒学的宗教性，显然是出于建构全球伦理的考虑。世界上大多数国家和民族都是以宗教来维系伦理信念的，突出儒学的宗教性，便于在宗教层面开展对话，有助于达成共识。

除了杜维明之外，刘述先也是利用儒学资源来建构全球伦理的积极推动者。1997 年，联合国制订"普遍伦理计划"，他参与了此项计划的实施过程，出席了在巴黎、拿波里等地召开的会议，并参与起草《世界伦理宣言》。他认为，在建构世界伦理的时候，不能采用"取同略异"的归纳方法，而应当选择既承认差异又寻求会通的"理一分殊"途径。"理一分殊"是刘述先从宋明理学中借来的语汇，但他做了创造性诠释。在他看来，所谓"理一"就是指具有普适性的常道；"分殊"是指对于常道的具体表述有所不同。以儒家关于仁义、天道的表述为例，先秦的孔子和孟子、宋明理学家、现代新儒家对它们的表述尽管有所不同，但其基本的学术精神是贯通的。扩而论之，"理一分殊"不仅适用于中国文化，对于其他文化形态也同样适用。例如，佛教学者也认为，"众生一性""万发一源""通体相关"，人类可以和衷共济，联合起来面向未来，化解人间的纷争。由此可

① 杜维明：《东亚价值与多元现代性》，中国社会科学出版社 2001 年版，第 123 页。
② 杜维明：《东亚价值与多元现代性》，中国社会科学出版社 2001 年版，第 124 页。

见，在"理一"的层面上，各种学说和宗教都是相通的。刘述先的"理一分殊"说，实则是儒家道统观念的抽象化，面向世界表达了一种普遍主义的伦理诉求，试图以此作为建构全球伦理的哲学基础。

三、 达成共识

杜维明和刘述先向西方世界推介儒家思想，特别强调儒家所倡导的人文伦理学，认为这同基督教倡导宗教伦理学一样，二者不仅不相互冲突，反而可以融会贯通：二者都是建构全球伦理的思想资源。他们这种看法，在孔汉思等一些西方学者那里得到认同。由联合国教科文组织主导的"第二次世界伦理会议"，发表了《世界伦理宣言》。"宣言"的起草人是孔汉思。他出于对儒学的高度重视，把"己所不欲，勿施于人"写入其中，与会者对此皆表示赞同。"宣言"中写道：

在每一个宗教传统中都可以找到同一个原理的不同表达。

经历数千年，在人类许多宗教与伦理传统之中都可以找到下列原理，并不断维持下去，即"己所不欲，勿施于人"。或者用积极方式来表达"己之所欲，施之于人"。这应该是通于生活的所有领域——家庭与社区、种族、国家与宗教的不可取消的、无条件的规范。

而这个原理又可以引申出支配我们行为的具体标准，通贯古今中外我们可以找到四个宽广的指令：

（1）对于非暴力的文化与尊敬生命的承诺（commitment to a culture of nonviolence and respect for life）；

（2）对于团结的文化与公正经济秩序的承诺（commitment to a culture of solidarity and a just economic order）；

（3）对于宽容的文化与真实的生活的承诺（commitment to a culture of tolerance and a life of truthfulness）；

（4）对于平等权利文化与男女之间的伙伴关系的承诺（commitment to a culture of equal rights and partnership between men and women）。[1]

对于上述"宣言"列出的四条指令，刘述先认为这同儒家的"五常"

---

① 刘述先：《儒家思想开拓的尝试》，中国社会科学出版社 2001 年版，第 138 页。

观念完全契合。第一条指令是对"不可杀戮"的现代诠释，呼吁尊重生命，反对肆意动武，同"五常"之首"仁"的诉求若合符节。儒家所说的"仁"，有"生生"之义，强调"天地之大德曰生"，肯定人的尊严，对生命的尊重自不待言；"仁"还有"和"的含义，主张和平，反对战争。出于"仁"的诉求，儒家从未在自然和非自然之间设置鸿沟，"所谓'亲亲而仁民，仁民而爱物'，以至宋明儒讲'天地万物一体之仁'，自来都是中国哲学一向发扬的精义"。

第二条指令是对"不可偷盗"的现代诠释，呼吁诚实而公平地进行交易，要求发达国家与发展中国家平等相待，在全球建立公平、公正、合理的经济秩序，同"五常"中"义"的诉求若合符节。孔子早就说过"不义而富且贵，于我如浮云"（《论语·述而》），孟子更严分义利之别。儒家的义利观经过重新阐释和改造以后，可以获得现代意义乃至后现代意义。

第三条指令是对"不可说谎"的现代诠释，呼吁诚信待人、宽恕待人，反对尔虞我诈、相互欺骗，同"五常"中"信"的诉求若合符节。"在中国传统中，'信'是一个非常重要的德性。孔子认为信比兵、食更重要，所谓'自古皆有死，民无信不立'（《论语·颜渊》）。"① 尽管中国传统道德存在着过分强调责任意识的偏向，但这种偏向对于现代西方社会纠正自由放任的倾向，却是一剂良方。"信"经过现代的解释以后，可以对治现代社会生活中的某些传媒以哗众取宠的方式谋取利益的不良风气，可以对治政客说谎等恶行。

第四条指令是对"不可淫乱"的现代诠释，反对性别歧视，反对不道德的性行为，呼吁两性之间互敬互爱，在爱的基础上忠于自己的伙伴，这同"五常"中"礼"的诉求若合符节。尽管儒家的"礼"曾经存在着过分强调君权、父权、夫权的偏向，但这是人类文明发展过程中的普遍现象，并非为中国所独有。因此，不能攻其一点而不及其余，以此为由否定儒家"礼"的诉求。"不能因为孔子说过一句'唯女子与小人为难养也，近之则不逊，远之则怨'（《论语·阳货》）就说孔子歧视女性。其实孔子所做的只是合乎当时事实情况的观察而已。孔子仁恕的精神并无分上下男女。中文

① 刘述先：《儒家思想开拓的尝试》，中国社会科学出版社 2001 年版，第 142 页。

'人'之一字不分性别，不似英文'man'一字之专指男性。而整个《易》的思想系统强调阴阳互补，虽则汉儒强调'男尊女卑'，王船山已强调'乾坤并建'，可见中国传统中有许多资源有利于当代有关两性之间伙伴关系的新解释。"① 至于"五常"中的"智"，尽管与四条指令没有直接的对应关系，但亦是建构全球伦理的重要资源。全球伦理也需要讲是非，因而也离不开"智"。西方近代以来，在科学主义话语的主导下，中世纪的"圣智"传统已经断裂。在这种情况下，"五常"中的"智"就显得弥足珍贵。"智"是指价值意义上的智慧，有别于认识意义上的知识。"智慧的领域可以与知识分开，它不能通过感官知觉与仪器测量而得到验证，但可以通过个人的修养得到人格的提升而有所感通，也可以有其普遍的意义。"② 因此，挖掘"五常"中"智"的资源，亦有助于全球伦理的建构。

以上杜维明和刘述先等人从建构全球伦理的角度阐发儒学，可以说是发现了一个促使儒学现代转化的新视角。他们把儒学推向世界，与西方学人展开对话，论述儒学的现代性和普适性，提升了儒学在全球的影响力。在他们多年坚持不懈的努力下，逐渐澄清了西方人对儒学的种种误解，也提升了国人对儒学的自信心以及民族自豪感。近年来在西方人中间，对儒学抱有同情和敬意的人越来越多，孔子学院有如雨后春笋一般在世界各地建立起来，已经有400多家。据澳大利亚《堪培拉时报》报道，有一年，一些诺贝尔奖获得者在巴黎聚会。会上，瑞典的天体物理学家阿尔文（1908—1995）说道："人类要想生存下去，就要到25个世纪以前，去汲取孔子的智慧。"阿尔文的这种说法，未必能成为所有人的共识，但却足以作为儒学拥有广泛国际影响力的例证。

（原载于《中共宁波市委党校学报》2015年第4期）

---

① 刘述先：《儒家思想开拓的尝试》，中国社会科学出版社2001年版，第145页。
② 刘述先：《儒家思想开拓的尝试》，中国社会科学出版社2001年版，第147页。

先秦儒家人道学的展开

中国哲学精神的首要一条是"自强不息"。先秦道家对"不息"讲得比较到位，而对"自强"则重视不够。道家眼中的人，是消极的人、无为的人。道家倡导的精神境界，对于个人来说，可以成为一种"安身立命之地"，却不能为整个中华民族提供精神家园。在"不息"的基础上，进一步把"自强"讲透，这是先秦儒家的理论贡献。

先秦儒学已提出儒家人道学的基本原则、理论框架，因而成为后世儒学的源头活水。孔子讲学授徒，确立了儒家人道学的基本架构；孟子展开了孔子的仁学思想，阐发了儒家的内圣学；荀子展开了孔子的礼学思想，阐发了儒家的外王学。

一、 孔子：人道学转向

在处理天人关系这个中国哲学的基本问题的时候，先秦哲学家选择了不同的思路。道家从"天"的角度把握这一问题，主要致力于关于自然的哲学思考，对"天道自然无为"做了比较充分的论述。道家推翻了传统天命观在精神领域中的主导地位，把神学意义上的天，改造为哲学意义上的天、理性意义上的天，解除了人对天的依附，提出"道"的理念，为中国哲学的起步举行了一个奠基礼。

道家抓住"天"这个环节，为中国哲学的发展打开了一扇门；儒家抓住"人"这个环节，打开了另一扇门。儒家把哲学思考的重心由"天"转到"人"，实现了对道家话题的转换。孔子以"人"为切入点，开辟了讲哲学的另一条进路。他重新认识人，重新解释人，把人从天神的重压之下解放出来。孔子哲学话题的侧重点，从天道转到人道，把道同人相联系，强调道是人们必须遵守的行为准则，而人则是道的主动的弘扬者，并不是被

动的遵循者。他关于人与道之间的看法是："人能弘道，非道弘人。"（《论语·卫灵公》）

孔子从人自身寻求人道，用理性的考察方式取代了神学的考察方式。他已走出原始宗教的藩篱，找到了哲学话语。从对人道的彰显反映出，他已达到哲学意识自觉的水准，可以与老子比肩。

道家天道学的理论重点是"天"，尽管也谈到了"人"，但对"人"的思考不够深入。道家把人从天命的控制中解放出来，将人看成是自然的存在，而不再是被动的存在，将关于人的话题从神学转到了哲学。但是，道家眼中的人是抽象的、个体的人，这样的人并没有现实性。正如荀子所批评的那样，道家"蔽于天而不知人"。道家的确没有认识到人的群体性或社会性，没有提出凝聚民族群体的理念。对于如何在中国建构统一的、大规模的社会群体的问题，给出正确答案的是儒家，而不是道家。

孔子从人生论入手，提出"道"的本体论，以"道"贯通天人，把理论重心从天道学转到了人道学。孔子所说的人道，是对人的社会群体性所做的哲学抽象。人道就是为人之道，就是人作为社会中的一员应该遵守的道德准则；弘扬人道就是为社会群体着想，为社会群体负责，为社会群体奉献。自觉地遵循人道的人，有社会责任心的人，就是志士仁人。在孔子的哲学思考中，比较侧重本体的主体意义和价值意义，强调人对道的主动性。老子把人从"天"的主宰中解放出来，使人有了自主性；孔子进而把人由道的被动的遵循者，发展成为主动的弘扬者，加深了对人的能动性的认识。老子的理论贡献在天道学方面，孔子的理论贡献则在人道学方面：他们同为中国哲学的奠基人。

孔子虽然没有像老子那样看重天道问题，但也触及了这个问题。在他看来，世界万物自然而然地存在着、运行着。"天何言哉？四时行焉，百物生焉，天何言哉？"（《论语·阳货》）他把天描绘为四时交替、万物衍生的自然过程，并没有给它涂上神秘的色彩。天不说话，意味着天没有神性可言，只是自然存在而已。孔子同老子一样，也用理性的眼光看待宇宙万物，不承认有主宰世界的神学意义上的天。不过，在孔子看来，径直承认世界万物作为既成事实而存在就够了，没有必要深究它的本原。孔子比老子更为紧密地把人与天联系在一起，追寻能够使天和人融为一个整体的本体。

孔子认为，这个本体就是"道"。孔子把"道"摆在最重要的位置，看得比自然生命还重要。他说："朝闻道，夕死可矣。"（《论语·里仁》）"道"作为天人合一的本体，当然是世界万物存在的终极依据，不过孔子在这方面没有做更多的论述。他特别重视"道"对于人的意义，并且主张从"道"的角度提升人的责任感和使命感。他认为道本体是人生价值的终极依据，是道德价值的源头。道本体在人生中的贯彻就是"德"，因此，"德"也是一个重要的本体论范畴。"德"作为价值意义的本体，根源于天道，故而孔子说："天生德于予。""德"的本体意涵就是"仁"，在孔子哲学体系中，"仁"也是一个重要的本体论范畴。孔子说："仁远乎哉？我欲仁，斯仁至矣。"（《论语·述而》）"仁"通过"礼"得以落实，故说："克己复礼为仁。"（《论语·颜渊》）这样，孔子就通过本体论思考，形成了"道—德—仁—礼"的思想框架。

儒家哲学主要是一种人道学，强调人道有为。在儒家眼里，人不仅仅是自然的存在，更重要的是一种文化的存在、社会的存在。人不仅仅是一种个体，更重要的还是社会群体中的一员。如何组建社会群体？孔子认为，必须抓住"礼"和"仁"两个基本点。

礼学和仁学都是围绕着人的社会群体性而展开的，由此构成儒家人道学的具体内容。"礼"是外在的维系社会秩序的制度规范，"仁"是内在的道德价值的自我意识。这是孔子对所处时代进行深刻反思之后，取得的重要的理论思维成果。

（一）礼

"礼"是人们的行为规范，是社会群体赖以维系的准则，每个社会成员都应当"约之以礼"，维护它的权威，恪守它的约束。"礼"是组建社会的必要条件，只有借助"礼"，加强制度管理，才能形成有秩序的社会生活。

礼的观念虽然不是孔子提出来的，但却是孔子人道学的出发点。在春秋末年，随着旧的等级制度的瓦解，已形成"礼坏乐崩"的局面。礼乐制度的权威性和神圣性业已破坏，礼乐文化的底限开始显露出来，从而为反省和理解礼乐文化提供了客观条件。孔子出身贵族，对礼乐非常熟悉，又有独立的人格和自由的身份，并且善于独立思考，从而具备了对礼乐文化进行反思和理解的主观条件。孔子正是在对礼乐文化进行反思和理解的过程中，把礼乐中仍然有生命力的原则发掘出来，建构了儒家学说体系。他思考的问题是：天下如何安宁、稳定？如何组织起来？如何从无道变成有道？他从社会制度规范的重建即礼的重建谈起，希望为当下的乱局找出一条出路。为什么天下无道？就是因为"礼"已经失效了。对于社会群体来说，"礼"是不可或缺的制度设施。一个社会有了"礼"，有了规矩，才有秩序可言，才有和谐可言，才能结成群体。群体生活就是有规矩的生活，故而孔子很重视"礼"的重建。他认为，"礼"是社会得以安定的必要保障；唯有实行礼治，才能建立起"天下有道"的社会秩序。应当注意的是，重礼思想仅仅是孔子儒学的出发点，不是儒学的全部内容。从礼学进一步讲出仁学，才是孔子的理论创新。

（二）仁

面对"呼啦啦将倾"的礼治大厦，孔子并无意将它修补起来。他对礼治进行反思和理解，力图把其中仍具有生命力的、普遍适用的原则抽象出来，以供建设新体制之用。孔子对传统的态度具有两面性：他一方面维护传统，另一方面又超越传统。他并不是抱残守缺、因循守旧的冥顽之辈。这种态度集中体现在他从新的视角看待礼治，对周礼做了损益。在他的眼里，"礼"并不仅仅是礼仪条文的总汇，并不是一套死板僵化的规定。"礼云礼云，玉帛云乎哉?"（《论语·阳货》）答案当然是否定的。那么，什么是"礼"的深刻内涵呢？孔子认为，"礼"的深刻内涵就是普遍的人文精神，就是人之所以为人的本质。用一个字来概括，就是"仁"。这样，孔子便从"礼"这一传统观念的反思中引申出、提炼出"仁"这一崭新的观念。

他意识到，"礼"固然是组建社会群体的必要条件，但仅靠"礼"还无济于事。组建社会群体除了必要条件之外，还需要一个充分条件，这个充分条件就是"仁"。通过弘扬"仁"的观念，可以在社会成员之间建立起普遍的精神联系、情感联系，从而形成有价值共识的共同体。"仁"是儒家教育哲学的理论基础。孔子把"仁"理解为"礼"的实质，把复礼看成行仁的手段，结论是："克己复礼为仁。一日克己复礼，天下归仁焉。"（《论语·颜渊》）"仁"与"礼"缺一不可，相互为用，共同维系社会的正常运转。

二、 孟子:仁学展开

孔子作为儒家的开山鼻祖,确立了儒家人道学的基本框架,但是其中的理论环节不可能一下子都充分地展开。孔子的人道学思想毕竟是一种"原始的完满",还需要经过"深刻的片面化",才能逐步臻于完善。孟子和荀子各自抓住孔子思想框架中的一个理论环节,推进了儒家人道学的发展。

仁学在孔子那里,只是初步的想法;而到孟子那里,则变成了比较系统的说法,讲出了更充分的道理来。孔子举其要,孟子述其详,故而后世学者把二人并称,有"孔孟之道"的提法。孟子展开仁学,强调"仁"是组建社会群体的充分条件,深入阐述了儒家教育哲学,鼓励人主动地为善。在对仁学的展开论述中,孟子主要讲了以下三个基本观点。

(一) 行仁政

孟子把"仁"提升到政治哲学的高度,视其为国家治理和社会建设的基本准则,提出了比较系统的仁政学说。

第一,实现仁政必须以"义"为施政理念。同孔子一样,孟子也是从道德理念引申出政治理念的。他认为,把"仁"与"政"联系在一起的中介是"义"。从"仁"讲出"义",并且以"义"为施政理念,这是孟子的创新之处。他说:"仁,人之安宅也;义,人之正路也。"(《孟子·离娄上》)"仁"是个体的价值安顿之所,侧重于内在性;"义"是价值实现的途径,是群体的价值共识,侧重于普适性。政治生活是一种群体的生活,仁政不能直接建立在"仁"的基础之上,必须以"义"为中介。

第二,实现仁政必须选择"王道施政"路线。仁政能否得以实现,首先取决于君王。"君仁,莫不仁;君义,莫不义。"(《孟子·离娄上》)生活在古代的孟子,除了君主制以外,不可能构想出别的政治体制。他只能把实现仁政的愿望寄托在君王身上,从这个意义上说,仁政就是王道。王道以"义"为施政理念,实行以教化为主的国策,把被统治者当成自己的同类来看待,力求在仁德上相互感召,维系社会的正常运转。

第三,仁政的经济诉求是"制民之产"。孟子认为,行仁政首先应当从经济上入手,"夫仁政,必自经界始"(《孟子·滕文公上》)。"经界"是指田间的沟洫，有土地分界的意思。"正经界"也就是划分土地，实行井田制，使每个农民都有一份固定经营的田产。"是故明君制民之产，必使仰足以事父母，俯足以畜妻子，乐岁终身饱，凶年免于死亡。然后驱而之善，故民之从之也轻。"（《孟子·梁惠王上》）他很重视民生问题，主张让每个农民家庭都能拥有"五亩之宅""百亩之田"。他指出，倘若让每个农民家庭都有这样一份固定经营的田产得以安居乐业，他们自然会衷心地拥护仁政。

第四，仁政的政治诉求是"民为贵"。孟子很重视民众在政治生活中的作用，他提出的一个著名论断是："民为贵，社稷次之，君为轻。是故得乎丘民而为天子。"（《孟子·尽心下》）他认为，民众是政权能否得以巩固的根基，最为重要，故而说"民为贵"；与民相比，作为政权象征的社稷，倒是第二位的，故而说"次之"；而有了稳固的政治基础，有了健全的政权机构，君主的位置才是牢固的，故而说"君为轻"。孟子这样处理民、社稷、君主三者之间的关系，绝没有贬低君主的意思，也没有把民众看成政治生活中的主体。他只是以强烈的反差，凸显民心向背的重要性，强调民心向背乃是政权存亡之所系，提醒君主在争取民心方面多加注意。

孟子的仁政说有一个极其鲜明的特色，那就是贯穿着"以民为本"的原则。这一原则体现在他的经济思想方面，也体现在他的政治思想方面。这种民本思想虽然在古代社会中不可能成为现实，但可以成为一种抨击丑陋政治的思想武器。古代社会政治生活中的清官，常常依据孟子的仁政说，批评朝政，为民请命，揭发贪官污吏，对于当时的政治环境起到了净化作用。

（二）人性善

孟子描述了仁政的政治构图，问题在于，仁政在理论上是否具有可行性。对此，孟子的回答是肯定的，理由就是人性善。孟子哲学围绕着仁政构图展开，第一个环节是仁政说，第二个环节则是人性善。性善论是孟子对孔子仁学的发展。在孔子那里，"仁"主要是指关于道德价值的自我意识，强调"我欲仁，斯仁至矣"，强调"为仁由己"，倡导"为己之学"；在孟子这里，"善"则是一种社会的评价尺度。孔子讲的是道德观念的内在性，孟子讲的是道德评价的社会性，强调人与人之间具有可沟通性。孟子所说的"善"，实则是对于人的社会群体性做出的哲学抽象。其实，在孔子思想中已经具有了性善论的雏形。孔子所说"性相近也，习相远也"（《论语·阳货》）中的"近"，就有人性善的意思，不过尚不明确；孟子提出的性善论，则把儒家的人性论讲清楚了。

孟子认为人性本善，人生来就具有向善的能力，孟子称之为"良能"；生来就具有道德意识，孟子称之为"良知"。"人之所不学而能者，其良能也；所不虑而知者，其良知也。"（《孟子·尽心上》）良知、良能是万善之源，由此形成恻隐之心、羞恶之心、恭敬之心、是非之心等"四端"，由"四端"形成四个基本的道德观念，即仁、义、礼、智。孟子的结论是："仁义礼智，非由外铄我也，我固有之也。"（《孟子·告子上》）孟子认为，人性善正是人与动物的本质区别。"人之所以异于禽兽者几希，庶民去之，君子存之。"（《孟子·离娄下》）孟子在这里强调的是"人之所以异于禽兽者"，而不是"人异于禽兽者"。"人异于禽兽者"属于现象上的差异，这是很容易被发现的；而"人之所以异于禽兽者"属于本质上的差异，这就不容易被发现了，故说"几希"。孟子认为，人与禽兽的根本区别，就在于人有求善的意识，而禽兽没有这种意识。人性善是指人所共有的类本性，是相对于兽性而言的；只要是人，必有人性，必有善性。人向善处走，有如水往低处流。从理论上说，正因为人有向善的可能性，所以人与人才可以结成社会群体，而不与无善性可言的畜生结成社会群体。从事实上说，不能排除社会群体中会出现害群之马，人们之所以骂其为畜生，理由就是这种人违背了人性善的原则。

孟子把人的道德意识视为人的本质，这是人类对自身认识走向深化的理论表现。性善论的深刻之处在于，它强调人性首先应当是人的社会属性，而不是人的自然属性。孟子不赞成告子的"食色，性也"的自然人性论，认为这种理论没有把人与动物区别开来，忽略了人的社会性。孟子的性善论肯定人生价值，鼓励人们追求完满的人生境界，带有强烈的理想主义色彩，确立了儒家所特有的价值取向。孟子提出性善论，使儒家人道学理论更加完备。孔子提出仁的思想，把"仁"视为人的本质，确立了儒家的基本原则。但是，孔子只是表明人应当以"仁"为价值取向。他的观点带有很强的规范性，至于人为什么应当履行仁道以及人何以可能履行仁道，并没有充分地说明。孟子提出性善论，从理论上说明履行仁道有内在依据，说明履行仁道有可能性，说明自我完善有内动力，使儒家的人道学得以深化和系统化。人性善为建构和谐社会提供了理论依据。倘若人人皆遵循与人为善的原则，那么，社会自然就和谐了。如果"人对人像狼一样"，社会怎么会有和谐可言？性善论不是就现实的人性而言，而是对理想的人性而言，意思是人性应当善、可以善。

（三）天道诚

孟子提出人性善的论断之后，必须回答的理论问题是：何以说人性善？这就涉及道德价值的终极依据问题。孔子把道德价值的源头追溯到"生而知之"的圣人就止步了，可是，孟子却没有止步。在孟子的视域中，圣人"出乎其类，拔乎其萃"（《孟子·公孙丑上》），与众人同类。既然圣人也是人，当然不能视为道德价值的源头；必须超出"人"的范围，做进一步的追溯。于是，孟子便追溯到了天。他提出"天道诚"的观念，试图从形上高度证明人性善。孟子提出性善论，为自我完善找到了内在根据；提出"天道诚"，确立了内在超越的形上指向。

对于孟子的性善论来说，义理之天是不可或缺的理论预设。人性善的根据不能到"主宰之天"中寻找。在天主宰下的人，乃是被动的人；而对于被动的人来说，没有选择的自由，也不必为自己的行为后果负责任，所以也谈不上善。人性善的根据也不能到"自然之天"中去寻找，因为自然之天在价值上是中立的，既无所谓善，也无所谓恶。对于自然之天，可以做事实判断，但难以做价值判断。因此，只能到"义理之天"中去寻找人性善的根据，把义理之天作为人性善的终极依据。在孟子看来，人性善其实来自天性善。在"性善"这一点上，天人合一。这就叫作"尽其心者，知其性也；知其性，则知天矣"（《孟子·尽心上》）。

从义理之天的角度看，人扮演了双重角色。一方面，人是义理之天的体现者，拥有"天爵"的身份；另一方面，人是社会中的成员，拥有"人爵"的身份。他说：

有天爵者，有人爵者。仁义忠信，乐善不倦，此天爵也；公卿大夫，此人爵也。古之人修其天爵，而人爵从之。今之人修其天爵，以要人爵；既得人爵，而弃其天爵，则惑之甚者也，终亦必亡而已矣。（《孟子·告子上》）

孟子指出，人生价值不能定位在"人爵"上，而应当定位在"天爵"上。一个人在社会上的角色，由各种条件所规定，并不是自己可以随意选择的。谋事在人，成事在天，经过努力仍达不到目的，只好听天由命。至于一个人能否成就高尚的人格，则完全取决于自己的努力。"天爵"与"人爵"之间没有必然的联系，富贵者未必道德高尚，贫贱者未必道德低下。"富贵不能淫，贫贱不能移，威武不能屈。此之谓大丈夫。"（《孟子·滕文公下》）孟子评价人格的标准，不是社会地位的高低，而是道德自觉的程度。小人物也可以做大丈夫。所谓"大丈夫"，就是指充分体现"天爵"的天民，即道德价值的实现者。孟子鼓励每个人效法义理之天，像天那样诚实。"是故诚者，天之道也；思诚者，人之道也。"（《孟子·离娄上》）"思诚"就是以"天"作为终极的价值目标，扮演好天民的角色，力求进入"天人合一"的精神境界。所谓"天人合一"，也就是"天人合诚""天人合善"，不抱任何功利目的，并没有进入"天堂"或"极乐世界"的念头。这是一种哲学意义上的内在超越，有别于宗教意义上的外在超越。

三、 荀子：礼学展开

儒家人道学在孔子那里，还只是想法。孟子把孔子的想法变成了说法，提出了行仁政、性善论、天道诚等一套比较系统的理论。但在孟子那里，儒家的人道学仅仅是说法而已，理想主义的色彩太重，"迂远而阔于事情"，并没有可操作性。到荀子这里，才拿出具体的制度设计、政策设计，把儒家人道学变成为切实可行的做法。荀子进一步展开礼学，强调组建社会群体的必要条件，阐发儒家管理哲学，设计出使人被动地不为恶的制度保障。倘若没有荀子，"以儒治国"的理念不可能落到实处。在对礼学展开的论述中，荀子主要提出以下三个基本观点。

（一）人能群

生活在春秋末年的孔子，已对周礼做了损益；生活在战国末年的荀子，在这条路上则走得更远。他从文化人类学的角度反思和理解礼乐文化，认为礼义是人类结成群体、组织社会、维持秩序的必要设施。荀子通过把人与动物相比较的方式，说明人的社会群体性。他分析说，人的气力不如牛大，奔跑不如马快，但人却能够驾驭牛马，这是什么缘故呢？其原因就在于人能够结成群体。那么，人为什么能够结成群体呢？其原因在于人类创造了一套用来协调人与人相互关系的礼义制度。"故义以分则和，和则一，一则多力，多力则强，强则胜物。"（《荀子·王制》）人的生理结构同动物相比，并没有什么优势可言；但是人是社会群体性的存在，是智慧的存在。要使这个社会群体有效地运转起来，就必须有礼义规范，有社会分工，有社会秩序。有秩序方能有分工，方能有和谐。荀子关于"礼"的看法是很务实的，比孟子的人性善更为深刻地看到人的社会组织性。荀子指出，正因为人类创造了礼义制度，所以才取得"最为天下贵"的地位。人具有合群体性，可以依据礼义结成群体、组织社会、建立秩序、分工协作。任何人都不是单个存在物，而是社会群体中的一员，都应对社会群体负责任、尽义务。

他指出，礼义的作用在于"养人之欲，给人之求"，即协调各个社会阶层之间的利益关系。他给"礼"下的定义是："礼者，贵贱有等，长幼有差，贫富轻重皆有称者也。"（《荀子·富国》）荀子所说的"礼"，当然是指君臣父子各守其位的君主等级制度，不可能超出这个范围。

毋庸讳言，荀子关于"礼义"的论述表达了专制主义的政治诉求，但我们不能用现代人的眼光苛责他。荀子作为古人，当时所能想到的政治体制只有君主等级制度，不可能是民主共和制度。民主共和制度只能形成于市场经济发展起来以后，不可能出现在自然经济时代。荀子强调礼义设施的必要性，无非是强调社会应该有秩序，社会成员应该有分工和协作，国家应该有治国之道。在荀子看来，"礼义"就是不可或缺的治国之道。治理国家光靠仁义说教是不够的，必须制定强制性的礼义规范，以约束人的行为。基于这样的看法，荀子把儒家人道学的重点由仁学转到了礼学。孟子是一个理想主义的儒者，重视仁学，不大重视礼学，鼓励人主动地为善，但没有拿出使人被动地不为恶的办法；荀子是一个现实主义的儒者，他找到了使人被动地不为恶的办法，那就是礼义规范。治理国家必须制定礼义规范，用强制性的手段约束社会成员，维持社会秩序。这是孟子没有讲透的地方，也是荀子比孟子深刻的地方。荀子把"礼义"视为组织社会群体必不可少的准则，使孔子提出的"约之以礼"的命题获得更为丰富的内涵。荀学就是群学，就是礼学。

（二）人性朴

荀子从两个角度思考人的问题。从社会的视角看，人能群、人为贵。对于作为社会成员的人，他所做的价值评判无疑是肯定的，尽管他没有明确地提出"人性善"的论断，但至少不能得出"人性恶"的结论。从个体的视角看，人不可能生来就懂得礼义规范，生来就会融入群体；个体接受礼义规范、融入群体，需要有一个学习、训练的过程，故说"人之性恶，其善者伪也"（《荀子·性恶》）。这里的"伪"，是"人为"的意思，引申开来就是学习和训练。个体的人具有双重性，既有社会属性，也有自然属性或动物属性，因此，需要用礼义规范来约束个体的人的行为，改造其动物属性，培育其社会属性。如果不对个体的动物属性加以限制，任其自然发展，便会表现为贪欲："目好色，耳好声，口好味，心好利，骨体肤理好愉佚。"（同上）正是基于这种分析，荀子才会有"人之性恶"的说法。他只是强调人有流于恶的可能性，并没有否定人的价值。若不加分析就给他戴上"性恶论者"的帽子，并不合适。

把上述两个视角综合起来，荀子总的看法则是"人性朴"。"朴"是朴实无华的意思。个体的人性犹如一张白纸，可以为善，亦可以为恶，具有可塑性。"朴"在价值判断上是中立的，但承认人具有可教化性，承认每个人都可以摒除恶性，培育善性。在荀子看来，"性"与"伪"是有区别的。"不可学、不可事而在人者，谓之性；可学而能、可事而成之在人者，谓之伪。是性伪之分也。"（同上）性是先天的素质，伪是后天学习的结果。他所说的"伪"，是指运用礼义法度对人性加以改造。荀子一方面说明性伪有分，另一方面又肯定性伪相容，承认人性有向善的可能性。他认为，"化性起伪"是通向理想人格的途径，因而后天的学习和修养对于个体的人来说是必要的。做人就应当不断地陶冶、改造人性，弃恶从善，从而使自己成为品格高尚、有道德修养的人。

（三）礼法并用

同孟子一样，荀子的哲学思考也是从关于人的社会群体性开始的。他们的共识是：人并不是道家所说的那种自然存在物，而是有文化的存在物，是有社会群体性的存在物。可是，如何解释人的合群体性？他们采取的路径不一样。孟子从观念的层面考量人的社会群体性，认为人具有向善的类本性，主张以"本然的善性"为精神纽带，结成社会群体，阐发了孔子"仁"的思想；荀子则从现实的层面考量人的社会群体性，主张遵循礼仪规范结成社会群体，维系社会秩序，阐发了孔子"礼"的思想。他们都主张消除诸侯国之间的纷争，在全国范围组建统一的、大规模的社会组织，建立安定和谐的政治局面。不过，他们拿出的政治方案不同：孟子主张施行仁政，荀子主张礼法两手并用。

荀子重新解释礼法关系，使儒家的礼治主张获得可操作的现实品格。荀子认为，"礼"与"法"不是互不相容的对立关系，而是相辅相成的互补关系。"《礼》者，法之大分、类之纲纪也。"（《荀子·劝学》）按照荀子的解释，"礼"不仅仅是道德规范，其本身也具有强制性的约束作用。从这个意义上说，礼也就是广义的法，并且是最大的法。"礼"与"法"的区别在于："礼"有道德感召力的强制性，与"仁"构成兼容关系；"法"没有道德感召力的强制性，同"仁"不构成兼容关系。不过，在对社会成员具有强制性这一点上，"礼"与"法"是一样的，因此也是可以兼容的。经过这样的解释，礼治和法治在荀子那里有机地统一起来，不再构成孟子所理解的那种对立关系。荀子指出，礼治与法治都是维系社会群体的不可缺少的手段，概括出"隆礼尊贤而王，重法爱民而霸"（《荀子·强国》）的政治哲学原理。他不同意孟子"尊王贱霸"的观点，而是主张"王霸杂用""礼法双行"。"粹而王，驳而霸，无一焉而亡。"（《荀子·强国》）荀子作为儒家大师，当然不会将礼、法并列起来，等量齐观。他的"王霸杂用"主张是以王道为主、霸道为辅，为中国古代社会的统治者所采纳。汉宣帝直言不讳地说："汉家自有制度，本以霸王道杂之。"（《汉书·元帝纪》）儒家的礼学思想经过荀子的阐发，终于从理想层面落实到现实层面，对中国古代社会的政治生活发生了重大的影响，真正发挥了"以儒治国"的作用。

四、 诉求：拿得起

儒家的理论特色和精神趣旨，可以概括成三个字，那就是"拿得起"；若用两个字来概括，那就是"有为"；用一个字来概括，那就是"张"。儒家主张干事，主张积极有为。孔子、孟子为什么周游列国？还不是为了找事干。他们忧国忧民、古道热肠、心怀天下，都是闲不住的圣贤。孔子是个闲不住的人，他积极地找事干，"知其不可而为之"（《论语·宪问》），用现在的话来说，就是"拿得起"。儒家主张立德、立功、立言，主张以天下为己任。他们的信念是："天行健，君子以自强不息。"（《周易·乾卦·象传》）他们的志向是："士不可以不弘毅，任重而道远。仁以为己任，不亦重乎？死而后已，不亦远乎？"（《论语·泰伯》）

古代中国画家笔下的梅、松、兰、竹，颜真卿的书法，岳母刺字的故事，范仲淹"先天下之忧而忧，后天下之乐而乐"的名句，顾炎武"天下兴亡，匹夫有责"的壮语，都是对儒家进取精神的彰显。杜甫之所以被誉为"诗圣"，是因为杜诗中洋溢着儒家精神。他那"安得广厦千万间，大庇天下寒士俱欢颜"的诗句，激励人们树立担当意识、责任意识，为后世传颂。

儒家鼓励人们到朝廷里去做官，不过做官不是为了发财，而是为了行仁政，使"民之悦之，犹解倒悬也"（《孟子·公孙丑上》）。

在中国人的精神世界中，儒学构成激励系统。儒家好比是粮店，是精神的加油站，激励人们前进。任何人都离不开粮店，可谓"须臾不可离"。"人是铁，饭是钢，一顿不吃饿得慌。"人没有饭吃，活不成；没有精神食粮，同样也活不成。正是因为这个缘故，儒学才成为中国文化的主干，培育着自强不息的民族精神。

（原载于《孔子研究》2012 年第 5 期）

儒学的核心：仁

孔子思想的核心，究竟是一个"礼"字，还是一个"仁"字？这曾经是个有争议的问题。那些"左"的假马克思主义理论骗子，一口咬定是"礼"字，而"仁"不过是孔子为了"复礼"亮出来的"杀人不见血的软刀子"而已。在他们的眼里，孔子就是维护礼治、维护奴隶制的恶魔，就是搞复古倒退的恶魔。他们硬把孔子同林彪捆绑在一起，大搞所谓"批林批孔"运动。在"左"派当道的氛围中，真正的学者即便不认同他们的谬论，也无可奈何，敢怒不敢言。

最明确地把"仁"看成孔子思想核心的学者，当属郭沫若先生。他在《十批判书》中写道："孔子的基本立场既是顺应着当时的社会变革的潮流的，因而他的思想和言论也就可以获得清算的标准。大体上他是站在代表人民利益的方面的，他很想积极地利用文化的力量来增进人民的幸福。""一个'仁'字最被强调，这可以说是他的思想体系的核心。"[1] 熟悉甲骨文的郭先生，在甲骨文中发现了"礼"字，却没有发现"仁"字。他由此断定："仁"是春秋时期出现的新名词，虽不好说是为孔子首创，但孔子在《论语》中反复强调，则是不争的事实。郭先生在《论语》中找到九条材料，以证明孔子思想体系的核心，就是一个"仁"字。

一

诚如郭先生所论，孔子思想体系的核心的确是"仁"字，而不是"礼"字。对于孔子来说，礼学是一个如何继承的问题，而仁学才是一个如何创新的问题。在孔子的思想体系中，"仁"和"礼"无非是两个基础性观念，

---

① 郭沫若：《十批判书》，东方出版社 1996 年版，第 87 页。

但孔子对它们的重视程度有所不同。"礼"可以说是孔子思想的出发点，但不能说是孔子思想体系的核心，因为礼学并非肇始于孔子。在中国历史上，礼文明出现在前儒学时代，历史比儒家要早得多，后者显然不能构成前者的原因。就连孔子本人都承认，周公制礼作乐；自己的责任仅仅在于，思考如何在新的历史时期开发这种传统的思想资源，如何将其发扬光大。

孔子把礼文明归功于周公，其实是表示对传统的尊重，并非事实陈述。早在周公之前，礼文明就已经出现，周公可以说是这种文明的整理者和弘扬者，但不能说是创造者。所谓"礼"，泛指社会制度，它是人类历史发展的产物。无论何种社会，人们必须借助某种制度把社会成员组织起来。从这个意义上说，"礼"的历史与人类的历史是同步发生的，并不是哪位圣人心血来潮发明出来的。在古代，广义的礼指社会制度，而狭义的礼则是指君主制度。我们不能用现代人的眼光苛责古人维护君主制、抵制民主制，因为民主制是市场经济时代的产物。古人并不知道民主制为何物，君主制是他们唯一的选择，世界上任何民族皆无例外。在人类童年时期，选择君主制作为社会组织形式，乃是一种历史的进步。恩格斯在《论封建制度的瓦解和民族国家的产生》中指出："在这种普遍的混乱状态中，王权是进步的因素，这一点是十分清楚的。王权在混乱中代表着秩序，代表着正在形成的民族而与分裂成叛乱的各附庸国的状态对抗。在封建主义表层下形成着的一切革命因素都依赖王权，正像王权依赖它们一样。"倘若从现代人的视角指责古人不懂民主制而维护君主制，犹如指责古人不会开汽车、只会赶牛车一样荒唐可笑。道理很简单，那时人类只发明出了牛车，还没有发明出汽车。

大约在公元前5世纪，也就是春秋末年，中国社会发展进入大变革时期，开始从松散的王国时代向统一的帝国时代过渡。在这种语境中，周天子的权威动摇了，礼文明遇到了危机，形成"礼坏乐崩"的局面。对于礼，尤其是周礼，孔子表示认同，申明"吾从周"（《论语·八佾》）。对于当时经常出现的僭越现象，他十分气愤。例如，季氏以大夫的身份，竟敢动用天子之礼，"八佾舞于庭"。孔子对此表示抗议："是可忍也，孰不可忍也？"我们可以说孔子是礼文明的继承者，却不能说他是传统礼制的维护者。他所面临的课题，不是如何维护礼制的问题，而是如何才能找到"礼坏乐崩"

的原因。经过一番哲学思考，他找到的原因是：礼的有效性都应当以"仁"为前提、为担保；倘若离开"仁"，单纯倡导礼制，将无济于事。他尖锐地指出："人而不仁，如礼何？人而不仁，如乐何？"（《论语·八佾》）在孔子看来，仁德缺位乃是造成"礼坏乐崩"的根本原因。于是，他的全部哲学思考便围绕着"仁"字展开。以"仁"论"礼"，这才是孔子的思想特色。孔子对于传统的态度具有两面性：他一方面弘扬传统，另一方面又超越传统。他并不抱残守缺，并不因循守旧。他从"仁"的视角看待"礼"，对周礼做出损益。在他的眼里，"礼"并不仅仅是礼仪条文的总汇，并不是一套死板僵化的规定。"礼云礼云，玉帛云乎哉？"（《论语·阳货》）答案当然是否定的。那么什么是"礼"的深刻内涵呢？孔子认为其内涵就是普遍的人文精神，是人之所以为人的本则。用一个字来概括就是"仁"。

据杨伯峻先生统计，在《论语》中"仁"字出现了 109 次之多，可见"仁"在孔子思想体系中占有极其重要的地位。关于何谓"仁"，孔门师生经常在一起探讨。"樊迟问仁。子曰：'爱人。'"（《论语·颜渊》）在孔子关于"仁"的种种说法中，这一条最简洁，也最深刻。所谓"爱人"，也就是主张把他人当作自己的同类来看待，这是一种原始的人道主义思想。"爱人"也就是注重人所共有的、最一般的、最普遍的本则，以此沟通人我关系，结成社会群体，谋求共同的发展。孔子在一定程度上突破了狭隘的宗法血缘观念，发现了人的类存在。他承认每个人都具有独立的人格，强调道德意识是人普遍具有的特质，因此主张用仁爱原则协调人际关系，实行"忠恕之道"。所谓"忠恕之道"，从消极的意义上来说，就是应当"己所不欲，勿施于人"；从积极的意义上来说，就是应该"己欲立而立人，己欲达而达人"（《论语·雍也》）。这样一来，孔子便从"仁"的观念中引申出一套做人的学问，一套与他人相处的学问。他把"仁"视为人的本质规定，主张把自然人（"己"）提升到"真正的人"（即与"己"相对的人）的高度；主张在躬行仁道的道德实践中，实现人的价值，成就理想人格。在他的心目中，"真正的人"就是圣贤、君子。

孔子强调，"仁"是人的内在品格，是人生价值的源头。人生价值的实现，不取决于外力的提携，而取决于人自身的努力。这完全是一种自觉自愿的理性选择："我欲仁，斯仁至矣。"（《论语·述而》）。人在修己求仁时，表现出一种主动性，而无须受什么外在神秘力量的规束。"仁"作为人生的最高价值，比人的生命还重要；为此哪怕献出生命也在所不辞，这就叫作"杀身成仁""死守善道"。从这种"仁"的视角出发来反观"礼"，"礼"只不过是行仁的手段而已。"约之以礼"本身不是目的，其目的在于进入"为仁由己"的最高境界。孔子并不否认修己时必须用外在的"礼"来加以约束，但更强调修己者应主动地接受这种约束，从而实现自律与他律的统一。如果说"礼"是孔子学说体系的出发点的话，那么，"仁"才是其思想体系的核心和实质。从这个意义上说，孔子开创的儒学亦可称为"仁学"。孔子仁学的出发点是"礼"，而落脚点则是"仁"，强调"礼"的有效性与合理性必须由"仁"来担保。

二

"仁"是孔子思想体系的核心范畴，也是整个儒学的核心范畴。孔子以后，儒家皆围绕着"仁"字做文章，使仁学臻于完善。

理论贡献最大的当属孟子。他在孔子"我欲仁，斯仁至矣"（《论语·述而》）、"性相近也，习相远也"（《论语·阳货》）、"为仁由己"（《论语·颜渊》）等命题的基础上，提出性善论，对仁学在学理上做出系统阐发。孟子把"人之所以为人"者称为"人性善"。在孟子思想体系中，"善"是一种社会的评价尺度。"善"与"仁"同义，略有差异。孔子讲"仁"，说的是道德素质的内在性；孟子讲"善"，说的是道德评价的社会性。二者的意思是相通的。孟子所说的"善"，实则是对人的社会群体性做出的哲学抽象。孔子所说"性相近也，习相远也"中的"近"，已经有了"人性善"的意思，不过尚不明确；直到孟子提出性善论，方才把儒家的人性论讲清楚，把儒家的仁学讲清楚。

在孟子的思想体系中，所谓"人性善"，并不是事实判断，而是价值判断。意思是说，人的本性"应该是善"。在他看来，必须预设"人性应该善"，只有这样，推行仁政才有根据。"先王有不忍人之心，斯有不忍人之政矣。以不忍人之心，行不忍人之政，治天下可运于掌上。"（《孟子·公孙丑上》）"不忍人之心"也就是善心、良心。君王的人性应该是善的，故而愿意选择仁政，愿意施行仁政；百姓的人性应该是善的，故而可以接受仁政，可以接受教化，愿意主动地为善。以"人性善"为前提，君王与百姓相互沟通，共同促成仁政的实施。善心或良心不仅先王应该有，每个人也都应该有，这就自然而然引出关于普遍的人性的探讨。孟子认为人性本善，人生来就具有向善的能力，孟子称之为"良能"；生来就具有合群的道德意识，孟子称之为"良知"。"人之所不学而能者，其良能也；所不虑而知者，其良知也。"（《孟子·尽心上》）良知、良能是万善之源，由此形成恻隐之心、羞恶之心、恭敬之心、是非之心等"四端"，由"四端"形成四个基本的道德规范，即仁、义、礼、智。孟子断言："仁义礼智，非由外铄我也，我固有之也。"（《孟子·告子上》）由于孟子预设了人性善，确立了内求的价值取向，排除了外求的价值取向，对价值的诠释只能选择哲学理路，而不能选择神学理路。

孟子指出，人性善正是人与动物的本质区别。"人之所以异于禽兽者几希，庶民去之，君子存之。"（《孟子·离娄下》）在这里，孟子强调的是"人之所以异于禽兽者"，而不是"人异于禽兽者"。"人异于禽兽者"属于现象上的差异，不言而喻；而"人之所以异于禽兽者"属于本质上的差异，这就不容易被发现了，故说"几希"。孟子认为，人与禽兽的根本区别，就在于人有求善的意识，而禽兽没有这种意识。"人性善"是指人所共有的类本性，是相对于兽性而言的；但凡是人，必有人性，必有善性。人向善处走，有如水往低处流。

在孟子那里，"人性善"是从理论上来说的，它仅仅是一种可能性而已，并不意味着每个人在事实上都是善的。在事实上，由于每个人保留善性的程度不一样，遂形成"存之"和"去之"的差异，从而形成个体人格上的差异，出现"君子"与"庶人"之别。不过，这并不能推翻"人性善"的结论。孟子对此辩解说，山性按道理应该是郁郁葱葱的，可是牛山变得光秃秃的，这岂是山性所致？原本郁郁葱葱的牛山，只因树木被人砍光，青草被牛羊吃光，才成了现在的样子。同样道理，人性本来是善的，可是由于受到物欲戕害，才背离了善。基于此，孟子强调心性修养的必要性，主张对庶民进行礼义教化，使他们逐渐恢复已失掉的善性。性善论只是说人本该为善，即便暂时不善，通过教化也可以重归于善。按照性善论，任何人都是可以教化的对象，都有成为圣人的可能，孟子的说法是"人皆可以为尧舜"。

孟子接着孔子"为仁由己"的话头讲，讲出人性善，讲"使人主动地为善"的道理，确立了他在儒家阵营中"亚圣"的地位，故而后世有"孔孟之道"的说法。荀子接着孔子"约之以礼"的话头讲，讲"使人被动地不为恶"的道理，却遭到人们的误解和诟病。许多论者因此而给荀子戴上一顶"性恶者"的帽子，这是完全站不住脚的。荀子的确说过"人之性恶，其善者伪也"，但他从未做出"人性恶"的全称判断。"人之性恶"意思无非是说：如果有人不肯接受礼义教化，他便会流于恶。这只是一个假言判断，并没肯定人的本性就是恶。如果认为人的本性就是恶的话，一帮恶人怎么能够组建社会呢？如果认为人的本性是恶的话，将导致对人类社会的失望，将导致一种反社会的思想。荀子作为儒家大师，怎么会有如此的想法呢？荀子说"人之性恶"，并不违背儒家仁学，因为他同孟子一样，也预设了"人性应该善"这个前提。倘若不以"人性应该善"为前提，"恶"又从何谈起呢？荀子指陈人性中有阴暗面，但没有否认人性中也有光明面。他强调"人为贵""人能群""人性朴"，都是对人性光明面的礼赞。实际上，荀子与孟子关于人性的看法，大同小异，都没有离开一个"仁"字。孟子认为应然的人性是善的，不否认实然的人性有流于恶的可能；荀子认为实然的人性有流于恶的可能，不否认应然的人性是善的。孟子有"人皆可以为尧舜"的说法，荀子有"涂之人可以为禹"的说法，二者的意思是一样的。那种长期流行的、刻意制造荀孟对立的论调，可以休矣。

《大学》把儒学系统化，提出"三纲领八条目"，被后世儒家看成"入德之门"。纵观"三纲领八条目"，实则都是围绕着"仁"字做文章。"三纲领"中的第一条"明明德"中的"明德"，指的就是"仁德"。"明明德"就是把内在的仁德、内在的性善发扬光大。第二条"亲民"，意思就是以仁德为指导，处理好人际关系。第三条"止于至善"，就是把仁德的实现，视为人生的最高境界，视为终极的价值目标。"八条目"中的"格物""致知""正心""诚意"等四条，都是从仁德内在性的角度来讲获得价值知识的四个步骤。第五条"修身"可以看作是对前四个步骤的总括，并且从"知"的层面，转到"行"的层面。所谓"修身"，其实就是修"仁"，即把仁德理念付诸人生实践。第六条"齐家"是仁德的第一步推扩，指应用于家庭关系方面的实践；第七条"治国"是仁德的第二步推扩，指应用于基层政权建设方面的实践；第八条"平天下"是仁德的第三步推扩，指造就儒者心目中的理想社会。从"三纲领"到"八条目"，自始至终都没有离开过"仁"字。

董仲舒讲"微言大义"，其实就是以经学方式阐发仁学。他综合荀、孟之说，创立了"性三品"理论。他指出，有一类人具有"圣人之性"，不待教而能为善，乃是仁德的体现者，乃是普通人的楷模。另一类人具有的"斗筲之性"，气量狭小，业已定型，不可能使他们主动地为善。这种人同圣人正好相反，乃是仁德的背离者。对于这种人，只能采用强硬的手段，迫使他们被动地不为恶。这两种人，都是少数；大多数人处在仁德的体现者和背离者之间，具有"中民之性"。对于大多数人来说，接受儒学的教化，可以为善；拒斥儒学的教化，也可以流为恶。显然，董仲舒评判人品高下的尺度，其实就是一个"仁"字。他认为大多数人都有成就仁德的可能；但要想把可能变为现实，就必须不断地修身，去掉对仁德的遮蔽，使内在的仁德发扬光大。在他看来，修身的过程同加工稻谷的过程相似。稻谷有外皮，不能直接食用，必须把外皮去掉才能变成稻米。大多数人虽不是先天的圣人，但通过修身，也可以成为后天的圣人。

宋明理学家建构的本体论虽有不同，但却有共同的动机：以各自的方式为仁德提供本体论证明。程朱理学的本体论范畴是"天理"，固然有解释"存在"的意思，但主要目的还在于解释"价值"，证明仁德的至上性和普遍性。他们的核心论点是"性即理"，试图从"天理"论中引申出性善论。程颐说："性即理也，所谓理，性是也。天下之理，原其所自，未有不善。喜怒哀乐未发，何尝不善？发而中节，则无往而不善。"（《河南程氏遗书》卷二十二）"善"的内涵，就是仁、义、礼、智、信"五常"。"五常"虽都是善性的体现，但不是平列关系。"五常"之中以"仁"为体，其余四者为仁体之发用。程颐说："仁，体也。义，宜也。礼，别也。智，知也。信，实也。"（同上，卷二）显然，他把"仁"理解为儒学的核心。朱熹同其前辈一样，也用"天理"支撑儒学伦常观念，强调天理"张之为三纲，其纪之为五常"。他把"仁"界定为"心之德，爱之理"，强调仁学"放之四海而皆准，并行万世而不悖"。他同样把"仁"理解为儒学的核心。

陆王心学的本体论范畴是本心或良知，摆脱了存在论话语，只讲价值本体论，以"心即理"为核心论点。在陆九渊那里，"心""理""仁"皆为同等程度的最高范畴。他说："仁，即此心也，此理也。求则得之，得此理也。"（《陆九渊集》卷一）王阳明讲"良知"，其实就是以"仁"为价值源头。在他那里，"良知""明德""仁"都是一个意思，都是指价值本体，都是人应当追求的终极目标。"'明德'是此心之德，即仁。'仁者以万物为一体'，使一物失所，便是吾仁有未尽处。"（《传习录·陆澄录》）陆王心学与程朱理学在本体论方面有区别，而在对仁德的认同方面，并无区别。

近代以来，儒学虽逐渐失去主流话语权，但仁德观念的影响力犹在。谭嗣同把自己著作的题目定为《仁学》。他对"仁"做出新诠释，强调"仁以通为第一义""通之象为平等"。通过阐发"以太—仁—通—平等"的道理，他鼓吹"中外通""上下通""男女内外通""人我通"，讲出与平等、民主、自由等新观念相兼容的仁学，发明了一种关于"仁"的谭氏讲法。贺麟说："从哲学看来，仁乃仁体。仁为天地之心，仁为天地生生不已之生机，仁为自然万物的本性。仁为万物一体、生意一般的有机关系和神契境界。简言之，哲学上可以说是有仁的宇宙观，仁的本体论。"[1] 他站在现代哲学的高度，对"仁"做出新阐发，发明了一种关于"仁"的贺氏讲法。

三

由于儒学是中国传统文化的主干，自然成为中华民族价值观的理论基础。"仁"既是儒学的核心，也是中华民族价值观的核心。一个"仁"字，把古今中国人的精神世界打通了。它是我们无法割舍的精神基因。

儒学倡导仁学，对于搭建中华民族的精神世界具有重大意义。从哲学人类学的意义上看，任何社会组织都必须有一套全体社会成员达成基本共识的主流价值观念和伦理规范，这是每个民族形成所必不可少的文化共识。这种文化共识可以采用宗教的形式来表达，也可以采用非宗教的形式来表达。大多数民族采用宗教的形式，如伏尔泰说，一个民族即便没有神，也要造出一个神来。中华民族则采用非宗教的形式，这就是孔子提出的仁德

---

[1] 贺麟：《文化与人生》，商务印书馆 1947 年版，第 6 页。

观念以及以此为核心形成的儒学。儒学是世界上少有的以非宗教的、内在超越的方式安顿精神世界的成功模式（有别于基督教、佛教、伊斯兰教）。儒学有效地组织社会、安顿人生，已形成中国人的文化基因，具有强盛的生命力。它是中华民族凝聚力的核心，有助于提升全体民族成员的文化认同感，有如一条无形的纽带，把大家联系在一起。倘若没有这样一种共识，中华民族就不可能成为世界上最大的民族。

从公元前5世纪孔子创立儒学算起，至今已经有两千六百多年的历史。关于儒学的精神实质，学者们有各种各样的诠释，有分歧，也有共识。各种各样的诠释，恐怕各有各的道理，不好简单地判定孰对孰错。儒学作为国学的主干，其实是一门活学问，不同时代的人有不同的讲法属于正常现象。我们处在当今时代，应当立足于当下语境，对于儒学做出新的理解，不必受到门户之见的限制。无论是今文经学，还是古文经学；无论是汉学，还是宋学；无论是新理学，还是新心学，恐怕我们都不能"照着讲"，而只能"接着讲"。所谓"接着讲"，不是接着哪一种讲法讲，而是接着各家的共识讲。这个共识，就是一个"仁"字。仁学是一个常讲常新的话题，不同的时代可以有不同的诠释，可以有新的讲法。近年来，牟钟鉴先生出版了《新仁学构想——爱的追寻》一书，提出"新仁学"理念。他对"仁"做出创造性诠释，提出"以仁为本，以和为用""以生为本，以诚为魂""以道为归，以通为路"等新仁学"三大命题"，提出仁性论、仁德论、仁志论、仁智论、仁礼论、仁事论、仁群论、仁力论、仁艺论等新仁学"十大专论"。在关于此书的研讨会上，作为对牟先生的回应，笔者谈了自己关于"新仁学"的几点看法。

第一，"仁"作为中华民族价值观的核心，仿佛是一个"点"；立足于这个"点"，在中国讲出一套人生哲学。这套人生哲学的特点在于，凸显价值的内在性，对人生价值明确地做出肯定判断；强调每个人都有自我完善的内在根据，从而提供了一种做人的准则，提供了一个"安身立命之地"。仁学的理论依据是人性善。这是中国哲人关于人性的独特看法，在世界民族之林中，可能绝无仅有。西方基督教认为人是神的堕落，故而生来就有罪，叫作原罪。人来到世间，目的在于赎罪，即洗清罪孽，重返伊甸园。佛教认为人一生下来便落入苦海，落入染污的此岸。人只有皈依佛门，看破红尘，祛除烦恼，跳出轮回，才能重回清净的彼岸。无论"人性罪"，还是"人性苦"，都是对人生自身价值的否定；而人性善则是对人生价值的充分肯定。当意识到人性善，有了对于"仁"的自觉，做人便会有一种责任感，一种自信心，一种亲和力和凝聚力。以"仁"为出发点，做人便会有"修身"的内动力，时时刻刻以道德规范自律，按照"人之所以为人"的准则约束自己；以"仁"为出发点，便会找到与他人交往的基础，形成对他人的尊重，养成与人为善的心态，不至于落入"人跟人像狼一样""人以他人为地狱"之类的误区。正因为这个道理，"仁"才是中华民族凝聚力之所在。中华民族由56个民族组成，各民族的宗教信仰可以不同，但价值共识却都是一个"仁"字。在精神世界中，"仁"是56个民族的共同语言。

第二，以"仁"为核心，做第一步拓展，引出一个"和"字，在中国讲出一套伦理哲学。"和"是一个关系范畴，至少要有两个人才谈得上"和"；假如只有一个人，便无所谓"和"与"不和"，因为不存在可与之相"和"的对象。如果说"仁"仿佛是一个"点"的话，那么"和"就仿佛是一条线，连接两个要素。"仁"讲的是个体素质，属于人生哲学话语；而"和"讲的是群体诉求，属于伦理哲学话语。最小的群体莫过于家庭，所以"和"必须从家庭说起，在《大学》中叫作"齐家"。家庭成员之间相处，理应贯彻和谐的原则。儒家常讲的孝、悌、贞、慈，都关涉家庭和谐。家庭是社会的细胞，家庭关系和谐与否，会影响到整个社会大群体。一个有良好家教的人，走到社会上，在与其他人交往的时候，自然也会讲究一个"和"字。儒家常讲的忠、恕、诚、信、恭、宽、让，都关涉社会和谐。围绕着一个"和"字，先讲出家庭伦理，再讲出社会伦理，这就是儒学独特的思路。

第三，以"仁"为核心，做第二步拓展，引出一个"礼"字，在中国讲出一套政治哲学。"礼"间接由"仁"引出，直接由"和"引出。用有子的话说："礼之用，和为贵。"（《论语·学而》）无论家庭和谐，还是社会和谐，都必须以制度为保障。所以，"礼"的作用必不可少。儒家所说的"礼"，是广义的，其中包含着"法"。如荀子所说："《礼》者，法之大分、类之纲纪也。"（《荀子·劝学》）"礼"既属伦理哲学范畴，也属政治哲学范畴，对于社会成员具有强制性的约束力。如果说"和"仿佛是一条"线"

的话，那么"礼"仿佛是一块"面"，把全社会都纳入秩序之中。"礼"是维系社会秩序的必要设施，舍此社会将陷入混乱。倘若没有"礼"的约束，国家将不成其为国家，社会将不成其为社会。《大学》所说的"治国"，讲的就是这个道理。作者用儒家的方式，给出政治的合法性依据。

第四，以"仁"为核心，做全方位拓展，引出一个"用"字，在中国讲出一套实践哲学。这个"用"指的是"经世致用"，或者"全体大用"。按照朱熹的说法，儒者追求的最高境界，就是"众物之表里精粗无不到，而吾心之全体大用无不明矣"（《四书集注·格物致知传》）。按照《大学》的说法，就叫作"平天下"。从"点"到"线"，再到"面"，乃至"体"，儒学由此形成完整的理论体系。儒学主张以积极态度处世，以入世精神指导人生实践，以奉献社会为价值取向，教育并鼓舞着一代代华夏子孙发奋进取，在现实人生中成就了无数功业，为中华民族的生存与发展提供了强大的精神动力。仁学培育出无数的志士仁人、无数的民族英雄，他们是中华民族当之无愧的脊梁。

（原载于《广东社会科学》2014 年第 5 期）

"仁义礼智"古今谈

　　"仁、义、礼、智"是儒家以至我国传统价值观的核心内涵。从其渊源上考察，孟子是第一个完整、系统地提出这四个范畴的儒家学者。孟子说："恻隐之心，仁之端也；羞恶之心，义之端也；辞让之心，礼之端也；是非之心，智之端也。"孟子的"四端"说，不但强调了仁、义、礼、智是"人之所以为人"的特质，而且点明了这些特质的心理根源；在我国历史上影响很大，对于我们今天培育和践行社会主义核心价值观也有借鉴意义。

　　"仁"是儒家人学价值观的核心理念，由孔子率先提出。在《论语》中，仁字出现达 109 次之多。"樊迟问仁。子曰：'爱人。'"这是孔子关于"仁"的解释中最简洁也最深刻的一条。所谓"爱人"，就是把他人当作自己的同类来看待，并以此为原则沟通人我关系、结成社会群体。孔子主张用仁爱原则协调人际关系，践行"忠恕之道"。所谓"忠恕之道"，就是"己所不欲，勿施于人""己欲立而立人，己欲达而达人"。孔子以"仁"为核心提出了一套做人的学问，主张把实然的人提升为应然的人；强调每个人都应在躬行仁道的道德实践中实现自身价值、成就理想人格。这为儒家人学价值观奠定了基调。

　　在孔子之后，孟子进一步集中提出仁、义、礼、智四个范畴，建构起儒家人学价值体系。他的第一个理论贡献，在于追溯仁的前提。这个前提就是人性善，即"恻隐之心，人皆有之"。在他看来，只有人才有求善的意识，而禽兽并无这种意识。人性善，是相对于兽性恶而言的。但凡是人，必有人性，必有善性。善是评价善的尺度，也是评判恶的尺度。倘若不以善为尺度，恶便无从谈起。令人遗憾的是，孟子从心性方面追溯"仁"的前提后，未设定"求仁"的具体目标，未免有"迂远而阔于事情"之嫌。不过，联系孟子的其他论述可以发现，"求富"应是"求仁"的题中应有之义。孟子说："民之为道也，有恒产者有恒心，无恒产者无恒心。苟无恒心，放辟邪侈，无不为已。"（《孟子·滕文公上》）他提出的解决"恒产"问题的方案，是保证每个农民家庭有"五亩之宅""百亩之田"。此种愿景无疑是美好的，只可惜在小农经济时代根本无法实现。只有在社会化大生产的当今时代，"恒产"才有望解决，才有可能把"求富"落到实处。从今天的现实生活来看，"恒产"与"求富"在培育和践行社会主义核心价值观方面也具有基础意义。

孟子的第二个理论贡献，在于由"仁"字出发，进一步提出"义"字，指出"成人"的正确路径。孟子说："仁，人之安宅也；义，人之正路也。"（《孟子·离娄上》）也就是说，"仁"作为目标是个体的价值安顿之所，"义"才是价值实现的路径。按照孟子的构想，仁政不能直接建立在"仁"的基础之上，必须以"义"为中介。孟子会见梁惠王，梁惠王问："你不远千里而来，给我国带来什么好处？"孟子对曰："王，何必曰利？亦有仁义而已矣。"在他看来，施政的理念应是"义"，而不能是"利"。一些人指责孟子把义与利对立起来，实则是一种误解。因为孟子所说的"义"，乃是为社会群体着想，其中包含对公众利益的尊重，并不与"利"截然对立。孟子只是反对君王为"一己私利"着想，要求其维护社会正义。关于"义"，孟子仅从心性角度考量，以"羞恶之心"为其前提；至于衡量"义"的具体尺度，则语焉不详。从当今视角看，衡量"义"的尺度，应是平等、公正、和谐。它主要体现在平等待人，不以强凌弱；出于公心，不专谋私利；尊重他人，和睦相处；等等。

孟子的第三个理论贡献，在于把"义"字深化，突出一个"礼"字，将其作为"成人"的制度保障。"义"是抽象的，而"礼"是具体的，是可操作的制度条文。美中不足的是，孟子仅将"礼"同"羞恶之心"相关联，并没能找到实现"礼"的良好政治制度。在小农经济时代，人们能想象的政治制度只有君主制一种，不可能有别的选择。在当今时代，人类早已摆脱此限制，有了新的制度选择，从而能解决孟子无法解决的问题。这种新的制度建立在自由、民主、公正、法治等基本价值理念上。

孟子的第四个理论贡献，在于把仁、义、礼综合起来，强调三者必须落到"智"上。"智"就是"成人"的理性自觉。孟子把"智"同"是非之心"关联在一起,明确地将其置于价值理性范围。他所说的"是非",是指价值论意义上的对与错,而不是知识论意义上的对与错。孟子所说的"智"无疑是抽象的,但不妨碍人们赋予其具体的内涵。从今天的社会实际来说,其具体内涵就是敬业、诚信、友善:敬业是一种明智的工作态度,诚信是一种明智的交往原则,友善是一种明智的待人方式。

综上所述,仁、义、礼、智四字集中体现了我国古人关于"成人"的基本价值理念。这些价值理念中的合理内涵与社会主义核心价值观是息息相通的。重温和弘扬这些合理内涵,有助于我们深化对社会主义核心价值观的领悟、认同和践行。

（原载于《人民日报》2015 年 2 月 2 日）

礼乐仁刍议

在儒学中，礼、乐、仁是三个重要范畴。各自的内涵是什么？三者之间的关系怎样？历史演变过程怎样？笔者对此发表一点浅见，就教于方家学者。

一、 礼乐与巫术

许多人常常把礼乐文明归结于儒家，笔者觉得这是一种误解。在中国历史上，礼乐文明出现在前儒学时代，历史比儒家长得多，后者显然不能构成前者的原因。儒家的创始人孔子承认，礼乐文明由来已久，周公制礼作乐；自己的责任仅仅在于，思考如何在新的历史时期开发这种传统的思想资源，如何将其发扬光大。

孔子把礼乐文明归功于周公，其实是表示对传统的尊重，并非事实陈述。在周公之前，礼乐文明已经出现，周公可以说是这种文明的整理者和弘扬者，而不能说是创造者。"礼乐"中的"礼"，泛指社会制度，它是人类历史发展的产物。无论何种社会，人们必须借助某种制度把社会成员组织起来。从这个意义上说，"礼"的历史与人类的历史是同时发生的，并不是哪位圣人心血来潮发明出来的。在古代，广义的礼指社会制度，而狭义的礼则是指君主制度。我们不能用现代人的眼光苛责古人维护君主制、抵制民主制，因为民主制是市场经济时代的产物。古人并不知道民主制为何物，君主制是他们唯一的选择，世界上任何民族皆无例外。在人类童年时期，选择君主制作为社会组织形式，乃是一种历史的进步。恩格斯在《论封建制度的瓦解和民族国家的产生》中写道："在这种普遍的混乱状态中，王权是进步的因素，这一点是十分清楚的。王权在混乱中代表着秩序，代表着正在形成的民族而与分裂成叛乱的各附庸国的状态对抗。在封建主义表层下形成着的一切革命因素都依赖王权，正像王权依赖它们一样。"倘若指责古人不懂民主制而维护君主制，犹如指责古人不会开汽车、只会赶牛车一样荒唐可笑。道理很简单，那时人类只发明出了牛车，还没有发明出汽车。

先民猜想，在人类蒙昧时期曾经没有君王。《礼记·礼运》写道："昔者先王未有宫室，冬则居营窟，夏则居橧巢。未有火化，食草木之实、鸟兽之肉，饮其血，茹其毛，未有麻丝，衣其羽皮。"《吕氏春秋·恃君览》写道："昔太古尝无君矣，其民聚生群处，知母不知父，无亲戚、兄弟、夫妻、男女之别，无上下长幼之道，无进退揖让之礼。"自从君主出现以后，礼制随之也出现，人类方才告别蒙昧，进入文明时代。先民认为，一切文明成果，皆拜圣王所赐。《韩非子·五蠹》写道："上古之世，人民少而禽兽众，人民不胜禽兽虫蛇。有圣人作，构木为巢以避群害，而民悦之，使王天下，号曰有巢氏。民食果蓏蚌蛤，腥臊恶臭而伤害腹胃，民多疾病。有圣人作，钻燧取火以化腥臊，而民说之，使王天下，号之曰燧人氏。"除此之外，黄帝发明衣服、舟、车，炎帝发明农耕技术，伏羲发明网罟、画八卦，蚩尤发明冶炼技术，"以金作兵器"。

"乐"在没有与"礼"联系起来之前，原本属于巫术文化的范畴。在远古生产力水平低下的情况下，先民将自己置于被动存在的位置，形成崇拜天神和祖先的观念。在祭天、祭祖的时候，神职人员做歌做舞，营造氛围，对天神或祖先表示感激之情。这大概就是"乐"的由来。

君主制出现以后，先民把对天神、祖先的感激，移情于君王，把"乐"与"礼"联系起来，遂形成礼乐文明。"乐"与"礼"相联系之后，在保持巫术文化意涵的同时，又增添了政治文化的意涵，从一种单纯的祭祀文明，转化为一种政治文明。君主的权力是上天授予的，对天神的崇拜与对先王的崇拜，完全可以统一起来。于是，礼乐连称，"乐"便成为一种维护君主制的感性方式。在人类童年时期，先民还不能为君主制找到理论根据，不能不借助于原始宗教的解释方式。人们以歌舞的形式表达自己对圣王的感激之情，这大概就是礼乐文明中"乐"的新功能。从这个意义上说，传统的礼乐文明乃是由祭祀文明演化而来的一种远古时代的政治文明。

二、 由礼及仁

大约在公元前5世纪，也就是春秋末年，中国社会发展进入大变革时期，开始从松散的王国时代向统一的帝国时代过渡。在这种语境中，周天子的权威动摇了。周王朝形同虚设，周天子没有能力号令诸侯，只得听凭诸侯们兵戎相见，出现所谓"春秋无义战"的情形。在诸侯纷争中，强者胜出，弱者灭亡。最强者以霸主自居，号令天下，并不把周天子放在眼里。于是，传统的礼制趋于衰微。与此相关，天神的权威也逐渐动摇，无神论思潮兴起。一些思想家大胆地对天神的权威表示怀疑，把目光从对天神的关注，转向对人间的关注。例如，公元前714年，季梁说："夫民，神之主也，是以圣王先成民而后致力于神。"（《左传·桓公六年》）他所说的"主"，是凭借的意思。他认为，民众对国家的重要性要高于神，因为民众是神的依凭、寄托之所在。在他看来，就重要性而言，民众是第一位的，而神是第二位的。尽管他没有否定神的存在，但毕竟把神降到了次要的位置。公元前663年，史嚚进一步发展了季梁的这种观点，他说："国将兴，听于民；将亡，听于神。"（《左传·庄公三十二年》）他把重视民众还是重神，看成关系到国家兴亡的大事，把"听于神"与亡国联系在一起。这对天神的权威来说，显然是极大的贬抑。在《诗经》中竟出现许多抱怨天的诗歌。例如，《节南山》写道："昊天不惠，降此大戾。"在这种情况下，"乐"已经失去了维护"礼"的功能。人们通常用"礼崩乐坏"概括那时的状况，其实应改为"礼坏乐崩"。礼坏了，可以修理好，在这方面儒家取得了成功；乐崩了，便没有办法挽救了。孔子也试图重倡乐教，但没有取得成功。后世儒者则放弃了这种努力，以至于造成《乐》经失传，致使六经变成了五经。

孔子可以说是礼乐文明的弘扬者，很难说是传统礼乐的维护者。对于礼，尤其是周礼，他表示认同，明确表示"吾从周"（《论语·八佾》）。对于当时经常出现的僭越现象，他十分气愤。例如，季氏以大夫的身份，竟敢动用天子之礼，"八佾舞于庭"。对此，孔子表示抗议："是可忍也，孰不可忍也？"对于乐，尤其是《韶》乐，他十分欣赏。"子在齐闻《韶》，三月不知肉味，曰：'不图为乐之至于斯也。'"（《论语·述而》）他觉得

《韶》乐已达到"尽善尽美"的最高境界。不过,孔子只从审美的角度欣赏乐,不再把"乐"当作维护"礼"的手段。他所面临的课题,不是如何维护礼乐问题,而是首先要找到"礼坏乐崩"的原因。经过一番思索,他找到的原因就是:无论是"礼",还是"乐",其有效性都应当以"仁"为前提、为担保;倘若离开"仁",单纯倡导礼乐,那将无济于事。他尖锐地指出:"人而不仁,如礼何?人而不仁,如乐何?"(《论语·八佾》)在孔子看来,仁德缺位乃是造成"礼坏乐崩"的根本原因。在礼、乐、仁当中,仁为基础、为核心,离开了仁,礼乐将无从谈起。这是一种关于礼乐文明的新诠释:其理论底色,不再是巫术,而是哲理。面对"呼啦啦将倾"的礼乐大厦,孔子无意将它修补起来。他对礼乐进行反思和理解,力图把其中仍具有生命力的、普遍适用的原则抽象出来,以备建设新体制之用。

孔子对传统的态度具有两面性:他一方面弘扬传统,另一方面又超越传统。他并不是抱残守缺、因循守旧的冥顽之辈。这种态度集中体现在他从新的视角看待礼制,对周礼做了损益。在他的眼里,礼并不仅仅是礼仪条文的总汇,并不是一套死板僵化的规定。"礼云礼云,玉帛云乎哉?"(《论语·阳货》)当然不是。那么,什么是"礼"的深刻内涵呢?孔子认为礼的深刻内涵就是普遍的人文精神,就是人之所以为人的本则。用一个字来概括,就是"仁"。他把"仁"理解为"礼"的实质,把复礼看成是行仁的手段。他的结论是:"克己复礼为仁。一日克己复礼,天下归仁焉。"(《论语·颜渊》)这样,孔子便从"礼"这一传统观念的反思中引申出、提炼出"仁"这一崭新的观念。孔子以仁解礼,找到了一种理性的解释方式,具有更强的说服力,比以乐配礼的感性方式高明得多。正是因为孔子找到了新的解释方式,已经"坏"了的"礼"得以修补,获得了新的生命力,以至于影响了中国社会两千多年。

关于仁德与礼制的关系,孔子做了比较充分的说明;而关于仁和乐教的关系,则说明得不够充分。这为乐教的衰落埋下了伏笔。

三、 乐教失落

自从孔子找到以仁明礼的解释方式以后,礼、乐的紧密联系就被解开了,变为两个单独的话题。后世儒家往往把心思用在礼制上,而对乐教谈论得越来越少。礼乐文明实际上已经为礼仁文明所取代。《乐》经之所以失落，恐怕不是出于文献学的原因，而是思想发展趋势使然。原始宗教在公元前5世纪衰微以后，中国没有走向神教时代，而是很早就走向了哲学时代。在哲学时代，以巫术为底色的礼乐文明已经没有发展的空间，而以理性为底色的礼仁文明则逐步得到广泛的认同，成为中国人的主流观念。

对于"礼"与"乐"两个话题，孔子皆有所论述，但很少把二者联系在一起。他并不把"乐"看作"礼"的根据，只把"仁"看成"礼"的根据。孔子的后学则加剧了这种倾向，往往热衷于"仁"和"礼"的话题，而很少有人谈论乐教。在战国中期，孟子喜欢谈论王道，喜欢谈论仁政，喜欢谈论仁义，喜欢谈论诚明，很少谈论关于乐教的话题。他首先对"乐"做了区分，区分为雅乐和俗乐。在他看来，俗乐无益于身心健康和道德修养，故而明确表示反对。他主张"放郑声"，理由是"恶郑声，恐其乱乐也"（《孟子·尽心下》）。在战国末年，荀子十分重视的核心理念是礼义，而不是礼乐。他虽写有题为《乐论》的文章，目的在于回应墨子的"非乐"诉求，并非走以乐维护礼的老路。在他看来，"乐"是一种抒发情感的方式，在人的精神生活中不可或缺。"夫乐者，乐也，人情之所必不免也，故人不能无乐。乐则必发于声音，形于动静，而人之道，声音、动静、性术之变尽是矣。"（《荀子·乐论》）他认为"乐"有教化功能，"可以善民心，其感人深，其移风易俗，故先王导之以礼乐而民和睦"（《荀子·乐论》）。按照这种说法，"乐"仅仅是维护礼义的手段，并不是证明礼义的根据，地位被大大地弱化了。于是，《乐》经慢慢地不再为儒者所重视，以至于完全淡出人们的视野。

到汉代初年，"五经"皆有整理出来的文本，唯独《乐》经是个例外。之所以如此，恐怕同当时社会不重视乐教有关。汉以后，论述乐教的文章少之又少，比较有影响的大概只有《礼记·乐记》一篇。此文不再把"乐"解释为情感宣泄、陶冶性情的途径，而是解释为限制情欲的手段。"人生而静，天之性也。感于物而动，性之欲也。物至知知，然后好恶形焉。好恶无节于内，知诱于外，不能反躬，天理灭矣。夫物之感人无穷，而人之好恶无节，则是物至而人化物也。"（《礼记·乐记》）《乐记》开启了把天理与人欲对立起来的先河，过分强调"乐"的功能在于以天理为尺度对情欲加以限制，完全忽视其陶冶性情的功能。在这种"以乐节欲"的解释中，乐教成为维系礼教的工具，并无乐趣可言，已经疏离人的情感世界。

宋明理学借鉴佛、道二教的本体论思维方式，建构儒家本体论学说，找到"以理证礼"的新思路。二程说："父子君臣，天下之定理，无所逃于天地之间。"（《河南程氏遗书》卷五）他们便将忠君、孝父等纲常观念，提到普遍原理的高度，使之永恒化、绝对化，真正奠立了儒学价值本体论的根基。借用现代新儒家的术语说，这种价值本体论也可以叫作"道德形上学"。依据"天理"论，二程把儒家伦理规范直接讲成一种本体论信念，提升到本体的高度。他们的说法是："视听言动，非理不为，即是礼，礼即是理也。"（《河南程氏遗书》卷十五）按照这种说法，恪守儒家伦理，并不是被动地服从，而是主动地体验价值本体——"天理"。在理学家的视野中，"天理"是礼制的最终依据，礼制同人欲没有关系，故而提出"存天理，灭人欲"的口号。既然人欲是被消灭的因素，那么，与人欲有关的"乐"，当然也就没有存在的必要了。显然，宋明理学家"灭人欲"的说法，比《乐记》中"以乐节欲"的观念还要偏激。在"灭人欲"观念的导引下，乐教已经不再是理学家关注的话题。按照他们的主张，人们建构起理性世界就够了，不必建构情感世界。由此，称理学家为"理性专制主义者"，并不过分。

四、 乐教再倡

辛亥革命以后，君主专制制度解体，理性专制主义也随之失效。现代学者重新审视礼乐关系问题，察觉到宋明理学的偏激，试图予以纠正，力图在现代中国社会中重新倡导礼乐文明。最早用心于此的学者，当属蔡元培先生。在"五四"时期，他提出一个著名的观点，就是"以美育代宗教"。他所说的美育，实际是对乐教的称谓。在他看来，西方人的情感世界，主要是靠宗教信仰的途径搭建起来的，中国人不必选择这条路。中国人发扬乐教的传统，以美育为路径，便足以搭建起健康的情感世界，不必效仿西方人的宗教方式。

现代新儒家贺麟先生对宋明理学忽视乐教的问题，做了深刻的思考。他不否认，"存天理，灭人欲"之说具有历史的合理性，但这种合理性在现时代已经失去了。在现时代，"要想人绝对不自私，不仅失之'责人重以周'，甚至有一些违反本心，不近人情"①。人们常常把人欲比作洪水猛兽，在古代拿洪水猛兽没有办法，现在有办法了。猛兽可以关在笼中变为观赏的对象，洪水可以拦起来发电。对于人欲，也不必非得灭掉了事，可以限制其消极面，发挥其积极面，化为社会发展的精神动力。在他看来，提倡乐教或诗教，乃是一种限制消极人欲、培育积极人欲的有效途径。在现时代，人们不必拘守古训，应当摒弃那种"存天理，灭人欲"的旧观念。

贺麟指出，传统的儒学虽说有乐教或诗教的意涵，可是"因《乐》经佚失，乐教中衰，诗教亦式微。对其他艺术，亦殊少注重与发扬"，因而存在着过于严酷、过于枯燥的偏向，缺少人情味。"旧道德之所以偏于枯燥迂拘，违反人性，一则因为道德尚未经艺术的美化，亦即礼教未经诗教的陶熔……不从感情上去培养熏陶，不从性灵上去顺适启迪，而只知执着人我界限的分别，苛责以森严的道德律令，冷酷的是非判断。再则因为道德未得两性调剂，旧道德家往往视女子为畏途。他一生的道德修养，好像可以败坏于女子的一笑。""生人的本性真情，横遭板起面孔的道德家压抑和摧残，像这样迂拘枯燥的道德，哪会有活泼的生趣？"② 怎样解决儒家伦理存在的这些问题？贺麟认为有必要重新倡导乐教或诗教，使儒学艺术化、情感化，使之富有艺术的感召力，以情动人，不再流于刻板的说教、律令的压抑。例如，对于儒学中的"诚"，可以从艺术的角度加以诠释。"就艺术方面言，思无邪或无邪思的诗教即是诚。诚亦即是诚挚纯真的感情。艺术天才无他长，即能保持其诚、发挥其诚而已。"③

五、 礼乐重光

蔡元培、贺麟对于倡导乐教的呼吁，无疑是正确的，可惜并未引起人们的重视。1949 年以后，长期以来在"左"的氛围中，既谈不上"礼"，也谈不上"乐"。现今终于走出"左"的误区，才使礼乐文明重光有了可能性。

① 贺麟：《文化与人生》，商务印书馆 1988 年版，第 78 页。
② 贺麟：《哲学与哲学史论文集》，商务印书馆 1990 年版，第 356 页。
③ 贺麟：《文化与人生》，商务印书馆 1988 年版，第 7 页。

在当今时代，"礼"有了新的内涵，指的是有中国特色的社会主义制度文明；"乐"的内涵也有了变化，指的是与制度文明相适应的艺术文明；而"仁"作为道德文明，仍旧是把"礼"联系起来的纽带。照道理说，在新时期礼乐应当是相互协调的关系，可实际上却存在着畸轻畸重的情形。

有些政治思想教育工作者，似乎只喜欢搞礼，而不喜欢搞乐，把礼教与乐教对立起来，走向极端。他们喜欢对别人说教，喜欢教训人，动辄上纲上线、小题大做，摆出一副道貌岸然的架势，不懂得晓之以理、动之以情的道理。这种人的动机也许无可厚非，但由于没掌握正确的方法，故很难收到思想政治教育的效果。毛泽东在《反对党八股》一文中批评说："现在中党八股毒太深的人，对于民间的、外国的、古人的语言中有用的东西，不肯下苦功去学，因此，群众就不欢迎他们枯燥无味的宣传，我们也不需要这样蹩脚的不中用的宣传家。"生硬的说教是不受欢迎的，合格的思想政治教育工作者应当掌握礼教与乐教相结合的原则，情理并重，找到做思想政治工作的合适方法。这恐怕是解"党八股"之毒的可行之路。

有些文艺工作者，似乎只喜欢搞乐，而不喜欢搞礼，也把礼教和乐教对立起来，而走向另一个极端。他们片面突出文艺作品的娱乐功能，而忽视了文艺作品的教育功能。他们一味地媚俗，忘记了自己应当承担的社会责任，使乐教偏离了主旋律。在他们手里，重大的历史题材竟成了"戏说"的话题，硬让后朝人说前朝人的话，编排出"关公战秦琼"式的闹剧。胡编乱造的"抗日神剧"充斥荧屏，看得人哭笑不得；故作姿态的歌舞表演，怪腔怪调，不堪入目，实在不敢恭维。这种"乐"，很难称为"教"，更谈不上与"礼"相配合了。

如何避免上述两种偏向，真正达到礼乐重光的目标，恐怕还有待于时日。

（原载于《中国儒学》2011 年年刊）

八德是修身之本

中国传统文化中的"为仁由己",讲的是"做人"的道理;也主张"约之以礼",讲"如何做人"的功夫,两方面相辅相成,缺一不可。关于"如何做人",先哲留下许多至理名言,如曾子讲"吾日三省吾身",首倡"慎独";庄子主张"内圣外王","内圣"是修身养德,要求做一个有德性的人,"外王"是齐家、治国、平天下。庄子的这一主张与《大学》中讲的"格物而后知至,知至而后意诚,意诚而后心正,心正而后身修,身修而后家齐,家齐而后国治,国治而后天下平。自天子以至于庶人,壹是皆以修身为本"道理相同,即"修齐治平"的前提和基础是"修身"。后儒把"慎独"和"修身"综合起来,凝练为"孝、悌、忠、信、礼、义、廉、耻"八个德目,使之具有可操作性。"八德"犹如八面镜子,自我对照一下,可以找到差距在哪里。把差距克服掉,就叫作"修身"或"正己"。从这个意义上说,"八德"为修身之本。"八德"的由来可以从管仲提出"礼义廉耻"之"四维"说起,到孔孟时期形成以"仁"为最高的道德境界,至汉代思想家董仲舒在孔、孟道德观念基础上,提出"君为臣纲,父为子纲,夫为妻纲"的"三纲"原理和"仁、义、礼、智、信"的"五常"之道,再到宋代恢复管仲提出的"四维",去掉"仁",增加"孝"与"悌",上述八个德目得以确立。"八德"为中华民族世世代代所信守,已渗入我们的骨质中,堪称中华文化的基因。"八德"的内涵由家及国,讲究在家尽孝,在国尽忠,把家国情怀与经邦济世有机结合在一起,形成完整的伦理规范体系。这一体系大体上包含四个层次。

第一个层次是家庭伦理规范。家庭是社会的细胞,也是"如何做人"的起点。"修身"首先得从恪守家庭伦理规范做起。家庭伦理规范包含纵、横两个方面。从纵的维度说,要讲究孝德。一个人来到世上,首先接触到的就是自己的父母，他的伦理训练，从这一刻就开始了。"百善孝为先"，说的就是这个意思。试想：如果一个人连善待父母都做不到，又怎么可能善待他人？怎么可能成为有德的君子？从横的维度说，要讲究悌德。人懂事以后，接触最多的平辈人，莫过于兄弟姐妹。通过悌德的训练，学会同平辈人交往，迈出人生成长的第二步。

舜可以说是践行孝德与悌德的楷模。相传，他的父亲瞽叟和继母，还有同父异母的弟弟象，对他皆抱有敌意，多次想害死他。在舜修补谷仓仓顶时，他们竟在下面纵火，幸亏舜机灵，手持两个斗笠从仓顶跳下，才得以脱离火海。当舜身处井底掘井时，瞽叟与象竟然合力往井里填土，想致舜于死地。舜从井底掘出一条地道，侥幸得以逃脱。尽管遭到他们屡屡陷害，可是舜却以德报怨，仍对父母躬行孝德，对弟弟躬行悌德。守孝悌既是家庭伦理规范，也是官德规范。一个连孝悌这种家规都不肯信守的人，又怎么能做到信守官德，接受党纪国法的约束？

第二个层次是社会伦理规范。它也包含纵、横两个方面。从纵的维度说，要讲究忠德。忠德是孝德的延伸，叫作"移孝作忠"。对于上级或群体，要扮演好自己的社会角色，尽自己应尽的义务。忠德的实质，就是责任担当。从横的维度说，要讲究信德。信德是悌德的延伸，"四海之内皆兄弟也"。你对朋友讲信用，才会赢得朋友对你的信任。由于旧小说和旧戏剧的渲染，常让人觉得忠就是对君主愚忠，其实这完全是误导。忠的根本之义，在于忠于民族群体。从历史上看，真正的忠臣不是李莲英式的奴才。在当今时代，忠德的内涵是忠于职守、忠于组织、忠于国家、忠于民族；信德的内涵是诚实守信、甘于奉献。

第三个层次讲的是行为准则和道德规范。中国自古就是"礼仪之邦"，"崇礼重义"这一道德传统为"如何做人"规定了路线途径。"礼"属于具体的条文、制度，是应当遵守的规矩，"不学礼无以立"。相传在3000多年前的殷周之际，周公制礼作乐，就提出了礼治的纲领。此后，管仲提出"礼不逾节"，意思是人们的行为和言论，不超过应守的规范和准则。孔子把"礼"同"仁"联系在一起，他说："克己复礼为仁。一日克己复礼，天下归仁焉。"荀子则把"礼"看作是节制人欲的最好方法。战国末期和汉初的儒家对"礼"做了系统论述，主张用"礼"来调节人的情欲，使之合乎儒家的道德规范。"义"有道义、正义、正路之意。孟子说："仁，人之安宅也；义，人之正路也。"他认为"义"与"仁"紧密相连，仁是义的内隐，义则是仁的外显。孟子还提出，在"生"与"义"不可兼得的情况下，要"舍生而取义"。礼义文明被中华民族世世代代尊崇与传承，成为儒家文化的核心。从今天的角度看，可以说党规党纪就是共产党人的行为准则和道德规范，是必须遵守的礼义之道。党员干部只有自觉地接受"礼"的约束，才能做到礼不逾节，只有时时处处遵循"义"之正路，才能做到大义凛然。

第四个层次讲的是道德底线之所在。"廉"是官德的底线，是对为官者的起码要求。东汉名臣杨震的属下王密私下里送给他十斤黄金，他坚决拒收。王密说："没有人会知道，您就收下吧！"他的答复是："怎么会呢？天知、地知、你知、我知！"从这个故事可以看出，真正的"廉"是发自真心的，而不是装样子、作秀，更不是台上一套、台下一套。"耻"是民德的底线，是做人的起码要求。按照性善论，但凡是人，必有善性；完全丧失善性，就配不上"人"字。明代哲学家、政治家王阳明曾捉住一个小偷，小偷说："我一点善性也没有。"王阳明叫他把衣服脱掉，最后只剩下一个裤衩，小偷说什么也不肯再脱。这时，王阳明对小偷说："看来'羞恶之心，人皆有之'这话一点也不假。你不是没有良知，而是昧着良知做贼！"现在人们痛斥贪腐分子不知"羞耻"二字，痛斥他们是"衣冠禽兽"，理由就是判定他们越出了道德底线，为人类所不齿。

以上四个层次相互关联，共同培育健全人格。"八德"虽然是先哲、先贤讲"如何做人"的功夫，但对于共产党人来说，也有启迪意义。如果一名共产党员，连人性都不讲，他又怎么可能讲党性呢？所以说，党员干部更应发扬"崇德重礼"的优良传统，成为恪守"八德"的楷模。

（原载于《中国纪检监察》2015年第12期）

儒学价值观的和平导向

宗教价值观通常着眼于人性中的阴暗面，立足于外在性，即从人性之外、从神那里寻求人超越自我的外在根据。儒学价值观则不然。儒学着眼于人性中的光明面，立足于内在性，从人性中寻求自我超越的内在根据。儒学的这种"超凡入圣"的价值取向，对于维护世界和平来说，不失为一种宝贵资源。

儒学的这一思想方向发端于孔子，孔子把人性中的光明面称为"仁"。他强调，"仁"乃是人的内在品格，乃是人生价值的源头。按照这种思路，价值实现完全是一种自觉、自愿的理性选择："我欲仁，斯仁至矣。"（《论语·述而》）人在修己成仁时，表现出一种主动性，而无须受什么外在神秘力量的规束。

在孔子思想的基础上，孟子明确地提出性善论。孟子预设了一种价值理想，强调"人应该善"。至于实然人性，既有善，也有恶；既有光明面，也有阴暗面。如果现实的人肯接受儒学的价值理念，便可以使阴暗面得以抑制，使光明面得以发扬，通过"修身"的途径实现自我完善。孟子认为，人生来就具有向善的能力，叫作"良能"；生来就具有求善的意识，叫作"良知"。良知、良能乃万善之源，由此而形成恻隐之心、羞恶之心、辞让之心、是非之心等"四端"，由"四端"而形成四个基本的道德观念即仁、义、礼、智。孟子的结论是："仁义礼智，非由外铄我也，我固有之也。"（《孟子·告子上》）"我固有之"的意思，不是说人一生下来就是善的，只是说接受道德观念的前提，内在于应然人性之中。人性善就是"人之所以为人"的道理之所在。

儒学大力倡导与人为善的精神，为实施道德教化、造就礼仪之邦提供了理论依据。在儒学的淑世主义导向中，包含着尊重他人、尊重民意、与人为善、利群利他、忧国忧民、严于律己、推己及人、向往高尚人格等意向，对中华民族的形成与发展产生极大的影响。事实证明，儒学为中华民族提供了基本的价值观念，提供了强大的民族凝聚力。甚至可以说倘若没有儒学，中华民族就不可能发展成为世界上最大的民族。

儒学把淑世主义导向应用于国际关系方面，便形成和平主义导向。在这一点上，儒学为中华民族培养爱好和平的民族精神，提供了良性培养基础。儒学讲究包容性，拒斥排他性，主张各民族之间和平共处，主张各国家之间和平共处。儒学从"修身"讲起，推己及人，进而讲到"齐家"和"治国"，最后指向"平天下"。儒学发端于中原地区，其创始人为汉族人，但中国的少数民族大都认同儒学。儒学是中国各个兄弟民族共同拥有的精神财富。儒学只以自身的理论魅力吸引受众，决不借用外力、暴力向受众灌输。在儒学传向东亚的历史上，从未发生"一手拿经书，一手拿利剑"的情形。儒学"协和万邦""万国咸宁"的理念是东亚各国和睦共处的精神基础。儒学这种和平主义的取向，在历史上曾成为东亚各国的共识，在当今时代则可以成为世界各国的共识。罗素赞许中华民族是"骄傲得不愿意打仗的民族"，对儒学的维护和平的意向表示充分的肯定。

（原载于《光明日报》2015 年 8 月 24 日）

中国哲学精神与经营之道

　　"经营"一词早在古典文献中就出现了，有规划、开发、管理等意思。《诗经·小雅·北山》有这样的诗句："旅（膂）力方刚，经营四方。"意思是说，国家的实力已经足够强大了，可以做出一番事业，开疆扩土。在古汉语中，"经营"一般指对外经营。在现代汉语中，"经营"一词既可以指对外经营，也可以指对内经营。"管理"一词是外来语，在古汉语中原本没有。在现代汉语中，有许多新名词都是从日文中搬过来的，如政治、哲学、法律、经济、干部、委员等，管理也是其中一个。"管理"一词显然是针对一个企业的内部来说的，因为企业之外的事情不在企业主的管辖范围之内：你无权管人家的事情。"管理"的意思，可以包括在"经营"里面。

　　经营是一门活学问，但不是确切的知识，很难用科学话语来表述。用中国哲学的术语说，经营可以叫作"道"。用俗话说，可以叫作"门道"。大家常常会说："外行看热闹，内行看门道。"讲管理可以采用一些科学的话语，而讲经营不能采用科学的话语，必须采用哲学的话语。经营同经营者的哲学信仰有关系。有一句美国谚语说："你要租房子，先得了解房东信仰的哲学。"你先了解了房东信仰的哲学，才好同房东打交道，以后不至于发生冲突。经营有方法问题，也有理念问题。理念来自哲学和自我体验。因此，经营者接受一点哲学训练是有必要的。我们在中国搞经营，主要同中国人打交道，学习一点中国哲学尤为必要。至于经营方法，同人格魅力有关。在别人那里是有效的方法，拿到你这里未必有效，因为你无法把人家的人格魅力一同拿过来。经营方法可以借鉴别人的做法，但不能照搬、照抄别人的做法。真正有用的方法是经营者自己在实践中摸索出来的，难为不知者道。不过，经营者可以相互交流、相互启发，这有助于你进行创造性思维，找到适合自己的经营方法。

一、 从自强不息看

《周易·乾卦·象传》上说："天行健，君子以自强不息。"这里所说的"天"，并不是今天所说的大气层，而是指世界的总体，其中包括地，也包括人在内，跟现代的哲学范畴中的"世界"或"宇宙"是一个意思。这句话最能体现中国哲学的积极进取意识，代表了我们的先哲在世界观和人生观方面的基本态度。

宇宙总体有什么特征呢？中国哲人给出一个字，叫作"健"。"健"的同义词，就是"动"，就是"生"。《易传·系辞传》中还有一句话说："天地之大德曰生。"从"生"还可以引申出"变"和"化"。"健""动""生""变""化"，恐怕都是同一个意思，而且都是摹状词，都是中国哲人关于世界总体的认知方式。我们的先哲不把世界总体看成判断的对象，而是看成描述的对象。这正是中国哲学的特点之所在。

在如何看待世界总体的问题上，中国哲学家与西方哲学家的思路不一样。西方哲学家提出的问题是：世界是什么？中国哲学家提出的问题，不是世界是什么，而是世界怎么样。世界怎么样？中国哲学家给出的答案就是健、动、生、变、化——形成一种动态的世界总体观。中国哲人以动态的眼光看待世界，他们眼中的世界是一个生生不息、迁流不止的运动过程，有如河水一样奔腾向前，不存在任何一成不变的东西。孔子站在河边，发出这样的感慨："逝者如斯夫！不舍昼夜。"（《论语·子罕》）世界就是一个不断发展的过程，既没有开头，也没有结尾。既然世界没有开头，中国哲人便不会追问"世界是从哪里来"之类的问题。他们没有创世的观念，因为世界本来就有，根本谈不上"从何而来"。既然世界没有结尾，中国哲人也不会有"世界末日"之类的烦恼。

西方哲学家把世界定格为"是"，定格为"存在"，那么，他们必须回答"世界是什么"的问题。许多哲学家要为世界找到一个源头，找来找去，常常会找到上帝那儿去了，认为世界是上帝创造物。中国哲人不会有这种观念。有些西方哲学家看待世界，仿佛要先用照相机把世界照下来，将其定格在底片上，然后拿回去分析：世界何以成其为世界？他们的世界总体观，是建立在分析的基础上的。世界之所以成其为世界，首先，要有"质料因"。倘若没有质料，根本就谈不上存在。"质料因"就是原子。原子是哲学分析的产物。任何一个事物，都可以分解为局部，把局部分析到不可再分的最小的质点，那就叫原子。原子构成万物，万物皆归结于原子。其次，还得有"形式因"。山有山的形式，水有水的形式。正因为有"形式因"，世界上万物之间才会形成差别。再次，还得有"动力因"。最后，还得有"目的因"。亚里士多德认为，用上述四种原因，就可以解释世界何以能够存在。中国哲人解释世界，不解释世界是什么，而只描述世界怎么样。在中国哲人看来，用不着上述四条分析的理由，只要一条综合的理由就足以解释"世界何以成其为世界"。中国哲学关于世界的解释，不是建立在原子论基础上，而是建立在元气论的基础上。"元气"是什么呀？"元气"就是"动力因"和"质料因"的统一。元气跟原子不一样。原子可以画出来，画成原子模式图。画个圆圈，那就是原子。至于元气，则有形无状，无论多么高明的画家都无法把它画出来。在如何解释世界的问题上，中西哲学家选择了不同的思路。西方哲学家从"有"出发，选择分析的路线，给出四点原因。这四点原因各自独立。某些哲学家在追问"动力因"的时候，不得不求助于上帝，把上帝说成"第一推动力"，从而使哲学坠入宗教的论域。中国哲学家从"生"出发，把"质料因"和"动力因"都归结于元气，没有坠入宗教的论域。古希腊哲学的理论思维成果是原子论；而中国哲学的理论思维成果是元气论。"气"与原子的不同之处在于，气是柔性的，有状而无形，唯其如此，它才可以作为构成一切事物的终极依据；而在古希腊哲学中，原子则是刚性的，有如硬邦邦的圆球。在古希腊哲学中，刚性的原子只是宇宙万物的质料因，必须另外寻找动力因；而在中国哲学中，气既是宇宙万物的质料因，又是宇宙万物的动力因。这种动态的、有机的宇宙观，乃是中国哲学的独到之处。

自强不息的中国哲学精神对于我们领悟经营之道，是一种宝贵的思想资源。自强不息可以是民族复兴的精神动力，也可以成为办企业、办公司的精神动力。对于自强不息精神，每个中国人都可以用自己的方式对其做出现代诠释，从而树立一种坚定信念。经营者不妨把自强不息作为一种企业文化精神，用来树立自信心，用来建立激励机制，用来调动每个员工的积极性。经营者可以用自强不息精神激励员工，更应当以此种精神自励。

尤其是在面对逆境的时候，一定要处变不惊，相信会有"柳暗花明"那一天。中国经营者应该成为员工的领路人。

二、 从实事求是看

如果说自强不息代表先哲在世界观和人生观方面的基本态度，那么，实事求是则代表了他们在知识论方面的基本态度。"实事求是"关涉知识论话题。哲学要对世界总体做出解释，也要对知识的来源形成做出解释。"实事求是"是"自强不息"的延伸，是由"自强不息"自然而然得出的结论。"实事求是"与"自强不息"的进取精神相一致，表明我们的先哲特别关注现实问题，遂形成中国传统哲学注重人生实践这样特有的品格。

"实事求是"的核心词是个"是"字。"是"含有智慧、知识、原则、办法、道理、真理、正确等意思，与"非"相对。"求是"二字最接近古希腊哲学家所说的"爱智慧"，并且表示出中国哲学家求真务实的人生态度。中国哲学认为，做人"只是为了成就一个是"。"实事求是"的特色在于"实事"这两个字。"实事"就是实践，所以，"实事求是"也就是注重实践、从实践中获取真知的意思。强调"求是"以"实事"为前提、为目的，这是中国哲学独特的提法，在西方哲学中没有这种提法。按照西方哲学的说法，"求知识"就够了，何必牵扯到"实事"？人为什么要"求知识""求是"呢？西方人的回答是"哲学起源于好奇"，因此不必抱有任何实用目的。在西方，有"为学术而学术""为艺术而艺术""为知识而知识"的传统。中国哲学则与西方哲学不同。中国哲学家并不从纯粹的理论兴趣出发探求知识，总是把"求是"同"实事"紧密地联系在一起，主张为"实事"而求知识，求那种可以解决实际问题的实用的知识。

中国共产党人是实事求是哲学精神最成功的现代诠释者。中国共产党人把实事求是同马克思主义实践哲学联系起来，提升到现代哲学的理论高度。实事求是哲学精神对于经营者领悟经营之道，也是一种宝贵的思想资源。"实事求是"可以成为中国共产党人的认识路线，也可以成为经营者的认识路线。作为一个经营者，应当眼观六路、耳听八方，摸清市场的情况，摸清技术发展前沿进展的情况，摸清资金流动情况，摸清竞争对手的情况，摸清员工的思想状况。经营者应当掌握具体问题具体分析的方法，坚持一切从实际出发的原则，及时解决经营中存在的问题，及时调整方向。中国经营者应该学会做一个明白人。

三、 从辩证思维看

与注重发展、注重有机联系的宇宙观相结合，中国传统哲学中的辩证思维比较发达。正如英国著名科学史家李约瑟在《中国科学技术史》中指出的那样：当希腊人和印度人很早就仔细地考虑形式逻辑的时候，中国则一直倾向于发展辩证逻辑。与此相应，在希腊人和印度人发展机械原子论的时候，中国人则发展了有机的宇宙的哲学。著名的物理学家爱因斯坦、普里高津也有类似的看法。中国传统哲学中的辩证法思想极其丰富，关于变易发展、对立统一、相反相成、物极必反、整体联系、生化日新等问题，历代哲学家都有相当精彩的论述。可以毫不夸张地说，中国传统哲学中的辩证法思想已达到欧洲中世纪不可比拟的程度，凝结着中华民族的聪明睿智，这是先哲留给我们的一笔珍贵的思想遗产。注重辩证逻辑代表了中国哲学在思想方法论方面的基本态度。

在思想方法论方面，中国哲学与西方哲学相比有一个明显的区别，那就是中国哲学特别注重辩证思维，辩证法思想很丰富。中国哲学家把世界理解成为一个动态的画面。怎么样把握这个动态的画面呢？我们的思维工具，就是辩证思维方式。在中国哲学中，比较发达的是辩证的思维方式，而不是那些形式逻辑。辩证逻辑的另外一种称谓，叫作动的逻辑；形式逻辑的另外一种称谓，叫作静的逻辑。形式逻辑是一种表述的逻辑；辩证逻辑是一种认知的逻辑。怎样认知动态的世界？不能够借助于形式逻辑。形式逻辑讲究一就是一，二就是二；要么是一，要么是二。假如你说"既是一，又是二"，那么你就陷入了矛盾；而矛盾意味着思维的不可能。辩证逻辑跟形式逻辑的区别在于，强调"一"跟"非一"的对立统一关系："一"并非只是"一"，而是与"非一"相对而言的。辩证逻辑遵循的思维原则，不是建立在"一点论"之上，而是建立在"两点论"之上。正和反构成两个点，从两个点来看，才能把握动态的世界。在中国哲学中，这两个点一个是"阴"，另一个就是"阳"。先哲依据阴阳的辩证关系解释世界、解释人生。

中国哲学的辩证思维传统，可以实现现代转化。马克思曾说，辩证法是人类思维所固有的，具有跨时代的普遍性。有些人误以为，好像只有马克思主义哲学才讲辩证法，其实不然。中国哲学对辩证法早就有了很好的阐述。没有中国哲学的辩证法思维传统，没有中国辩证思维对德国哲学的影响，马克思主义哲学中的辩证法也无从谈起。中国传统辩证法思想跟马克思主义哲学中的辩证法，并不构成对立的关系，而是一个从低级到高级或从古代到现代的内在相通的关系，因而可以融会贯通。例如，中国传统哲学中的"一分为二"的命题，毛泽东就曾把它跟马克思主义辩证法联系在一起，形成毛泽东思想。这说明，用马克思主义哲学可以开发中国古代的辩证思维资源；开发了中国古代的辩证思维资源，也有利于马克思主义的中国化。研究中国传统哲学中的辩证思维，对于接受和理解马克思主义哲学大有益处，可以消除陌生感和隔离感。辩证思维本来就是中国传统哲学中的应有之物，有了这样的认识，当我们接受马克思主义哲学的时候，就可以增加几分亲切感。

辩证思维传统对于我们领悟经营之道也是有帮助的。经营之道的灵活性其实就是辩证思维的具体表现。经营者应当学会用辩证的观点看问题：在成功中看到问题，不盲目乐观；在失败中吸取教训，不悲观自弃。一个胜不骄、败不馁的经营者，才会立于不败之地，才会成为事业的成功者。中国经营者应该学会做一个聪明人。

四、 从以人为本看

由于中国哲学把世界观问题与人生观问题合在一起讲，强调"天人合一"，讲究实事求是，注重人生实践，从而铸就了"以人为本"的哲学精神。这种以人为本的精神，使中国哲学表现出注重人生哲学的理论特色。以上三条精神，皆属于中国哲学某个侧面的概括，这一条则说明了中国哲学属于哪种哲学类型。"以人为本"中的"本"，就是"主题"的意思。中国哲学以人为主题，属于人生哲学类型。

哲学大体上可以划分为三种类型。一种类型是自然哲学，以自然为本，以自然为主题。古希腊的哲学属于这种类型。古希腊的第一个哲学家泰勒斯认为，世界来源于水。在古希腊人留下的著作中，最常用的一个书名，就是《论自然》。对于"自然"这个话题，古希腊人特别关注。古希腊哲学是典型的自然哲学。另外一种类型是宗教哲学，以彼岸为本，以彼岸为主题。基督教哲学和佛教哲学，皆属于这种类型。宗教哲学不关注自然，也不关注人生，而是关注人生的对面，也就是人死之后的另一个世界。宗教哲学把目光锁定在超验的世界、神的世界，向往"彼岸"而厌恶"此岸"。相比较而言，我们中国哲学的特色就显现出来了。

中国哲学不是把眼睛紧紧盯在那个自然界，也不是把目光放到"彼岸"，而是贯彻以人生为主题的原则，始终关注着"如何做人"的话题。中国哲学不把天作为一个单独的话题来谈，而是把天跟人联系在一起来谈，为了谈人而谈天。中国哲学家谈天的目的，跟古希腊哲学家不同，不是为了认识自然界，而是为了寻找如何做人的准则。在中国哲学中，天的话题与人的话题联系在一起，构成中国哲学的一个基本的问题。用司马迁的话来说，叫作"究天人之际"。《汉书·司马迁传》上说："亦欲以究天人之际，通古今之变，成一家之言。"在中国哲人的眼里，世界并不只是认知的对象，而是人生实践不可缺少的要素。他们树立的哲学世界观，不是认识论意义上的世界观，而是人生论或实践论意义上的世界观。

以人为本的哲学精神，对于把握经营之道也具有指导意义，可以帮助经营者更加坚定人性化管理的信念。管理方式大体上可以分为制度化管理和人性化管理，西方人比较擅长制度化管理，东方人比较擅长人性化管理。在西方没有形成以人为本的传统，而是长期把人看成"上帝的附庸"。文艺复兴以后虽改变了这种观念，可是又陷入"人是机器"的误区，还是不把人当作人。因此，西方哲学家往往只看到人性的阴暗面，而看不到人性的光明面。霍布斯说："人跟人像狼一样。"萨特说："人以他人为地狱。"在这类哲学观念的渲染下，片面地强调制度化管理也就不足为怪了。在现代管理实践中，以人为本的哲学精神可以成为救治这种片面性的一剂良方。中国经营者应该学会做一个有心人。

五、 从内在超越看

与中国哲学"以人为本"的精神相一致，中国哲学家常常把现实中对人生道路的探索同对理想的目标追求合在一起讲。他们讲哲学的目的，一方面在于认识世界，指导人生，另一方面在于确定价值取向，寻找安身立命之地，以便成就理想人格。但是，他们并不企慕超验的彼岸世界。从前一方面看，中国哲学表现出现实主义品格，倡导"经世致用"的入世精神，看重实用理性，这就是人们常说的"内在性"；从后一方面看，中国哲学又表现出理想主义的品格，要求"超凡入圣"，看重价值理性，这就是人们常说的"超越性"。在中国哲学中，内在性与超越性是统一的。"内在超越"落实了"以人为本"的原则，指明了基本的价值导向，也是中国哲学的精神特质之一。"内在超越"表达了先哲在价值观方面的基本态度。

"超越"是一个关于价值观的话题，告诉人应该往哪个方向发展自己。所谓"超越"，无非是说，否定现状，将其提升到高于现状的层次。追求"超越"是人性的表现，只有人才有超越的追求，老虎不会有超越的追求。人与动物的区别，可能就是在这里。老虎吃了这顿，不管下顿。它抓住一个动物，吃饱了后便尽弃所余，扬长而去，没有什么长远打算。只有人才"吃一，看二，想三四"，总想超越今天的自己，成就明天的自己，总是在想"归宿在哪里"的问题。

人追求超越，无非是要为自己设定一个超出现实的价值目标，找到一条实现目标的路径。这种超越的路径，可以有两种选择。一种选择是"外在超越"，也就是宗教式的超越；另一种选择是"内在超越"，也就是哲学式的超越。"外在超越"的前提是认为人自身是没有价值的，人自身是被超越的对象。中国哲学选择了"内在超越"。"内在"两个字，有"自我"的意思。所谓"内在超越"，就是自我超越，前提建立在对人自身价值的肯定上，肯定人有一种自我超越的能力。这种超越不是对人生价值的全盘否定，只是否定凡人的价值，但高扬圣人的价值。凡人需要超越，圣人并不需要超越。凡人超越的目标，不是神，而是圣人。凡人自我超越后，就成为圣人，这叫作"超凡入圣"。"超凡入圣"的理论前提，不是对人性的否定，而是对人性的肯定。用孟子的话说，叫作人性善。所谓"人性善"，意味着人有自我完善的可能性。用孔子的话说，就是"我欲仁，斯仁至矣"。假如人没有内在自我完善的可能，何以谈得上"仁至"呢？内在超越全靠人自身的努力，不需要神的救赎。

"内在超越"不是对圣人的超越，只是对凡人的超越。凡人实现自我超越，仍旧是人，并不是神。宗教式的外在超越把人自身的价值否定了；而哲学式的内在超越，不羡慕神仙，不羡慕佛陀，也不羡慕"天使"，设定的终极目标就是圣人。说到底，圣人还是人。圣人无非是"出乎其类，拔乎其萃"的完人，是典范的人，是最像人的人。凡人成为圣人，不必期待来世，只要肯努力，在今生今世就可以实现。"外在超越"需要设定来世，设定彼岸；这些预设对于"内在超越"来说，皆不需要。中国哲学以圣人为终极价值目标，以圣人导向满足人们精神上的超越需求。

在当今时代，"内在超越"仍旧是一种活的哲学精神。中国共产党人成功地将其融入思想政治教育系统。思想政治教育的前提，是承认受教育者具有可教育性，经过教育可以改正缺点，从落后变为先进。如果受教育者根本没有可教育性，那对他做思想教育工作岂不等于对牛弹琴？在做思想政治工作之前，你必须承认，受教育者是人，而不是牛。这种理念，不正是"人性善"理论的现代版吗？从事思想政治教育的关键，就在于帮助受教育者实现"内在超越"。了解内在超越的哲学精神，对于一个经营者来说，也十分重要。这就要求经营者必须根据中国的国情树立经营理念，探索管理方法，不能简单地照搬、照抄外国人的做法。在"外在超越"的语境中，西方管理者看不到人性的光明面，一味地强调制度化管理，意识不到人性化管理的必要性。在中国"内在超越"的语境中，不能这样看问题。按照"内在超越"精神的诉求，好员工不是"管"出来的，而是"教"出来的，甚至可以说是"夸"出来的。中国的经营者必须有两手本事，一手是制度化管理，一手是人性化管理。借用邓小平的话说，"两手抓，两手都要硬，不能一手软，一手硬"。中国经营者既要做制度化管理的高手，也要做擅长思想教育工作的高手。经营者不是党务工作者，不一定是从事思想政治工作的高手，但不妨做一个思想教育工作的高手。经营者要相信自己的员工，相信每个人都有做好本职工作的良知。经营者有责任唤起员工的良知，培育员工的良知，将心比心，晓之以理，动之以情，双方互动，共同搞好经营。中国经营者应该学会做员工的贴心人。

六、 从有容乃大看

由于中国哲学属于人生哲学类型，而不属于宗教哲学类型，因而没有宗教哲学常有的那种排他性。中国哲学具有很强的包容性，可以同任何优秀的外来思想资源融会贯通，善于吸收一切人类文明的成果，不断地丰富和发展中国哲学的内涵。"有容乃大"就是对中国哲学这种特质的概括。

中国哲学作为人生哲学，对宗教抱有宽容的态度，并不排斥、干涉宗教信仰。只要有助于人格的完善，信仰什么宗教都没有关系。所以，不要以为中国人保守，不要以为中国人"排外"，那都是偏见。其实，中国人最不"排外"。外来的思想资源进入了中国，只要有助于人格的提升，都会受到欢迎。佛教不是传到中国来的，而是中国人请进来的。为什么请佛教进来？因为中国的精神系统需要这样一种异质文化。把它请进来，对于中国哲学的发展有好处。总的来看，佛教在中国的传播没有遇到什么障碍。当然，也有冲突，有些朝代的皇帝推行灭佛政策。不过，造成冲突的原因不是来自文化的考量，而是出于经济或政治的考量。基督教传入中国，也没有遇到多大的困难。利玛窦在中国传播基督教还是很受拥护的，一些像徐光启那样的高官都成为信徒了。为什么基督教后来就传不下去了呢？这个责任不在中国，而在罗马，是梵蒂冈教廷惹的祸。梵蒂冈教廷开了个会，发出指令说，中国人受洗之后就不能再祭拜祖先了。这个指令惹怒了雍正皇帝。雍正的回应是，不是你们允不允许我们拜祖先的问题，而是我允不允许你们在我的国度存在的问题。雍正一声令下，把传教士赶出了中国。中国哲学有深邃的思考，也有"海纳百川，有容乃大"的胸怀。中国哲学以开放性、包容性为精神特质。

对于经营者来说，"有容乃大"的哲学精神也是可以开发的思想资源。作为经营者，首先要学会学习。学习应该是多方面的，中国的固有文化、外来的异质文化，都应在经营者的学习范围之内。在经营管理方面，西方长于制度化管理，而疏于人性化管理；中国长于人性化管理，而疏于制度化管理。无论对于中国，还是对于西方，作为经营者都不能"照着讲"，而只能"接着讲"，并且力图讲出新意。如何把人性化管理同制度化管理结合起来，这是一门大学问，并没有确定的答案，需要经营者在实践中去探索，找到适合自己的回答方式。这也可以叫作"摸着石头过河"。在有容乃大的语境中，中国人也许不擅长分析，但擅长综合。中国共产党人把科学社会主义同市场经济结合起来，创立了邓小平理论，指导中国社会主义事业取得辉煌的成绩，令全世界为之瞩目。中国经营者也要把中外关于经营管理的学问融会贯通，蹚出一条新路来。经营管理需要学习，更需要创新。一个人无论其"模仿秀"模仿得多么逼真，都不能成为表演家。中国经营者应当学会做一个创新人。

总之，学会做领路人、明白人、聪明人、有心人、贴心人、创新人。这就是中国哲学精神对经营者的启迪。如何领悟中国哲学精神，做好上述六种人，需要学习，更需要思考。孔子的教诲是："学而不思则罔，思而不学则殆。"（《论语·为政》）让我们以斯语共勉。

（原载于《党政干部学刊》2015年第7期）

从儒学领悟经营之道

"经营"是中国固有的词语，有规划、开发、管理等意思。《诗经·小雅·北山》中有这样的诗句："旅（膂）力方刚，经营四方。"对内经营就是管理，"管理"一词是外来语，是近代中国人从日语中搬过来的。经营学不是确切的知识，而是体验性学问，难为不知者说，故而我称之为"经营之道"。搞经营主要是跟人打交道。儒家讲人道学，对经营者可以有多方面的启迪。我把这种启迪归纳为以下五点。

一、 从治世之道悟出团队建设

先秦儒家出现在中国社会发展由松散的王国制到"大一统"的帝国制的转型时期，他们适应社会转型的需要，提出"治世之道"——这一系统的社会建设理论。这一理论有两个关键词，一个是"礼"，一个是"仁"。从"礼"出发，引申出制度建设设计和组织建设设计；从"仁"出发，引申出文化建设设计和思想建设设计。

孟子重"仁"。他指出，人与动物之间的区别在于，人具有"仁"或"善"的理念，而动物没有。不过，只有君子才能自觉做到这一点，普通人一时还做不到。"人之所以异于禽兽者几希，庶民去之，君子存之。"（《孟子·离娄下》）君子应当做普通人的精神导师，有责任把"仁"或"善"的理念灌输给他们，在全体社会成员之间建立起文化共识和精神纽带，在观念层面把大家组织起来。孟子在这里强调的是，文化建设和思想建设乃是社会建设的题中应有之义，不可或缺。

荀子重"礼"。他指出，人与动物相比，根本区别在于"人能群"；而"人能群"的奥秘，就在于人发明了一套礼义制度，从而形成组织、形成分工、形成秩序。要使社会顺畅地运转起来，必须加强制度建设和组织建设。

由于受到历史条件的限制，先秦儒家能想到的社会组织形式和管理方式只能是君主制，而不可能是民主制。先秦儒家构想的制度方案和组织方案，在当时还只是想法，到后来才变成中国古代社会的实际做法。在当代，他们构想的组织方案和制度方案无疑已经过时，但他们重视制度建设和组织建设的思想，至今仍然具有价值。

先秦儒家思考的问题是"大一统"社会如何建立起来的问题，这对经营者搞团队建设可以有所启发。杜维明先生曾提出"儒家资本主义"或"新型资本主义"的理念，认为这种资本主义与西方资本主义相比，区别就在于经营者已经把儒学运用于经营实践之中，并且收到明显的效果。他指出，在日本以及东亚，"新型资本主义"之所以取得成功，同儒家伦理有着十分密切的关系。他说："这种对经济发展做出了贡献的伦理，强调指出自我是各种关系的一个中心。它倡导的不是个人主义，而是我们对一个更大的实体的承诺，这个实体可以是我们的家庭、我们的公司、我们的集体或者我们的国家。"按照杜维明的观点，儒家伦理强调社会成员的责任感，重视社会团结和合作精神，对西方文化的冲击成功地做出了创造性回应，帮助东方获得了发展优势。"这种新的儒家伦理把一些已经被想当然地认为是西方之价值糅合到它的伦理结构中去。"①

在日本近代有"工业之父"之称的涩泽荣一先生，早已发现儒学可以运用于经营实践之中，他提出"论语加算盘"的理念。他主张以儒学为立足点，吸收西方资本主义经营方法，实现了经营管理方式由传统向现代的转化。在一定意义上，涩泽荣一已经成为日本企业经营和管理的典范与象征。他的大师地位，在日本得到公认。实践证明，经营者可以通过研读礼学，认识团队制度建设和组织建设的必要性，推动建章建制，完善组织机构，实现层级化管理；提升各级干部的责任心，提高团队的工作效率。经营者可以通过研读仁学，认识团队文化建设和思想建设的必要性，树立正气，凝聚人心，增强精神推动力。清华大学的校训"自强不息，厚德载物"，正是从儒家经典中找到了精神动力支持。经营者可以借鉴清华的经验，在企业或公司中搞一点儒家文化氛围。例如，可以把一些儒家的励志

① 杜维明：《儒家传统的现代转化》，中国广播电视出版社 1992 年版，第 375 页。

儒学转型与中国哲学精神

名句贴在工作场所，制定厂训或公司训，鼓励员工读一读儒家经典，搞一些文化培训或讲座。许多企业或公司在采取这些措施之后收到了良好的效果。

二、 从人性透视悟出两手策略

善的根源在哪里？思想家在寻求这个问题的答案时，有两条思路可以选择。一条是外在路向，到人性之外，到至上神那里去寻找答案。宗教家一般都选择这一思路。例如，基督教认为，"上帝"是道德的源泉，只有"上帝"是至善的，而人生来就有罪，叫作"原罪"。人不能自我完善，需要得到上帝的拯救，洗清罪孽，回归善的源头，也就是重返伊甸园。另一条是内在路向，即到人性之中寻找善的根源。这正是儒家选择的思路。

儒学不是宗教，没有预设至上神，当然不能到至上神那里找答案。只能到人性中找答案。于是，"透视人性"便成为儒家热衷的话题之一。关于人性的思考，从孔子就开始了。在他看来，人性原本具有相似性，叫作"性相近"；由于后天经验的原因，才有了差别，叫作"习相远"（《论语·阳货》）。人性在哪一点上相似？就在于"我欲仁，斯仁至矣"（《论语·述而》）。任何人都有向善的可能，只要他愿意，就有可能成为仁人志士。这意味着，善的根源就在人性之中，不在人性之外：他相信人性中有光明面。在孔子的表述中，虽然没有明确地提出"人性善"的论断，但显然已具有性善论的雏形。继孔子之后，孟子明确做出"人性善"的论断。"孟子道性善，言必称尧、舜。"（《孟子·滕文公上》）性善论被后世学者公认为孟子的思想标志。孟子认为人性本善，人生来就具有向善的能力，称为"良能"；生来就具有道德意识，称为"良知"。"人之所不学而能者，其良能也；所不虑而知者，其良知也。"（《孟子·尽心上》）良知、良能是万善之源，由此而形成恻隐之心、羞恶之心、恭敬之心、是非之心等"四端"，由"四端"而形成四个基本的道德观念，即仁、义、礼、智。孟子断言："仁义礼智，非由外铄我也，我固有之也。"（《孟子·告子上》）人性善是指人所共具的类本性，是相对于兽性而言的。只要是人，必有人性，必有善性。人向善处走，有如水往低处流。正因为人性善，人才能与人结成社会，而不与禽兽组成社会。

孟子所说的人性善，只是一种理论预设，并不是说人在事实上就是善的。他并不否认现实中的人有善也有恶，有光明面也有阴暗面。如何判断现实中的人有恶？那必须以人性善为前提。倘若没有善作为前提，也就无所谓恶。现实中的人为什么会流于恶？孟子对此的解释是，那是由于善性受到欲望的戕害而流失所造成的。流于恶的人，"求其放心"，还可以把善性找回来，去恶从善。能够始终保持善性的人，就是圣人。圣人在现实生活中难觅，孟子只能以历史人物为例证。他所崇拜的圣人，只有尧、舜、孔子等有数的几位。在后儒心目中，孟子本人也被纳入圣人的行列，被称为"亚圣"。现实中的人虽然暂时不是圣人，但也有机会成为圣人，这叫作"超凡入圣"，叫作"人皆可以为尧舜"。确切地说，孟子的性善论只是肯定圣人性善；至于凡人，则有善有恶，不好一概而论。对于凡人来说，人性善只是一个努力的方向；选择这个方向，正是人生的意义与价值之所在。我们不能批评孟子不懂唯物史观，不懂得用"社会存在"解释道德意识，因为这种批评毫无意义。唯物史观是马克思在 19 世纪创立的，比马克思早两千多年的孟子，怎么可能懂得唯物史观呢？那时人们解释道德的根源，只有两条路可走，一条是神学的路，一条是哲学的路。孟子选择哲学之路，用人自身的原因解释道德根源，彰显人文精神，比那种神学的解释高明得多。

人性善是经营者选择人性化管理的理论依据。经营者只有树立人性善的理念，才会自觉地对员工实施人性关怀。善待员工，并非施恩图报，并非出于功利的考量，而是出于良知的自觉：从中体味到一种价值实现感。不过，人性化管理也会收到意想不到的效果，例如，有助于调动员工的积极性，有助于增强员工的团队意识和归属感。经营者创造出许多实施人性化管理的办法。广东就曾有位工厂的经营者，以"儿子"的名义给员工们的父母寄钱，使员工们的父母深受感动，纷纷告诉自己的子女一定要好好工作，报答老板。这几年广东闹用工荒，别的厂家大都出现了严重的辞工现象，唯独这家工厂例外。在日本，有些厂家在解聘员工时，并不像西方人那样，直接通知本人，而是把将要解聘的员工安排到一间空屋中，不分配给他任何工作。几天下来，员工只好自己提出辞职。老板却不会因解雇之事招致员工们的怨恨。

总之，单纯的制度化管理不足取，单纯的人性化管理也不足取，把二者结合起来，才是有效的管理。为了把二者结合起来，荀子修正了孟子的人性学说，提出"人之性恶"的观点。荀子认为，对于圣人来说，性善没有问题；而对于凡人来讲，则不好如此说。在凡人的人性中，既有光明面，也有阴暗面。倘若凡人的人性中只有光明面而没有阴暗面，那么，哪里还有修身的必要？哪里还有管理的必要？所以，综合管理的前提不是人性善，而是"人之性恶"。有人喜欢给荀子戴上一顶"性恶论"的帽子，把他看成孟子的论敌，我认为这种看法是错误的。没有哪个思想者承认自己是"性恶论"者，因为那是一种反人类、反社会的思想，荀子怎么会把自己置于同全人类为敌的位置上呢？荀子说"人之性恶"，不是事实判断，而是假言判断。荀子指出，作为个体的人具有双重性：既有社会属性，也有自然属性或动物属性。因此，需要用礼义规范来约束个体的人的行为，改造其动物属性，培育其社会属性。如果不对个体的动物属性加以限制，任其自然发展，便会表现为贪欲："目好色，耳好声，口好味，心好利，骨体肤理好愉佚。"荀子把这叫作"人之性恶"。正因为"人之性恶"，才必设置礼义、推行教化、加强管理，阻止其流于恶。"古者圣人以人之性恶，以为偏险而不正，悖乱而不治，故为之立君上之势以临之，明礼义以化之，起法正以治之，重刑罚以禁之，使天下皆出于治、合于善也。"（《荀子·性恶》）荀子并不是孟子性善论的反对者，而是修正者。在"圣人性善"这一点上，他同孟子没有分歧。如果圣人不善，怎么可能设计良善的礼义制度呢？在"凡人可善可恶"这一点上，他同孟子的观点也基本一致，只是大同小异而已。孟子不否认凡人有恶有善，但主张鼓励人主动地为善；荀子既认为"人之性恶"，也承认"人性朴"，不否认凡人向善的可能性。不过，凡人向善不是自发的，必须接受制度的约束，帮助他被动地不为恶，这叫作"化性起伪"。孟子强调道德自觉的可能性，荀子强调制度约束的必要性，二者相互补充，并非根本对立。

　　荀子在不完全否认性善论的前提下，揭示"人之性恶"这一方面，对人性有了更深刻的认识。在这种认识的基础上，他提出"隆礼尊贤而王，重法爱民而霸"的两手并重的管理策略。"王道"以人性化管理为主，其中有"隆礼"，表示同制度化管理兼容；"霸道"以制度化管理为主，其中有

"爱民"，表示同人性化管理兼容。总而言之，"王霸并用"，皆不可偏废。荀子提出的两手并重的管理策略，受到历代政治家的高度重视，并将其运用于管理实践。"诸葛亮挥泪斩马谡"就是一个例子。诸葛亮爱惜马谡这个人才，故而挥泪；马谡丢失街亭，按军纪又不能不斩。人性化管理和制度化管理在诸葛亮身上都得到了体现。"两手策略"可以运用于政治管理实践和军事管理实践，也可以运用于经营管理实践。经营者应当避免单纯的制度化管理偏向，也应当避免单纯的人性化管理偏向。

三、 从中庸之道悟出做事分寸

"中庸"的观念来自孔子。他说："中庸之为德也，其至矣乎！民鲜久矣。"（《论语·雍也》）又说："礼乎礼！夫礼，所以制中也。"（《礼记·仲尼燕居》）中庸之道其实是儒家关于辩证法的一种讲法。中庸之道的核心词是一个"中"字。对于"中"，孔子没办法从正面讲，而是找到两种独特的讲法。

第一种讲法是从反面来讲，叫作"叩其两端而竭焉"。排除两种片面性之后，剩下来的就是"中"。既不过分，又无不及。至于怎么个"中"法，则要靠你自己去体会，不可能从正面告诉你。但可以告诉你什么是"不中"。"不中"就是偏，就是过或者不及。孔子从反面讲中庸，取得了从正面讲达不到的效果。这种讲法，有如国画中"烘云托月"的手法：画月亮，不先画圆圈，而是把月亮周围都涂上黑色，剩下的空白，自然就是月亮。画家虽然没画月亮，画面上却出现了一个月亮。孔子从反面讲中庸，亦有同样的效果。

用排除片面性的方法来表达正面的意思，这就是中庸之道。运用这种讲法讲得最形象的，当属文学家宋玉。宋玉写过一篇著名的《登徒子好色赋》（又称《美人赋》）。登徒子在形容美人的时候，用的就是中庸笔法。他没有从正面讲美人长得如何美，而是从反面呈现美人形象：她的肤色增一分粉则太白，增一分朱则太赤，不红不白，恰到好处。她的身材增一分则太长，减一分又太矮，不高不矮，恰到好处。登徒子没从正面说她到底长什么样，但传达出来的信息却是一个活脱脱的美人形象。这就是中庸，就是排除两端之后，留下的最佳状态。

第二种讲法是运用"而不"句式。例如，孔子对《诗经·关雎》的评价是："乐而不淫，哀而不伤。"（《论语·八佾》）《关雎》一诗恰到好处地表达出快乐的情感，而不放荡；表达出忧郁的情感，而不悲伤。"中庸"思想要求恰到好处地掌握分寸，用现代哲学术语来说，就是要把握好"度"，不要走极端，不要过分。孔子在生活实践中，十分注意贯彻"中庸"的原则，不做过头的事。正如孟子对他的评价："仲尼不为已甚者。"（《孟子·离娄下》）孔子也钓鱼，也射鸟，但他"钓而不纲，弋不射宿"（《论语·述而》）。他从来不使用大网捕鱼，从来不射杀在巢中栖息的鸟。在他看来，这些赶尽杀绝的做法实在过分，有悖于中庸之道。《论语》这样描述孔子的性格："子温而厉，威而不猛，恭而安。"孔子温和而又严肃，威严而不凶狠，恭敬而又自然。"威"符合中庸之道，大家都可以接受；"猛"就过分了，大家肯定难以容忍。

孔子的后学写出《中庸》一书，从多个角度深入阐发孔子提出的中庸之道。《中庸》把"中"与"和"联系在一起，提出"中和"的新观念："中也者，天下之大本也；和也者，天下之达道也。致中和，天地位焉，万物育焉。""中"是天地间最高的原理、准则，"和"是天下人共同选择的道路。只有遵循"中和"之道，天、地、人三者才能和谐有序，万物才能繁衍发育，体现"生生之德"。《中庸》对"庸"也做了新的解释，认为"庸"就是"平常"的意思。履行中庸之道并不需要做"索隐行怪"的事情，在日常生活中体现出精神境界的高明之处，就叫作"极高明而道中庸""庸德之行，庸言之谨"。中庸之道是高明的治国之道。《中庸》以孔子的口气称赞舜为以中庸之道治国的楷模："舜其大知也与！舜好问而好察迩言，隐恶而扬善，执其两端，用其中于民，其斯以为舜乎！"舜的高明之处在于：不耻下问，善于体察近臣的言论，不揭别人的短处而表扬别人的长处，看问题能够从正反、本末、始终等方面考察，抓住本质，恰当地处理政务。

中庸之道可以是治国之道，也可以是经营之道。它对经营者的启迪是：做任何事情都要拿捏好分寸，既不能过，也不能不及。按照中庸之道，做人得低调。道家也主张低调做人，可是没有给出一个"调"。儒家则明确定调，那就是一个"中"字。低调做人就是要把握住"中道"，堂堂正正，不卑不亢。一方面要力戒傲气冲天、狂妄自大、盛气凌人；另一方面也要力戒巧言令色、低三下四、讨好别人。这两种倾向都是做人之大忌，都不符合中庸之道。

道家的诉求是"不敢为天下先"；儒家的诉求是"敢为天下先"。道家推崇"无为"主义；儒家推崇"有为"主义。儒家主张低调做人，却主张高调做事。做事也得讲究中庸之道，把握分寸，既不能过，也不能不及。至于怎么算"过"，怎么算"不及"，每个人心中都有一杆秤。是否合乎"中道"，不能听别人说，得自己拿主意。借用《坛经·行由品第一》中的话说："如人饮水，冷暖自知。"同样的一杯水，生活在极地的因纽特人喝了说热，生活在赤道的人喝了说凉。到底是热还是凉，你得亲口尝一尝。中庸之道可以帮助经营者提升识别力、判断力、决策力，告诫经营者把握时机，当机立断。这个"机"就是"中"。经营者要有一双慧眼，善于发现机会。机会到处都有，问题在于有心人识得，无心人识不得。有多少人曾被苹果砸在头上？恐怕不在少数，可是只有牛顿一人发现了"万有引力"定律。

经营者既要有一种定力，又要善于把握机会。谁能把握住机会，谁就成功了一半；谁把握不住机会，谁就永远不会成功，因为机会稍纵即逝。面对机会，优柔寡断，畏首畏尾，犹疑不决，不符合中庸之道。机不可失，时不再来；当断不断，反受其乱。经营者要敢于决断，敢于拍板，敢于冒风险。有人喜欢说"科学决策"一词，我不以为然。我觉得，任何决策都是风险决策，想做到完全科学化是不可能的。在做决策前，进行可行性论证是必要的，但那也只能尽量降低风险，不能完全排除风险。在许多情况下，需要有人果断决策，一锤定音。在这方面，我有亲身体验。1998年我刚接任中国人民大学书报资料中心总编的时候，中心的经营状况不佳，销售收入呈下降趋势。如何走出困境，成为摆在我面前的一道难题。我觉得再不改版，中心就难以为继。可是，改版的提议遇到了一片反对之声。有人说，"大白皮封面"是中心的特色，动不得；有人说，服务科研与教学是中心的宗旨，动不得。我力排众议，向大家讲清楚："发展才是硬道理。"中心必须适应市场经济时代的新要求，不能拘守计划经济时代的老做法。大家的认识统一后，实施改版，主要采取三项措施：第一，把148种刊物分为两类，一部分为工具类，为科研与教学服务；一部分为媒体类，面向市场。第二，封面不"一刀切"，媒体类采用彩色封面；工具类则适度美化。第三，发行"两条腿"走路，一部分自办发行，一部分通过邮局发行。改版之后，书报中心迅速走出了困境，销售收入逐年上升，从1998年的300万册起步，到2007年已达到1051万册。

中庸之道还可以帮助经营者提升协调能力，管理好自己的团队。按照中庸之道，经营者应当学会在制度化管理和人性化管理之间，取一"中道"，使二者相得益彰；经营者要学会协调好管理者与被管理者之间的关系，把每一名员工的潜力最大限度地开发出来，打造一支高效率的团队。

四、 从修身之道悟出示范效应

在儒学中，中庸之道既是思想方法，也是君子之道。《中庸》指出，君子应当"择乎中庸，得一善，则拳拳服膺，而弗失之矣""和而不流""中立而不倚"。从这个意义上讲，中庸之道就是君子之道。谁完全掌握了中庸之道，谁就成了圣人，达到了人生的最高境界。圣人是中庸之道最充分的体现者，他"不勉而中，不思而得，从容中道"，他与天道合而为一，获得了自由。圣人是儒家最推崇的理想人格。

如何能成为圣人？儒家认为应当从"修身"做起。孔子就十分重视"修身"，讲究"克己复礼"，讲究"为仁由己"，讲究"为政以德"，讲究"己欲立而立人，己欲达而达人"，讲究"我欲仁，斯仁至矣"。儒学主要是一门做人的学问，"修身"乃是做人的起点。

孟子找到一套"修身"的方法。一是尚志。孟子认为，做人首先应当树立成为仁人志士的志向，并且坚定地朝这个方向努力，无论遇到何种情况都不能动摇。他对尚志的解释是："仁义而已矣。杀一无罪，非仁也；非其有而取之，非义也。居恶在？仁是也；路恶在？义是也。居仁由义，大人之事备矣。"（《孟子·尽心上》）尚志不是一蹴而就的事情，要通过持之以恒的磨炼，不能"一日暴之，十日寒之"。尚志要达到"不动心"的程度。孟子称自己在四十岁时，方才做到"不动心"。二是养心。孟子说："养心莫善于寡欲。"（《孟子·尽心下》）从正面讲，养心就是树立为社会群体着想的观念，时刻想着自己是社会群体中的一员，应当为社会群体尽职尽责；从反面讲，养心就是摒除自己的物质欲望，把社会责任放在首位。只有减少物质欲望对道德本性的侵害，才能逐步地"求其放心"，达到人格上的自我完善，把自己由自然人提升到"真正的人"的高度。三是养气。孟子自称"善养吾浩然之气"，他的体会是："其为气也，至大至刚，以直养而无害，则塞于天地之间。其为气也，配义与道，无是，馁也。"（《孟子·公孙丑上》）在这里，孟子把"气"紧紧同"直""道""义"联系在一起。因此，所谓"养气"，也就是培育道德理念。养气是一个循序渐进的积累过程，不能拔苗助长。

荀子专门撰写《修身》篇，主张"见善，修然必以自存也；见不善，愀然必以自省也"（《荀子·修身》）。见到好人，就要向他学习；见到不良之辈，也当引以为戒。《大学》把儒家思想概括为"三纲领"和"八条目"。"三纲领"是"明明德、亲民、止于至善"，"八条目"是"格物、致知、正心、诚意、修身、齐家、治国、平天下"，都关涉修身。"明明德"也就是提升个人素质，与"修身"是一个意思。在八条目中，"修身"是最根本的一条，"自天子以至于庶人，壹是皆以修身为本"。可见，儒家对修身之道是何等重视。

孙中山从政治哲学视角对儒家的修身之道做出现代解读。他说："中国有一段最有系统的政治哲学，……就是《大学》中所说的'格物、致知、诚意、正心、修身、齐家、治国、平天下'那一段话。把一个人从内发扬到外，由一个人的内部做起，推到平天下止。像这样精微开展的理论，无论外国什么政治哲学家都没有见到，都没有说出，这就是我们政治哲学的知识中独有的宝贝，是应该要保存的。"① 孙中山认为，革命党人应当从《大学》中获得启发，把民国的政治建设同伦理建设有机地结合起来，造就新的国民。有了新的国民，新的民国才会得以稳固。

经营者也可以以现代方式解读修身之道，从中悟出示范效应。经营者要做事，也要做人。只有做个好人，才能做出好事。经营者的领导力，首先来自他的人格魅力。不能设想，一个人品不佳的经营者会带领好他的团

①《孙中山选集》，人民出版社 1981 年版，第 684 页。

队。在员工的眼里，经营者是公众人物，一言一行都会有影响。经营者必须时刻注意自己的人格形象，率先垂范，以人品赢得员工们的尊重。你要求员工做到的事情，首先自己必须做到。例如，你要求员工有敬业精神，自己必须做到兢兢业业；你要求员工遵章守纪，自己就不能为所欲为。刘备在去世前，给儿子刘禅留下这样的遗诏："勿以恶小而为之，勿以善小而不为。唯贤唯德，可以服人。"刘备这样劝勉他的儿子进德修业，有所作为。经营者也应当以刘备的这番话自勉，作为对自己的起码要求。

经营者不但在团队中是公众人物，在社会上也是公众人物，也得注意自己在社会上的形象。一个成功的经营者，既是勤奋的财富创造者，也是热心的奉献者。在条件容许的情况下，他会把一部分财富捐赠出来，回报社会，与大家分享。他们这样做，不是沽名钓誉，不是作秀，而是出于一种社会责任感。香港的邵逸夫、田家炳、霍英东、李嘉诚都是这样做的。他们拿出大笔资金帮助内地办教育，赢得了人们的钦佩。比尔·盖茨也是这样做的。他从首席执行官的位置退下来以后，主要致力于公益事业，拿出大笔资金用于捐赠。这些人都是当之无愧的企业家。相比之下，中国本土有些企业主表现不佳。他们有钱宁愿造黄金屋顶，也舍不得奉献社会。比尔·盖茨曾到中国呼吁企业主们投身公益事业，但响应者寥寥无几。企业家赢得了社会舆论的赞扬，而企业主则受到社会舆论的嘲讽，被称为"土豪"。经营者应当向企业家看齐，不能向企业主看齐。

五、 从诚信之道悟出交往规则

诚信之道是修身之道的拓展。在儒学视阈中，对自己讲，叫作"修身"；对他人讲，则叫"诚信"。关于"信"，孔子有许多精辟的论断。例如，子贡问政，孔子回答："足食，足兵，民信之矣。"子贡提出一个假设的问题："必不得已而去，于斯三者何先？"孔子回答："去兵。"子贡再问："必不得已而去，于斯二者何先？"孔子的结论是："去食。自古皆有死，民无信不立。"（《论语·颜渊》）再如，孔子明确地说："道千乘之国，敬事而信，节用而爱人，使民以时。"（《论语·学而》）他所说的"信"是"信任"的意思，孔子主张以信任作为与人交往的基础或前提。如果没有这个前提，没有这个基础，人们就无法结成社会群体，因而诚信（"信"）比军事（"兵"）和经济（"食"）都重要。

孔子只谈到"信"，还没有谈到"诚"。孟子把孔子提出的"信"，提升到终极价值目标的高度，提出"诚"的观念。他说："是故诚者，天之道也；思诚者，人之道也。"（《孟子·离娄上》）《中庸》对这句话做了展开的论述："诚者，不勉而中，不思而得，从容中道，圣人也；诚之者，择善而固执之者也，博学之，审问之，慎思之，明辨之，笃行之。"思孟学派把"诚"视为人生的终极价值目标，把"反身而诚，乐莫大焉"（《孟子·尽心上》）视为人生价值实现的最高境界。思孟学派主张"天人合一"，其实，这个"一"就是"诚"。"天人合一"也就是"天人合诚"，可见，他们是多么看重这个"诚"字！

儒家提出的诚信观念，其实就是人类社会群体存在的反映。无论在何种社会，都需要倡导诚信观念，倡导合群体性原则。换句话说，诚信观念具有超历史、超时代的恒常价值，对于任何社会都是必不可少的。经营者应当成为恪守诚信之道的典范，以诚信作为与人交往的基本规则。在中国历史上，晋商可以说是践行诚信精神的范例。他们把诚信视为商人的操守底线，坚持"童叟无欺"的经营理念。上海汇丰银行与山西商人做过大量的交易，数目近几亿两，从未遇到过一位欺骗者。晋商在漫长的岁月里，不断开辟市场，商业触角遍及全中国，甚至远及拉美一些国家。无论到何处，他们都坚守诚信的铁律。他们通过家传口述、书籍记载等方式，把诚信铁律化为"遗传密码"，代代相传。"讲诚信"是晋商成功的诀窍，他们也因此而得到人们的信赖和称赞。经营者应当学习和发扬晋商的诚信精神。搞经营不是短期行为，日久见真心。投机者可能一时得逞，但终究要失败。实践证明，对于经营者来说，"诚信"是一笔无形资产。如果不动用这笔资产来支持，谁也不会取得成功。

诚信的反面是虚伪。虚伪也许是人类最难克服的劣根性之一。人学会了思维，同时也学会了虚伪。有人做过调查，得出的结论令人悲观：一辈子都没说过谎的人，几乎找不到。为了对治虚伪，不断地强化诚信意识，营造讲诚信的社会氛围，显然十分必要。在西方社会，维护诚信原则最有力量的还是基督教。尽管有的哲学家宣称"上帝死了"，其实，西方人在精神生活中还是离不开"上帝"。他们需要借助"上帝"的权威维系诚信原则。我们中国人倡导诚信原则，当然不必到西方基督教那里寻找思想资源，但不能不到儒家那里寻找思想资源。儒家提出的诚信观念，犹如我们的黄皮肤、黑头发一样，是我们自身特有的民族精神基因。经营者应当在现代把这种精神基因发扬光大。

〔原载于《江南大学学报》（人文社会科学版）2014 年第 3 期〕

儒学与市场经济兼容

　　市场经济是现代性最突出的体现。从经济学的角度看，传统社会转向现代社会，就是从自然经济转向市场经济。在自然经济时代，生产力水平比较低，从事生产的主要目的是满足最基本的生活需求，而不是去进行商品交换。大多数生产者比较看重使用价值，而不甚看重交换价值。由于生产力水平比较低，生产规模小，只能维持简单的再生产，无力于扩大再生产。与这种情况相适应，社会主流的价值导向不是求发展而是求稳定、求秩序。产生于自然经济时代的儒学，典型地体现出这种时代特征。如孔子所说"不患寡而患不均"，《大学》中讲的"修身、齐家、治国、平天下"，都反映出"求稳定"的价值导向，而不是"求发展"的社会导向。在市场经济时代，儒学的价值导向的局限性是显而易见的。在市场经济时代，从事生产的目的已不再是满足基本的生活需求，而是为了进行商品交换，不再看重使用价值，而是特别看重交换价值。社会的主流价值导向不仅仅是求稳定、求秩序，而特别重视发展。面对这种新情况，现代新儒学当然不能再照着传统儒学讲，只能接着传统儒学讲，并且找到新的讲法，对中国的现代性取向做出回应。

一

　　在西方现代化的起步阶段，曾经出现过启蒙主义运动。这一运动高扬理性主义，反对权威主义，主张解放思想，倡导自由、平等、博爱等现代价值观念，对于西方的现代化进程起到了推动作用。马克斯·韦伯称之为"理性化"，称之为"祛魅"，并将其看成是现代性的集中体现，看成现代化进程的必要步骤。但是，这一运动也有缺点，主要表现为对立性思维：把传统与现代对立起来，把理性与信仰对立起来，把个人与群体对立起来，把工具理性与价值理性对立起来。由于片面地强调工具理性，导致后来实证主义思潮流行；由实证主义又引发盲目崇拜工具理性的科学主义思潮。由于片面地贬抑价值理性，损害了人文精神，造成了人格扭曲和异化，形成了"单向度的人"，导致意义世界与精神世界的迷失。由于片面地强调个人的作用，片面地强调人与人的竞争，导致个人主义流行，形成个体与群体的严重对立，从而损害了社会群体的互助与和谐。"现代化"之后暴露出了问题：由于过度地追求市场价值，导致消费主义流行。文化越来越商业化、世俗化乃至低俗化，造成人的主体性再度丧失，实际上沦为媒体的奴隶、物欲的奴隶。于是，使西方现代性不能不表现为二律背反：一方面推进了现代化的进程，一方面又导致"现代病"的流行。第一次世界大战以后，西方现代性的负面效应充分暴露出来，在思想界出现了反省现代性的人本主义思潮。

中国的现代化进程不是原发型的，而是后发型的，必须寻找到一条有别于西方的发展模式。如何在培育中国社会的现代化进程中，既培育出有中国特色的现代性，又避免出现西方社会的现代病？这是摆在中国人面前的一个重要的课题。西化派显然没有察觉到这一课题的重要性，出于追求现代化的迫切心情，出于对当时中国社会落后状态的深恶痛绝，他们选择了"全盘西化"的道路。在他们看来，既然现代性是从西方引进的，那么，就必须尽弃中国固有的思想传统，扫清一切阻碍现代化进程的思想障碍。他们模仿西方的启蒙主义模式，主张在中国发动启蒙主义运动，像西方对待中世纪的基督教那样，把传统儒学当作"祛魅"的对象，发出了"打倒孔家店"的呼喊。

在现代性向度上，现代新儒家选择的路径与西化派不同。他们没有把西方的现代性当作唯一的理想模式，反对把传统与现代截然对立起来。在梁漱溟看来，西方的现代化模式固然有成功的方面，可是也存在着相当大的问题。西方的现代化发展主要体现在物质文明方面，而没有体现在精神文明方面。诚然，西方发达国家在物质文明方面取得了很大的成就，"然而他们精神上也因此受了伤，生活上吃了苦，这是 19 世纪以来暴露不可掩的事实"①。中国搞现代化，可以借鉴西方成功的经验，但不能照搬照抄，尤

---

① 梁漱溟：《东西文化及其哲学》，商务印书馆 1922 年版，第 107 页。

其应当吸取他们的教训。中国作为后发的建设现代化的国家，一方面应当积极追求现代化，另一方面也应当避免西方发达国家已经出现的"现代病"。基于此，现代新儒家做出"现代化不等于西化"的论断。冯友兰在《新事论》中明确提出："现代化并不是欧化。现代化可，欧化不可。"[①] 他提出的这种看法在现代新儒家当中得到普遍的认同，至今海外的新儒家们仍把"现代化不等于西化"视为他们的基本主张之一。站在现代新儒家的立场上，冯友兰反对"全盘西化"，反对照搬照抄别国的发展模式，主张探索有中国特色、有中国"旧情"根据的发展道路。他的这一主张无疑是正确的。他认为具有深厚文化底蕴的中国人完全可以做到这一点："真正的'中国人'已造成过去的伟大的中国。这些'中国人'将要造成一个新中国。在任何方面，比世界上任何一国，都有过之无不及，这是我们所深信，而没有丝毫怀疑的。"[②] 这充分表现出他对中国文化传统的挚爱，对中国文化的现代转化充满信心，对中国的未来充满信心。

二

儒学能否与现代化相适应？这是现代新儒家必须要面对的问题。马克斯·韦伯曾写了《儒教与道教》一书，断言儒学不能适应现代经济，不具有促进市场经济的因素，因而对于现代化进程只有负面作用，而没有正面作用。他的结论遭到现代新儒家的反对。亚洲"四小龙"的经济腾飞，似乎验证了现代新儒家的结论，他们提出了"儒家资本主义"的新概念，证明儒学是现代化的助力甚至是动力，并不是阻力。

现代化虽然以发展为主题，但发展也需要有稳定的秩序为条件。儒学在论证发展的必要性方面，思想资源比较匮乏，可是在维护稳定秩序方面的资源却十分丰富。冯友兰提出"有社会必有社会之理"的论断，证明儒家伦理与现代社会是相容的。他指出，儒家伦理虽然产生于农耕社会，但所阐述的并不限于农耕社会之理，而是"社会之所以为社会"之理。农耕社会改变了，"农耕社会之理"无疑过时了，可是"社会之所以为社会之理"却没有过时，仍然适用于现代社会。在市场经济时代，每个人依旧是

① 冯友兰：《三松堂全集》第 4 卷，河南人民出版社 1987 年版，第 314 页。
② 冯友兰：《三松堂全集》第 4 卷，河南人民出版社 1987 年版，第 365 页。

某个家族中的一员，依旧担当某种社会角色："不论一个人所有底伦或职是什么，他都可以尽伦尽职。为父底为尽父之道是尽伦；为子底尽为子之道亦是尽伦。当大将底，尽其为将之道，是尽职；当小兵底，尽其为兵之道，亦是尽职。"① 他把儒家传统的家族伦理改造为职业伦理，使之与市场经济有了相容性。

现代新儒家没有像西化派那样把传统儒学当成"祛魅"的对象，而是看成可以实行现代转化的宝贵资源。他们认为，传统儒学虽然是农耕时代的产物，不可避免地带有历史的局限性，但不能因此而否认其具有普适性。中国人搞现代化，没有必要模仿西方启蒙主义的路线。一些西方国家在现代化起步阶段，曾发动了一场清算中世纪基督教的思想运动，要求把"人"从"神"的控制中解放出来。中国的情况显然与这些国家不同。在中国，儒学并不是神学，儒学本身就不是"魅"，当然也就不必成"祛魅"的对象。中国在现代化进程中遇到的问题，并不是开启现代性，而是批判地接纳现代性，并且同时避免"现代病"，避免价值世界的迷失。在这种情况下，可以把儒学的普适性发掘出来，使之与市场经济相适应，从而成为促进中国现代化的精神动力。

三

认同儒学与市场经济的兼容性，可以说是现代新儒家的共识。在他们之中，对这一观点阐述最为充分的人当属贺麟。他明确指出，在传统儒学中，儒者通常是指"耕读传家"之士。这样的儒者人格显然不能适应市场经济时代的要求了，必须更新内涵，做出新的诠释。他在《文化与人生》一书中写道：

> 何谓"儒者"？何谓"儒者气象"？须识者自己去体会，殊难确切下一定义，其实也不必呆板说定。最概括简单地说，凡有学问技能而又具有道德修养的人，即是儒者。儒者就是品学兼优的人。我们说，在工业化的社会中，须有多数的儒商、儒工以作柱石，就是希望今后新社会中的工人、商人，皆为品学兼优之士。亦希望品学兼优之士，参加工商业的建设，使商人和工人的道德水准和知识水平皆大加提高，

---

① 冯友兰：《新原人》，商务印书馆 1943 年版，第 165 页。

下篇　儒学转型与当代价值

267

庶可进而造成现代化、工业化的新文明社会。①

贺麟对"儒者"做了最广泛的解释。在他看来，儒者应该是一种高尚的道德形象，一种合乎理想的人格。儒者的人格不是抽象的，而是具体的存在。所谓"儒者，圣之时者也"，就是说，儒者的内涵是变化的，将随着历史环境的变迁而改变。在农耕时代，儒者指的是耕读传家之士，而在市场经济时代，则是指品学兼优之士。贺麟指出，中国只有造就一大批新式儒者，现代化事业才有望成功，"若无多数重忠孝仁爱信义和平的道德修养的儒商、儒工出，以树立工商的新人格模范，商者凭借其经济地位以剥削人，工者凭借其优越技能以欺凌人、傲慢人，则社会秩序无法安定，而中国亦殊难走上健康的工业化的途径"②。

贺麟突破了传统儒学重农抑商的观念，提出"儒商、儒工"等新观念。他指出，以往把士列为四民之首，视商人为利禄之徒，是错误的。他说：

> 我觉得几千年深入人心重农轻工商的旧观念，实应加以改变。……其实平心而论，且就大多数看来，农人固属勤劳自食其力，商人也何尝不自食其力，商人也何尝不夙兴夜寐，操其业务。农人固朴实耐苦，商人亦多急公好义的人。农人固劳力，商人恐有时亦须劳力且兼须劳心。总之，农人与商人皆是良好的公民，皆是组成健全的社会国家所不可缺的中坚分子。似不宜有所轩轻于其间。……且即从道德生活言，商贾大都比农人好动，远离乡井，旅行冒险，精神可佩。农人则比较安土重迁，好静而守旧，于维持传统的道德文化，颇有力量。商人游历的地方多，见闻亦多，每每非故乡的旧风俗习惯所能束缚。故商人于打破旧风俗习惯，改革旧礼教，促进新道德的产生，常有其特殊的贡献。③

他认为在市场经济时代，商人不能再被排除在儒者的范围之外，而必须获得应有的尊重。贺麟也突破了宋明儒学的"理欲对立"的旧观念，强调在市场经济时代二者之间的兼容关系。他说：

> 近代伦理思想上有一大的转变，早已超出了中古僧侣式的灭人欲、存天理、绝私济公的道德信条，而趋向于一方面求人欲与天理的调和、

---

① 贺麟：《文化与人生》，商务印书馆 1989 年版，第 11—12 页。
② 贺麟：《文化与人生》，商务印书馆 1989 年版，第 11 页。
③ 贺麟：《文化与人生》，商务印书馆 1989 年版，第 33—34 页。

求公与私的共济；而一方面又更进一步去设法假人欲以行天理，假自私以济大公。①

从现代伦理思想的发展趋势看，宋儒"存天理，灭人欲"之说显然已经过时，因此现代新儒家不必再拘守这种旧观念，应当跟上时代的步伐，对理欲关系提出新的诠释。在贺麟看来，人欲与天理并不是敌对的或对立的关系，而是相容的、互济的关系。过分地凸显人欲，当然会助长非道德的消极因素；但是，过分限制人欲，不利于调动人的进取精神，也会妨碍经济发展。如果恰当地看待人欲，人欲也可以构成使天理得以实现的积极因素，甚至是必不可少的前提与条件。如果道德生活完全脱离了人的欲望、需求，则必然陷入空虚与贫乏。这样的道德生活绝不是现代人所要求的充实丰富、洋溢着生命力的生活。贺麟认为，视人欲为洪水猛兽，乃是经济不发达的旧时代的人所难以避免的偏见，随着时代的发展，原本对人类有害的消极因素也可以转化为对人类有益的积极因素。洪水可能泛滥成灾，但把洪水控制起来，也可以用来发电，从而造福于人类；猛兽可能伤人，把猛兽关在动物园里，也可以供人们欣赏。

贺麟提出的"儒学可以促进市场经济发展"的观点很有见地，显示出儒学经过现代转化以后，仍然可以有用武之地，仍然可以发挥积极的促进作用。

四

儒学对于当前的社会主义市场经济是否也有促进作用呢？笔者借鉴现代新儒家的理论思维成果，也抱着一种肯定的看法。

毫无疑问，在新的世纪，中国经济将缩短与西方发达国家之间的差距。不是有英国人预测到2050年中国经济将赶上美国吗？不是有不少学者认为新的世纪将是中国人的世纪吗？当然，我们不会因为几个"洋教授"的几句赞誉之辞和美好预测而沾沾自喜，但不容置疑的是，一个改革、开放的中国，经济上必将越来越强大。中国共产党正在全心领导十几亿中国人民想尽一切办法赶超发达国家，而社会主义市场经济体制的确立为中国经济的腾飞找到了正确的道路。经济发展的强大动力和惯性，将按照自己的规律而发展，绝不是个别人或任何主观意识所能改变得了的。当然，这个过

---

① 贺麟：《文化与人生》，商务印书馆1989年版，第209页。

程绝不会一蹴而就，城乡发展的巨大差别、东西部地区之间的巨大差距以及人口重负、落后意识等对中国现代化都具有巨大的制动作用。但是，当希望的萌芽"破土"之后，不是已有大量的农民在农闲时外出打工、接受城市新观念的洗礼了吗？不是也有华西村、刘庄等新农村出现了吗？事实证明，有儒学文化背景的中国人接受市场经济的新观念并非不可能。传统观念固然应当转变，但若把传统观念同新观念对立起来，否认其现代转化的可能性，这显然不符合事实。

新世纪的中国经济在"适度的中央集权"体制之下，在执政党正确的路线、方针和政策指引下，是可以飞速发展的。因为市场经济的繁荣和社会生产力的迅速提高，依赖于对人们经济利益的承认，依赖于对经济竞争中自由与公平的保障，依赖于对人们财富私人占有的认可，而这三点在目前的中国，正在逐渐变为现实，或者说这是中国共产党和中国政府正在努力从事的工作。"水往低处流，人往高处走"，当人们有了追求更美好生活的愿望时，也就有了前进的动力。在当今的世界上，没有哪一个国家会因工业文明的副作用（如环境污染等）而降低自己的发展速度。公开承认人们占有物质财富的合理性，必将极大地激发人们的创造能力，极大地提高社会的生产力水平。回顾改革开放后我们所取得的成绩，不能不承认这一点。

中国封建社会后期，社会长期停滞不前的一个重要原因，就是没有公开承认人们追求经济利益的正当要求，宋明理学"存天理，灭人欲"的说法有思想禁锢的作用。但是，也应当看到"存天理，灭人欲"不过是一种说法而已，并没有产生实际的社会状况。在理论上不承认人欲的正当性，不等于人欲因此就真的消失了，只不过是转化了形式而已。在中国封建社会中，对政治权力的占有，强烈的官本位意识，实际上就是通过对政治权力的占有来掩盖对经济利益的占有。"三年清知府，十万雪花银"，非常形象地说明了这一点。在中国封建社会中，人情大于王法，"利"掩盖在"情"之中，只要有了权，就会获得各种各样的"情"和各种各样的"利"。在市场经济时代，公开承认求利的正当性，将会使"情"的色彩淡化，使"法"的色彩强化，并会进一步导致"权欲"的淡化和"官本位"思想的淡化。中国人历来对形而上的纯本体论问题不太感兴趣，历来关注的焦点是活生生的人，儒家的"未能事人，焉能事鬼"的观念集中体现了这种倾向。在市场经济的条件下，儒家文化中的务实精神已经开始，并最终会得到极大程度的弘扬。宋明理学"存天理，灭人欲"的说法，笼统地讲，确实不妥；如果加以限制，在市场经济时代并非没有积极意义。在市场经济条件下，固然应当承认个人利益的正当性，但这绝不是主张放纵人欲。对于金钱拜物教，对于商品拜物教，对那些唯利是图、损人利己、利欲熏心的人，讲讲"存天理，灭人欲"的古训，有何不可？

儒家"重义轻利"的观念在市场经济的发展过程中仍有其独特的现代价值，那就是可以对过度膨胀的功利追求发挥制衡作用。随着经济的快速发展，人们对个人利益的追逐将日益强烈。在这种情况下，就迫切需要"义"来予以调节。"义"与"利"的平衡，实际上是维护社会稳定、协调社会发展的有效方式。在现代社会，讲"义"实际上就是讲法治和信誉，也就是说，在追求利益的时候，要遵守公众制定的游戏规则。具有丰厚积蕴的中国儒家文化，在协调现代社会中"义"与"利"的关系方面，完全可以提供许多有益的启示。在市场经济的冲击下，现代人常常会感受到意义失落、价值失衡的困惑；极端的功利主义将造成人们文化素质和道德水准的滑坡。对于这些现象，儒学将发挥制衡作用，以崭新的面貌再现于现代人的精神世界。

由于儒学人文主义的导向，使得中国人非常务实，只要有利于自己的生存和发展，均可采取"拿来主义"的态度。"洋为中用，古为今用"，不管是玉皇大帝，还是太上老君，抑或释迦牟尼，只要能保佑"我"，都可以供奉他，甚至可以放在一起供奉。在人们的经济利益得到认可的情况下，这种"务实"精神必将产生极大的影响，人们会自觉自愿地参与市场经济，为改变自己的贫穷状况和国家的落后面貌而努力工作。在这个过程中，党和政府迫切需要制定出相应的经济法规和制约机制，以保证人们在经济活动中按照一定的合理规则行事；使人们处于公平的自由竞争当中，从而避免民众产生心理失衡。这种情况虽然还有待一个完善的过程，但我们目前正在做。转变经营机制、明晰产权关系、转变政府职能等，都是这种努力的组成部分。建立公平的竞争机制，可以避免务实精神滑向它的另一个极端——为了占有经济利益而不择手段。

当然，中国在前进的道路上，并不会是一帆风顺的，还会遇到许多的制动因素，其中有些确实与儒家文化有关。例如，儒家文化中的"官本位"意识已如上述;再如传统儒家文化中的小农意识和轻商意识(如"士农工商"的排序和"奸商"的蔑称等),对于现代化进程也会产生负面影响。但是这种影响并非不可以克服。现代化的一个重要标志就在于工业化水平,因此,随着中国工业化水平的提高,机器大工业在农业中的大量运用,人多地少的矛盾将会越来越突出,这样,农村中大量的劳动力必将从祖祖辈辈固守的土地中解放出来,接触到更大范围的现代化进程,加入市场经济的大潮中去,或者经商,或者把自身的劳动力充实到城市人不愿干的工作中去,这是社会的必然,也是农村走向现代化的一个重要方面。我们不能以狭隘的眼光(如社会治安、计划生育等)来看待"民工潮",也不能以行政手段强制农民固守在无活可干的土地上。农村人自觉自愿地要求改变小农意识,正是我们现代化过程中求之不得的事情,理应加以积极引导。

在当代中国,传统的小农意识和轻商意识已经在改变,与现代意识相融洽的务实精神正在蓬勃发展。轻商、贱商的意识虽然还在不少人的脑子里有一定的地位,但在市场经济大潮的冲击下,其影响必定越来越小。目前对儒家轻商意识的批判,除了换得一点点微不足道的稿费之外,已经没有太多的实际意义。意识形态在现实的经济基础面前,永远占据不了主导地位。儒学作为一种传统的意识形态,一直都非常重视"义利之辨",宋儒则把义与利对立起来,提出"存天理,灭人欲"的口号,这对中国封建社会后期经济的发展有不良的影响是事实,但这毕竟不是造成中国经济落后的主要原因。造成中国经济落后的主要原因还是应当到社会制度方面去找,不能要儒家来负责。

(原标题为《儒学与市场经济兼容——现代新儒家的新视角》,原载于《齐鲁学刊》2012 年第 4 期)